해커스변호사

행정법

선택형

정지문 핸드북

박도원

T 해커스변호사

서문

『해커스변호사 행정법 선택형 정지문 핸드북』은 변호사시험 선택형 시험을 효율적으로 대비하기 위해 집필된 교재입니다. 문제 단위 교재인 『해커스변호사 행정법 변호사시험 기출문제집 선택형』을 통해 실전 문제 풀이연습을 하기 전에 선택형 지문 및 행정법리의 암기에 큰 도움이 될 것입니다. 변호사시험 기출 지문과 법전협 모의시험 변형 지문을 중심으로 타 시험에서 출제 가능성이 큰 지문을 선별하여 수록하였습니다.

『행정법 선택형 정지문 핸드북』은 『행정법 핵심지문 총정리』와 짝을 이루는 교재입니다. 『행정법 핵심지문 총정리』를 통해 문제를 풀고, 어느 부분이 출제 포인트인지, 판례의 내용을 학습한다면, 『행정법 선택형 정지문 핸드북』은 '쟁점명'과 '키워드 쟁점명'를 통해 짧은 시간 내에 1,100개의 지문을 연상할 수 있도록 만들어진 교재입니다. 양자가 짝을 이루도록 지문 번호를 통일하여 완벽하게 연계될 수 있도록 기획되었습니다.

변호사시험의 경우 공법, 민사법, 형사법을 준비해야 하고, 선택형, 사례형, 기록형을 대비해야 하는 만큼 효율적인 공부법을 정립하여 빠르고 정확하게 내용을 습득하는 것이 중요합니다. 수많은 자료를 제대로 정리하고 반복적으로 볼 수 있어야 회독 수를 늘릴 수 있으며 짧은 시간에 전체적인 내용을 훑어볼 수 있게 됩니다. 특히 선택형 시험 대비를 위해 'TRS 학습법'을 통한 '누적적 복습'은 반드시 필요합니다.

『행정법 선택형 정지문 핸드북』에는 쟁점명과 키워드, 교재 뒤편에 '키워드 쟁점명'이 포함되어 있어, 이를 통해 복습의 효율을 고도로 높일 수 있습니다. 쟁점명은 선택형뿐만 아니라 사례형·기록형이 출제되는 변호사시험에 특성에 맞춰 객관식 문제와 주관식 문제의 유기적 학습을 가능하게 합니다. 선택형 공부와 동시에 사례형·기록형 공부가 이루어짐을 경험하게 하는 매개입니다.

키워드는 실제 시험에서 확인해야 하는 부분 또는 틀리게 변형되는 부분에 표시되어 있습니다. 판례의 맥락을 고려할 때 중요한 부분에 표시되어 있는 키워드를 학습하고 암기한다면 시험장에서 빠른 시간 내에 정오를 판단할 수 있게 됩니다.

키워드 쟁점명은 지문 위에 표시된 쟁점명을 다시 키워드 처리하여 한 데 모아놓았습니다. 시험을 목전에 두고 키워드 쟁점명을 통해 리마인드를 한다면 하루에도 여러 차례 전 범위를 복습할 수 있게 됩니다.

추가적으로 「해커스변호사 행정법 선택형 정지문 핸드북」 교재를 활용한 강의 및 각종 수험자료, 질의응답은 해커스변호사 홈페이지(lawyer.hackers.com)와 다음 카페 '박도원행정법_공법연구소'(cafe.daum.net/dowon-publiclaw), 유튜브 채널 '도원결의 변호사'(@TRSedu-law) 등을 활용하시기 바랍니다.
「해커스변호사 행정법 선택형 정지문 핸드북」과 「해커스변호사 행정법 핵심지문 총정리」가 여러분들의 꿈을 이루는 데에 작은 디딤돌이 될 수 있기를 진심으로 기원합니다.

2024년 6월
편저자 박도원

목차

제3편 **행정구제법**

제4편 **개별 행정작용법**

부록

해커스변호사
law.Hackers.com

해커스 **변호사**
행정법 선택형 정지문 핸드북

제1편

행정법 서설

001 비상계엄에 대한 사법심사 가능성 (요건구비 · 당부-부정/국헌문란 · 범죄행위-긍정)

대통령의 비상계엄의 선포나 확대 행위는 고도의 정치적 · 군사적 성격을 지니고 있는 행위라 할 것이므로 그것이 누구에게도 일견하여 헌법이나 법률에 위반되는 것으로서 명백하게 인정될 수 있는 경우라면 몰라도, 그러하지 아니한 이상 그 계엄선포의 요건 **구비여부나** 선포의 당 · 부당을 판단할 권한이 **사법부에게 없다**고 할 것이나, **비상계엄의 선포나 확대가** 국헌문란의 목적을 달성하기 위하여 행하여진 경우에는 법원은 그 자체가 **범죄행위에 해당하는지** 여부에 관하여 **심사할 수 있다.** [14 변시]

002 대통령의 긴급재정경제명령이 통치행위인지 (긍정)

헌법재판소는 **대통령의** 긴급재정경제명령은 국가긴급권의 일종으로서 **고도의 정치적 결단**에 의하여 발동되는 행위이고, 그 결단을 존중하여야 할 필요성이 있는 행위라는 의미에서 이른바 통치행위**에 속한다**고 판시하였다. [14 변시, 24 해경승진]

003 국군의 이라크파병결정이 사법심사 대상인지 (부정/사법자제설)

헌법재판소는 **대통령이** 국군을 이라크에 파견**하기로 한 결정**은 그 성격상 국방 및 외교에 관련된 고도의 정치적 결단을 요하는 문제로서, 헌법과 법률이 정한 절차를 지켜 이루어진 것임이 명백하므로, 대통령과 국회의 판단은 존중되어야 하고 **헌법재판소가 사법적 기준만으로 이를 심판하는 것은 자제되어야 한다**고 판시하였다. [14 변시]

004 남북정상회담개최와 대북송금의 사법심사 가능성 (정상회담-부정/대북송금-긍정)

남북정상회담의 개최**는 고도의 정치적 성격**을 지니는 행위이므로 특별한 사정이 없는 한 그 당부를 심판하는 것은 **사법권의 내재적 · 본질적 한계를 넘어**서는 것이 되어 부적절하지만, 남북정상회담의 개최과정에서 재정경제부장관에게 신고하지 아니하거나 통일부장관의 협력사업 승인을 얻지 아니한 채 **북한 측에 사업권의 대가 명목으로 송금행위 자체는** 헌법상 법치국가의 원리와 법 앞에 평등원칙 등에 비추어 볼 때 **사법심사의 대상**이 된다. [14 변시, 24 해경승진]

005 한미연합 군사훈련이 사법심사 대상인지 (긍정/통치행위X)

대통령이 한미연합 군사훈련의 일종인 2007년 전시증원연습을 하기로 한 결정은 국방에 관련되는 **고도의 정치적 결단**에 해당하여 사법심사를 자제하여야 히는 통치행위**에 해당**된다고 볼 수 없다.

제2장 | 법치행정의 원칙

006 법률우위원칙의 적용범위 (행정의 모든영역)

법률의 우위원칙은 **행정의 법률에의 구속성**을 의미하는 것으로 제한 없이 **행정의 모든 영역**에 적용된다.

[13 국회9급]

007 법률유보원칙의 법률에 관습법이 포함되는지 (부정/성문법-한정)

법률유보의 원칙에 있어서 **법률은 형식적 의미의 법률**을 의미하므로 관습법은 **포함되지 않는다.**

[13 국회9급]

008 공법적 단체의 정관에 포괄위임금지원칙 적용되는지 (부정/자치법규)

법률이 공법적 단체 등의 정관에 자치법적 사항을 위임하는 경우 포괄위임금지의 원칙은 **적용되지 않는다**고 봄이 상당하나, 그런 경우에도 그 사항이 **국민의 권리의무에 관계되는 경우**에는 적어도 국민의 권리와 의무의 형성에 관한 사항을 비롯하여 국가의 통치조직과 작용에 관한 기본적이고 본질적인 **사항은 반드시 국회가 정하여야 할 것**이므로 이러한 경우에는 **의회유보원칙이 적용**된다.

[24 · 21 · 20 · 17 · 13 변시]

009 도정법상 사업시행인가 동의정족수를 자치규약으로 정하도록 한 것이 의회유보 위반인지 (긍정)

도시환경정비사업인가 신청시 요구되는 **토지등소유자의 동의정족수를** 자치규약에 정하도록 한 구「도시 및 주거환경정비법」의 동의요건조항은 법률유보 내지 **의회유보원칙에 위배**된다.

[20-1, 22 경찰간부]

010 의회유보의 경우 구체적 위임이 가능한지 (부정-법률전속/예외-세부적 · 기술적)

법률유보원칙과 관련하여 의회유보원칙에 따르는 경우, 국민의 권리의무에 관한 기본적이고 본질적인 사항은 구체적 위임도 **안되며** 의회가 직접 법률로 정해야 하므로 구체적 위임도 불가능하다. **다만, 세부적이고 기술적인 사항에 대한 구체적** 위임은 가능하다.

[13 변시]

11 법률유보원칙은 법률에 근거만 두면 되는지 (부정/본질적 사항-입법자 스스로 결정)

오늘날 법률유보의 원칙은 단순히 행정작용이 법률에 **근거를 두기만 하면 충분한 것이 아니라, 국가공동체와 그 구성원에게 기본적이고도 중요한 의미를 갖는** 영역, 특히 **국민의 기본권 실현과 관련된 영역**에 있어서는 국민의 대표자인 **입법자가 그 본질적 사항에 대해서 스스로 결정하여야 한다**는 요구까지 내포하고 있다.

[21 · 17 변시]

제3장 | 행정법의 법원

012 법률유보원칙의 법률에 위임명령 포함되는지 (긍정)

기본권 제한에 있어 **법률유보의 원칙**은 '**법률에 의한**' 규율만을 뜻하는 것이 **아니라** '**법률에 근거한**' 규율을 요청하는 것이므로 기본권 제한의 형식이 **반드시 법률의 형식일 필요는 없고** 법률에 근거를 두면서 헌법 제75조가 요구하는 위임의 구체성과 명확성을 구비하기만 하면 위임입법에 의하여도 **기본권 제한을 할 수 있다.** [17 변시]

013 중과세요건 '고급주택등'의 대통령령 위임이 포괄위임금지원칙 위반인지 (긍정)

구 「지방세법」상 **고급주택, 고급오락장이 무엇인지** 하는 것은 취득세 중과세요건의 **핵심적 내용**을 이루는 **본질적이고도 중요한 사항**임에도 불구하고 그 기준과 범위를 구체적으로 확정하지도 않고 또 그 최저기준을 설정하지도 않고 **단순히 "대통령령으로 정하는 고급주택"** 또는 "**대통령령으로 정하는 고급오락장**"이라고 규정한 것은 **헌법상의 조세법률주의,** 포괄위임입법금지원칙에 위배된다. [17 변시]

014 급부행정영역 or 다양한 사실관계에 위임의 명확성 정도 다소 완화되는지 (긍정)

위임입법에 있어 급부행정 영역에서는 **기본권침해 영역**보다는 위임의 **구체성**의 요구가 **다소 약화**되어도 무방하며, **다양한 사실관계를 규율하거나 사실관계가 수시로 변화될 것**이 예상될 때에는 위임의 **명확성의 요건이 완화**된다. [21 변시]

015 침익적 처분의 근거법규의 의미가 불분명한 경우 상대방에게 불리한 해석 가능한지 (부정)

거짓 · 부정을 이유로 하는 쌀소득 등 보전 직접 지불금 추가징수는 침익적 행정처분이고, 침익적 행정처분의 **근거가 되는 행정법규는 엄격하게 해석 · 적용**하여야 하며, 그 의미가 **불명확**한 경우 행정처분의 상대방에게 불리한 **방향으로 해석 · 적용**하여서는 **아니** 된다. [22-1]

016 법외노조 통보가 중대한 침익적 처분으로서 법률의 구체적 위임이 필요한지 (긍정)

노동조합 및 노동관계조정법령상 법외노조 통보는 적법하게 설립된 **노동조합의 법적 지위**를 박탈하는 **중대한 침익적 처분**으로서 원칙적으로 **입법자가 스스로 형식적 법률로써 규정**하여야 할 사항이고, 행정입법으로 이를 규정하기 위하여는 반드시 **법률의 명시적이고 구체적인 위임**이 있어야 한다. [22-1]

017 헌법규정이 국가권력을 직접 구속하는지 (긍정)

기본권 규정 등 헌법규정은 **행정권을 포함하여** 국가권력을 직접 구속하며, 행정권이 **헌법규정을 위반**할 경우 그 행정권 행사는 **위법하게 된다.** [17 변시, 20-3]

018 지자체의 학교급식 우수농산물 보조금지급조례가 GATT협정 위반인지 (긍정/무효)

지방자치단체가 **학교급식을 위해** 국내 우수농산물을 사용하는 자에게 식재료나 구입비의 일부를 지원하는 조례안이 「1994년 관세 및 무역에 관한 일반협정」에 위배되어 위법한 이상, 그 조례안에 대한 재의결은 효력이 없다. [17 변시, 21-3]

019 사인이 WTO 협정위반 사유로 회원국정부 상대 취소소송 가능한지 (부정)

WTO협정 회원국 **정부의 반덤핑부과처분이** WTO **협정위반**이라는 이유만으로 **사인(私人)이 직접 국내법원에 회원국 정부를 상대로 그 처분의 취소소송을 제기하거나 위 협정위반을 처분의 독립된 취소사유로 주장할 수 없다.** [17 변시]

020 고정설치에 의한 굴 채묘어업이 관행어업권의 대상인지 (부정)

행정관습법 가운데 **민중적 관습법**의 사례는 공유수면의 이용 및 하천수의 이용 등을 들 수 있는데, **일정한 시설의 고정설치**에 의한 굴 채묘어업은 관행어업권의 대상이 될 수 없다. [20-3]

021 대법원 판례위반이 상고이유인지 (긍정)

대법원의 판례변경은 대법관 전원의 3분의2 이상의 합의체에서 과반수로 결정하도록 하고 있으며, 「소액사건심판법」에서는 대법원 판례에 대한 위반을 상고이유로 규정하고 있다. [18 변시]

022 양도인 위반사유 모르고 양수한 자에게 6개월 사업정지처분 (위법-일탈·남용)

주유소 영업의 **양도인이 등유가 섞인 유사휘발유를 판매한 바를 모르고 이를** 양수한 석유판매영업자에게 **전 운영자인 양도인의 위법사유**를 들어 6월의 사업정지에 **처한 것은** 공익목적의 실현보다는 양수인이 입게 될 손실이 훨씬 커서 재량권을 **일탈한 것으로 위법**하다.

023 개전의 정이 다른 자의 징계양정 차별이 평등원칙 위반인지 (부정/합리적 이유)

같은 정도의 비위를 저지른 자들임에도 불구하고 그 직무의 특성 등에 비추어 개전의 정이 있는지 **여부에 따라 징계 종류의 선택과 양정에서** 다르게 취급하는 것은 사안의 성질에 따른 **합리적 차별로서 평등의 원칙에 위반되지 않는다.** [13 변시]

024 위법한 행정관행에 행정의 자기구속원칙이 적용되는지 (부정)

평등의 원칙은 본질적으로 같은 것을 자의적으로 다르게 취급함을 금지하는 것이고, 위법한 행정처분이 수차례에 걸쳐 반복적으로 행해져 **행정관행이 된 경우**에는 행정청에 대하여 자기구속력을 갖게 된다고 할 수 없다. [23 · 13 변시]

025 재량준칙이 행정관행을 매개하는 경우 자기구속원칙 적용되는지 (긍정)

재량권 행사의 준칙인 행정규칙이 그 정한 바에 따라 **되풀이 시행되어 행정관행**이 이루어지고 **평등의 원칙**에 따라 행정기관이 그 규칙에 따라야 할 자기구속을 **받게 된 경우**에는, 특별한 사정이 있는 경우에도 해당 규칙에 따라야 할 간접적인 대외적 **구속력이 발생**한다. [13 변시, 21-2]

026 재량준칙이 행정관행을 매개하는 경우 관습법의 구속력 인정되는지 (부정)

재량권 행사의 준칙인 행정규칙이 **되풀이 시행되어** 행정관행이 성립한 경우 그것만으로는 **관습법으로서 법적 구속력을 갖지는 못**하지만, 그 행정관행이 적법한 경우 **행정기관은 그 준칙에 따라야 할** 자기구속을 받게 된다. [17 변시]

027 신뢰보호원칙의 소극적 요건- 공익 또는 제3자의 이익 현저히 해 (행기법 12조)

행정청은 공익 또는 제3자의 이익을 현저히 해칠 **우려**가 있는 경우를 **제외**하고는 행정에 대한 국민의 **정당하고 합리적인 신뢰를 보호하여야** 한다. [23 · 22 변시]

028 입법예고가 신뢰보호원칙의 공적 견해표명인지 (부정)

정책의 주무 부처인 **중앙행정기관이** 그 소관 사항에 대하여 **입안한 법령안은 법제처 심사 등의 절차를 거쳐 공포함으로써 확정**되며, 법령이 확정되기 **이전에는 법적 효과가 발생할 수 없**으므로, 입법예고를 통해 법령안의 내용을 국민에게 예고하였다고 하더라도 국가가 이해관계자들에게 입법예고된 사항에 관하여 신뢰를 부여하였다고 볼 수 없다. [22 변시]

029 신뢰보호원칙 적용요건- 귀책사유의 주관적 범위 (수임인 등-관계인 모두)

행정청의 행위에 대한 **신뢰보호원칙의 적용 요건** 중 하나인 '행정청의 견해 표명이 정당하다고 신뢰한 데에 대하여 그 **개인에게 귀책사유가 없을 것**'을 판단함에 있어, 귀책사유의 유무는 **상대방과 그로부터 신청행위를 위임받은 수임인 등 관계자 모두를 기준**으로 하여야 한다. [13 변시]

030 건축공사 상당한 진행 후 일부 철거명령의 요건 (비교교량/건축주 이익희생 부득이)

건축주가 **건축허가 내용대로** 공사를 상당한 정도로 **진행**하였는데, 나중에 「**건축법**」에 위반**되는 하자**가 발견되었다는 이유로 행정청이 **그 일부분의 철거**를 명할 수 있기 위하여는 그 건축허가를 기초로 하여 형성된 사실관계 및 법률관계를 고려하여 **건축주가 입게 될**

불이익과 건축행정상의 공익, 제3자의 이익, 「건축법」 위반의 정도를 비교·교량하여 건축주의 이익을 희생시켜도 부득이하다고 인정되는 경우라야 한다. [22 변시]

031 신뢰보호원칙과 귀책사유의 의미 (사실은폐·사위방법-신청/고의·중과실)

수익적 행정처분의 하자가 당사자의 사실은폐나 기타 사위의 방법에 의한 신청행위에 기인한 것이라면, 당사자는 처분에 의한 이익을 위법하게 취득하였음을 알아 취소가능성도 예상하고 있었을 것이므로, 그 자신이 처분에 관한 신뢰이익을 원용할 수 없다. [14 변시]

032 신뢰보호원칙의 한계- 중대한 공익과의 이익형량 필요한지 (긍정)

행정처분이 신뢰보호원칙의 요건을 충족하는 경우라고 하더라도 행정청이 앞서 표명한 공적인 견해에 반하는 행정처분을 함으로써 달성하려는 공익이 행정청의 공적 견해표명을 신뢰한 개인이 그 행정처분으로 인하여 입게 되는 이익의 침해를 정당화할 수 있을 정도로 강한 경우에는 신뢰보호의 원칙을 들어 그 행정처분이 위법하다고는 할 수 없다. [14 변시]

033 폐기물처리업 적정통보가 국토계획법상 계획변경의 공적 견해표명인지 (부정)

관할관청이 폐기물처리업 사업계획에 대하여 적정통보를 하였다면, 이것은 당해 사업을 위해 필요한 그 사업부지 토지에 대한 국토이용계획변경신청을 승인하여 주겠다는 취지의 공적인 견해표명을 한 것으로 볼 수 없다. [14 변시, 21-1]

034 사무착오로 운전면허 정지처분 후 운전면허 취소처분이 위법한지 (긍정/신뢰反)

운전면허 취소사유에 해당하는 음주운전을 적발한 경찰관의 소속 경찰서장이 사무착오로 위반자에게 운전면허정지처분을 한 상태에서 위반자의 주소지 관할 지방경찰청장이 위반자에게 운전면허취소처분을 한 것은 선행처분에 대한 당사자의 신뢰 및 법적 안정성을 저해하는 것으로서 허용될 수 없다. [14 변시]

035 단순한 과세누락이 비과세의 묵시적 의사표시인지 (부정/특별사정-필요)

신뢰보호의 원칙을 성립시키는 행정청의 공적 견해나 의사는 명시적 또는 묵시적으로 표시되어야 하는데, 비과세 관행에 관한 묵시적 표시가 있다고 하기 위해서는 단순한 과세 누락과는 달리 과세관청이 상당기간 불과세 상태에 대하여 과세하지 않겠다는 의사표시를 한 것으로 볼 수 있는 사정이 있어야 한다. [18 변시]

036 무효인 파면처분 공소시효완성 후 무효확인소송 제기가 적법한지 (부정/신의칙反)

비위사실로 파면처분을 받은 피징계자가 징계처분에 중대하고 명백한 흠이 있음을 알면서도 퇴직 시 지급되는 퇴직금 등 급여를 받은 후 5년이 지나 그 비위사실의 공소시효가 완성된 후에 징계처분의 흠을 내세워 그 징계처분의 무효확인을 구하는 것은 신의칙에 반한다. [18 변시]

037 신뢰보호원칙의 공적 견해표명에 형식적 권한분배가 기준인지 (부정/실질판단)

신뢰보호원칙의 적용과 관련하여 **행정청의 공적인 견해표명**이 있었는지의 여부를 판단함에 있어서는 반드시 **행정조직상의 형식적인 권한분배에 구애될 것은 아니다.** [17 변시]

038 당초 도시관리계획결정이 사업시행자 지정에 대한 공적 견해표명인지 (부정/신뢰X)

당초 **폐기물처리시설**을 설치한다는 도시관리계획결정 및 지형도면 고시를 하였다가 폐기물처리시설 대신 **광장을 설치**한다는 **도시관리계획 변경결정** 및 지형도면 고시를 한 경우 **당초 도시관리계획결정**은 도시계획시설사업의 시행자 지정을 받게 된다는 공적인 **견해를 표명한 것으로 보기 어렵고,** 그 후의 도시관리계획 변경결정 및 지형도면 고시는 당초의 도시계획시설사업의 **시행자**로 지정받을 것을 **예상**하고 폐기물처리시설의 설계비용 등을 지출한 자의 신뢰이익을 침해한다고 볼 수 **없다.** [21 변시]

039 헌법재판소의 위헌결정이 신뢰보호의 대상인 공적 견해표명인지 (부정)

헌법재판소의 위헌결정은 행정청이 개인에 대하여 **신뢰의 대상이 되는 공적인 견해를 표명**한 것이라고 할 수 **없으므로** 그 결정에 관련한 개인의 행위에 대하여는 **신뢰보호의 원칙이 적용되지 아니**한다. [14 국회8급]

040 단순착오로 처분을 계속한 경우 행정관행이 성립하여 신뢰보호원칙이 적용되는지 (부정)

행정청이 단순한 착오로 **어떠한 처분을 계속**한 경우, 신뢰보호원칙상 행정청이 그와 배치되는 조치를 할 수 없는 행정관행이 **성립하지 않으므로,** 행정청이 **추후 오류를 발견**하여 합리적인 방법으로 변경하더라도 **신뢰보호원칙**에 위배되지 아니한다. [23 변시]

041 구법질서가 합리적이지 못한 경우- 수혜자 집단을 위해 계속 유지할 의무 있는지 (부정)

헌법적 신뢰보호는 개개의 국민이 **어떠한 경우에도 실망하지 않도록** 하는 데까지 미칠 수는 없는 것이며, 입법자는 **구법질서**가 더 이상 그 법률관계에 적절하지 못하고 **합목적적이지 아니함에도 불구하고** 그 수혜자 집단을 위하여 이를 계속 유지할 의무는 없다. [23 변시]

042 비관세 관행의 증명책임이 주장자인 납세자에게 있는지 (긍정)

법령의 잘못된 해석이나 행정청의 관행에 대하여도 그것이 **평균적인 납세자**로 하여금 합리적이고 정당한 기대를 가지게 할 만한 것이면 신의성실의 원칙이나 **신뢰보호의 원칙** 또는 비과세 관행 존중의 원칙이 적용될 수 있는데, 그러한 **해석 또는 관행의 존재** 여부에 대한 증명책임은 주장자인 납세자에게 있다. [23 변시]

043 실권의 법리가 관리관계와 권력관계에도 적용되는지 (긍정/행기법 12조)

실권 또는 실효의 법리는 법의 일반원리인 **신의성실의 원칙**에 바탕을 둔 **파생원칙**인 것이므로, 공법관계 가운데 **관리관계**는 물론이고 권력관계에도 **적용될 수 있다.** [21-3]

044 사정변경 있는 경우 공적 견해표명에 반하는 처분이 적법한지 (긍정/견해표명-실효)

행정청이 공적인 견해를 **표명한 이후**에 사정이 **변경된 경우에는** 그 공적 견해가 더 이상 개인에게 신뢰의 대상이 된다고 보기 어려운 만큼, 특별한 사정이 없는 한 행정청이 **그 견해표명에 반하는 처분을 하더라도 신뢰보호의 원칙에 위반된다고 할 수 없다.**

[23 변시, 21-3]

045 행정청이 과거 언동을 시정하는 새로운 견해표명 후 발령한 처분이 신뢰보호원칙에 반하는지 (부정)

행정청이 **과거의 언동을 시정**하여 **장래에 향하여** 처분하는 것은 **신의성실의 원칙**이나 소급과세금지의 원칙에 **위반되지 않으**므로, 과세관청이 비과세의 언동을 시정하는 새로운 견해표명에 따라 과세처분을 하는 것은 **신뢰보호의 원칙에 위반되지 않는다.** [23-3]

046
> 甲은 폐기물처리업을 하고자 A시장에게 **사업계획서를 제출**하였는데, A시장은 '처리시설 부지의 분할 및 **지목변경을** 할 것'의 조건을 **부가**하여 사업계획에 대한 **적합통보**를 하였다. 甲은 사업계획서를 제출할 당시, A시의 민원실에 문의하여 **민원팀장으로부터 토지형질변경이 가능**할 것이라는 **안내를** 받은 바 있다. 그런데 甲이 **조건의 이행**을 위하여 시설 부지에 대한 **형질변경허가신청**을 하자 **A시장**은 이에 대한 **거부처분**을 하였다. 甲은 A시장의 거부처분이 **신뢰보호의 원칙**에 반하여 **위법**하다고 주장한다. 신뢰보호의 원칙의 적용에 관한 설명 중 **옳은 것은?**
> [22-2]

ㄱ. 민원팀장의 안내가 신뢰보호의 대상인 공적 견해표명인지 (부정)
甲에게 **토지형질변경이 가능**할 것이라고 답변한 A시 민원팀장의 안내는 신뢰의 대상이 되는 공적 견해표명에 **해당하지 아니**한다.

ㄴ. 민원팀장의 답변만 믿고 담당공무원에게 정식 서면질의 안하면 귀책사유 있는지 (긍정)
甲이 민원팀장의 답변을 믿고 별도로 A시 **담당부서 공무원에게 공적 견해표명을 구하는** 정식 서면질의 **등을 하지 아니**한 경우 신뢰보호의 원칙이 **적용되지 아니**한다.

ㄷ. 형질변경허가신청에 대해 인근주민 생활환경 피해등 공익상 이유로 거부할 수 없는지 (부정)
A시장의 폐기물처리업에 대한 **조건부 적합통보**에는 시설부지에 대한 형질변경허가 **신청을 허가**하는 **공적 견해표명이 포함**되어 있다고 볼 수 **없다.** [23-3]

047 불리한 개정법이 종결되지 않은 법률관계에 적용되는 것이 위법한 소급입법인지 (부정)

개정 법령이 기존의 사실 또는 법률관계를 적용·대상으로 하면서 **국민의 재산권과 관련하여** 종전보다 불리한 **법률효과를 규정**하고 있는 경우 그러한 사실 또는 법률관계가 **개정 법령이 시행되기 이전에 이미 완성 또는 종결된 것이 아니라면** 개정 법령을 적용하는 것이 헌법상 금지되는 소급입법에 의한 재산권 침해라고 할 수는 없다. [22 변시, 21-3]

048 위반행위 후 법령변경으로 위반행위 해당하지 않거나 제재기준 가벼워진 경우 변경된 법령이 적용되는지 (긍정)

법령등을 **위반**한 행위 후 법령등의 변경에 의하여 그 행위가 법령등을 **위반한 행위에** 해당하지 아니하거나 **제재처분 기준이** 가벼워진 **경우**로서 해당 법령등에 특별한 규정이 없는 경우에는 변경된 법령등을 **적용**한다.

[23-2, 23 경찰간부]

049 하도급법 위반행위와 과징금부과처분 사이에 법령개정시 적용법령 (원칙-행위시법)

건설업자가 시공자격 없는 자에게 전문공사를 하도급한 행위에 대하여 과징금 부과처분을 하는 경우, 구체적인 부과기준에 대하여 **처분시의 법령이 행위시의 법령보다 불리하게 개정**되었고 어느 법령을 적용할 것인지에 대하여 **특별한 규정이 없다면** 행위시의 법령을 적용하여야 한다.

[14 변시]

050 조세법령 개정시 종결된 과세요건사실에 구법 적용가능한지 (긍정/진정소급X)

조세법령이 일단 효력을 발생하였다가 폐지 또는 개정된 경우 조세법령이 정한 **과세요건사실이 폐지 또는 개정된 당시까지 완료된 때에는** 다른 경과규정이 없는 한 그 **과세요건사실에 대하여는 종전의 조세법령이 계속 효력을 가지므로, 조세법령의 폐지 또는 개정 전에 종결된 과세요건 사실**에 대하여 **폐지 또는 개정 전의 조세법령을 적용**하는 것이 **조세법률주의의 원칙에 위배된다고 할 수 없다.

[14 변시]

051 신청 후 처분 전 법령개정시 신법이 적용되는지 (긍정/처분시법주의)

허가신청 후 처분 전에 **관계** 법령이 개정시행된 경우 신법령 **부칙에 경과규정을 두지 아니한** 이상 당연히 **허가신청 당시의 법령에 의하여 허가 여부를 판단**하여야 하는 것은 **아니며**, 소관 행정청이 허가신청을 수리하고도 정당한 이유 없이 처리를 늦추어 그 사이에 법령 및 허가기준이 변경된 것이 **아닌 한** 변경된 법령 및 허가기준에 따라서 한 불허가처분은 적법하다.

[14 변시]

052 처분의 위법판단 기준시와 처분 후 사정변경에 영향받는지 (처분시/영향X)

행정소송에서 행정처분의 위법 **여부는** 원칙적으로 행정처분이 행하여졌을 때의 법령과 사실상태를 기준으로 하여 판단하여야 하고, 처분 후 사정변경(**법령의 개폐나 사실상태의 변동)**에 의하여 **영향을 받지는 않는다.**

[14 변시]

053 부진정소급적용의 적용제한 원리로서의 신뢰보호원칙 (이익형량)

개정 전 법령의 존속에 대한 국민의 신뢰가 개정 법령의 적용에 관한 **공익상의 요구보다 더 보호가치가** 있다고 인정되는 경우, 국민의 신뢰를 보호하기 위하여 개정 법령의 적용이 제한될 수 있는 여지가 있다.

[14 변시]

054 개정 유료도로법 시행 이후 통행차량에 통행료부과 가능한지 (긍정/부진정소급)

구 「유료도로법」에 따라 통행료를 징수할 수 없게 된 도로라 하더라도 신법에 따른 **유료도로의 요건을 갖추었다면** 그 시행 이후 그 도로를 통행하는 차량에 대하여 통행료를 부과하여도 헌법상 **소급입법**에 의한 **재산권 침해금지 원칙에 반한다고 볼 수 없다.** [18 변시]

055 위법한 직업훈련과정 인정제한처분 취소판결 후 실제실시한 훈련비용의 지원거부 (부정/신의칙反)

관할관청이 위법한 **직업능력개발훈련과정** 인정제한처분을 하여 사업주로 하여금 제때 훈련과정 인정신청을 할 수 없도록 하였음에도, **인정제한처분에 대한** 취소판결 확정 후 사업주가 **인정제한기간 내에** 실제로 실시**하였던 훈련에 관하여** 비용지원신청을 **한 경우**에, 사전에 훈련과정 인정을 받지 않았다는 이유만을 들어 훈련비용 지원을 거부하는 **것은** 신의성실의 원칙에 **반하여 허용될 수 없다.** [21 국회8급]

제4장 | 공법관계와 사법관계

I 공법관계와 사법관계의 구별

056 지자체의 부관에 따른 보조금반환청구의 소송형태 (당사자소송/공법상 의무)

지방자치단체가 보조금 지급결정을 하면서 **일정 기한 내에 보조금을 반환하도록 하는 교부조건**을 부가한 경우, 보조사업자의 지방자치단체에 대한 **보조금 반환의무는** 보조사업자가 지방자치단체에 부담하는 **공법상 의무이므로,** 보조사업자에 대한 지방자치단체의 **보조금반환청구소송은** 당사자소송에 해당한다.

[13 변시, 19-2]

057 국가·지자체에 근무하는 청원경찰의 징계처분을 다투는 소송형태 (행정소송/공법관계)

국가나 지방자치단체에 근무하는 **청원경찰에 대한 징계처분의 시정**을 구하는 소송은 행정소송에 해당한다.

[15 변시, 21-1]

058 변호사등록업이 대한변협의 국가로부터 위탁받은 공행정사무인지 (긍정/행정주체 지위)

변호사등록은 **대한변호사협회가** 「변호사법」에 의하여 국가로부터 위탁받아 수행하는 **공행정사무에** 해당한다.

[22 경찰간부]

059 일반재산 대부행위의 법률관계가 사법관계인지 (긍정/민사소송)

일반재산(**구 잡종재산)인** 국유림을 대부하는 행위는 법률이 대부계약의 취소사유나 대부료의 산정방법 등을 정하고 있고, 대부료의 징수에 관하여 「국세징수법」 중 체납처분에 관한 규정을 준용하도록 정하고 있더라도 사법관계로 파악된다.

[15 변시, 20-1]

060 국가계약법상 입찰참가자격제한이 항고소송의 대상인 처분인지 (긍정)

「국가를 당사자로 하는 계약에 관한 법률」에 근거하여 국가기관이 하는 입찰참가자격제한은 공법관계에 해당하고 항고소송의 대상인 처분에 해당한다.

[20-1]

061 국가계약법상 낙찰자 결정기준 규정이 국가의 내부규정에 불과한지 (긍정/사법상 계약)

국가를 당사자로 하는 계약에 관한 법령상 낙찰자 결정기준에 관한 규정은 국가가 사인과의 사이의 계약관계를 공정하고 합리적·효율적으로 처리할 수 있도록 관계 공무원이 지켜야 할 계약사무처리에 관한 필요한 사항을 규정한 것으로 **국가의 내부규정에 불과**하고, 위 법령에 기한 계약의 본질적인 내용은 **사인간의 계약과 다를 바가 없다.**

[20-1]

062 환매권의 존부확인 및 환매금증감의 소송형태가 민사소송인지 (긍정)

구「공익사업을 위한 토지 등의 취득 및 보상에 관한 법률」상 환매권의 존부에 관한 확인을 구하는 소송 및 환매금액의 증감을 구하는 소송은 민사소송이다. [15 변시]

063 서울지하철공사 임원 등에 대한 징계처분의 소송형태 (민사소송/사법관계)

서울특별시지하철공사 임원 및 직원에 대한 징계처분은 위 공사 사장이 공권력 발동주체로서 행정처분을 행한 것으로 볼 수 없으므로 이에 대한 불복절차는 민사소송절차에 의하여야 할 것이지 행정소송에 의할 수는 없다. [15 변시]

064 사립학교 교원임용계약의 취소에 교육법령상 징계절차를 거쳐야 하는지 (부정/사법상 고용계약)

사립학교 교원의 임용을 위한 계약은「사립학교법」소정의 절차에 따라 이루어지는 것이지만, 그 법적 성질은 사법상의 고용계약에 다름 아닌 것으로, 교수 임용계약의 취소는 사법상의 고용계약 취소에 불과하고, 징계처분 또는 징계처분적 성질을 가지는 것이어서「교육공무원법」상 소정의 징계절차를 거쳐야 하는 것은 아니다. [23-2]

065 취소사유인 변상금부과처분의 취소 전 부당이득 반환청구 가능성 (부정/효력부인X)

지방자치단체장의 변상금부과처분에 취소사유가 있는 경우 이 처분에 의하여 납부자가 납부하거나 징수당한 오납금에 대한 부당이득반환청구권은 변상금부과처분이 행정소송을 통해 먼저 취소되기 전에는 사법상 부당이득반환청구로써 위 납부액의 반환을 구할 수 없다. [16 변시]

66 환급가산금 세법규정이 부당이득 반환범위 민법규정의 특칙인지 (긍정/선악불문)

환급가산금의 내용에 대한 세법상의 규정은 부당이득 반환범위에 관한「민법」규정에 대하여 특칙으로서의 성질을 가지므로 환급가산금은 수익자인 국가의 선의·악의를 불문하고 각각의 세법 규정에서 정한대로 확정된다. [16 변시]

67 과세관청의 국세환급 거부결정이 처분인지 (부정/국세기본법 51조-내부처리절차)

국세 과오납금의 환급 여부에 관한 과세관청의 결정은 항고소송의 대상이 되는 처분이 아니므로 설사 과세관청이 환급거부결정을 하더라도 거부처분취소소송으로 다툴 수 없다. [16 변시]

68 취소사유인 수용재결의 불가쟁력 발생 그 재결에 따라 지급된 보상금의 부당이득반환 가능한지 (부정)

토지수용의 재결에 대하여 불복절차를 취하지 아니함으로써 그 재결에 대하여 더 이상 다툴 수 없게 된 경우, 사업시행자는 그 재결이 당연무효이거나 취소되지 않는 한 이미 보상금을 지급받은 자에 대하여 그 보상금을 부당이득이라 하여 반환을 구할 수 없다. [16 변시, 19-2]

069 토지보상법상 주거이전비 보상청구와 행정소송 (증감부분-보상금증감/증감외-항고)

「공익사업을 위한 토지 등의 취득 및 보상에 관한 법률」에 의한 주거이전비 보상청구권은 그 **요건을 충족하는 경우에 당연히 발생**되는 것이므로, 세입자의 주거이전비 보상에 관하여 재결이 이루어진 다음 세입자가 보상금의 증감 **부분을 다투는 경우**에는 같은 법 제85조 제2항에 규정된 행정소송(당사자소송)에 따라, **보상금의 증감 이외의 부분을 다투는 경우**에는 같은 조 제1항에 규정된 행정소송(항고소송)에 따라 권리구제를 받을 수 있다.

070 지방법무사회가 공법인으로서 법무사 사무원 채용승인에 대한 공권력 행사 주체인지 (긍정)

지방법무사회는 법무사 감독 사무를 수행하기 위하여 **법률에 의하여 설립**과 법무사의 회원 가입이 강제된 공법인으로서 **법무사 사무원 채용승인**에 관한 한 공권력 행사의 주체라고 보아야 한다.

[24 변시]

071 행정객체

행정의 상대방에 관한 설명 중 옳은 것만을 모두 고른 것은?

[23-1]

ㄱ. 장관이 교육감에게 교원능력개발평가사업에 대한 시정명령할 수 있는지 (부정/기관위임 -188조X)

교원능력개발평가는 **전국적으로 통일적인 처리가 요구**되는 사무이므로, 이와 관련하여 전라북도 **교육감이 수립한 추진계획**에 대하여 교육부장관은 「지방자치법」 **제188조에 따른** 시정명령을 **발할 수 없다.**

ㄴ. 구청장이 토지소유자인 국가에 대해 오염토양 정화조치명령 발령이 가능한지 (긍정)

서울특별시 노원구 소재 **국유지에 설치**된 태릉 국제사격장 내 클레이사격장에서 **기준치 이상의 납이 검출**되었을 경우 노원구청장이 **토지소유자인** 국가에 대하여 **오염토양** 정화조치명령을 발하는 것이 가능하다.

ㄷ. 국회대지일부 서울시 무단점유- 국회사무총장이 서울시에게 변상금부과처분 가능한지 (긍정)

서울특별시가 국유지인 국회의 대지 일부를 **도로로** 무단 사용하였을 경우 **국회사무총장**은 **서울특별시**에 대해 변상금부과처분을 할 수 있다.

ㄹ. 법무부장관의 건축협의신청에 시장이 불가통보한 경우 국가가 불가통보 다퉈야 하는지 (긍정)

법무부장관이 **안양시장에게** 안양교도소 재건축을 위한 건축협의를 신청하였는데 불가통보를 받은 경우 **행정의 상대방은 다른 행정주체인 국가**이므로 국가가 **안양시장을 상대로 불가통보를 다투어야** 한다.

[21-2, 19-2, 23 경찰간부]

072 사회적 기본권인 산재보험수급권이 법률상 권리인지 (긍정/헌법상 권리X)

사회적 기본권의 성격을 가지는 산재보험수급권**은 입법자의 재량권 행사에 의하여 제정된 「산재보험법」에 의하여 비로소 구체화**되는 법률상의 권리이며, **헌법규정으로부터 직접** 적극적 급부청구권이 **인정되는 것은 아니다.** [19-2]

073 헌법 35조 환경권이 원고적격의 법률상 이익에 해당하는지 (부정)

헌법 제35조 제1항에서 정하고 있는 환경권에 관한 규정만으로는 그 권리의 주체·대상·내용·행사방법 등이 구체적으로 정립되어 있다고 볼 수 없으므로, 환경영향평가 대상지역 밖에 거주하는 주민에게 헌법상의 환경권에 근거하여 공유수면매립면허처분과 농지개량사업시행인가처분의 무효확인을 구할 원고적격**은 인정될 수 없다.** [12 변시]

074 환경영향평가 대상지역 내의 주민의 원고적격 (원칙긍정/사실상 추정)

행정처분의 근거 법규 또는 관련 법규에 그 처분으로써 이루어지는 행위 등 사업으로 인하여 환경상 **침해를 받으리라고 예상되는 영향권의 범위가 구체적으로 규정**되어 있는 경우에는, 그 영향권 내의 주민들에 대하여는 당해 처분으로 인하여 직접적이고 중대한 환경피해를 입으리라고 예상할 수 있고, 이와 같은 환경상의 이익은 **주민 개개인에 대하여 개별적으로 보호되는 직접적·구체적 이익**으로서 그들에 대하여는 특단의 사정이 없는 한 환경상 이익에 대한 침해 또는 침해 우려가 있는 것으로 **사실상 추정되어 법률상 보호되는 이익으로 인정**됨으로써 원고적격이 **인정**된다. [23·14 변시]

75 법인에 대한 처분을 다툴 주주의 원고적격 (예외긍정/주주지위에 중대영향+다툴방법X)

법인의 주주는 당해 **법인에 대한 행정처분**에 관하여 사실상이나 간접적인 이해관계를 가질 뿐이어서 스스로 그 처분의 **취소를 구할 원고적격이 없는 것이 원칙**이라고 할 것이지만, 그 처분으로 인하여 궁극적으로 주식이 소각되거나 주주의 법인에 대한 권리가 소멸하는 등 **주주의 지위에 중대한 영향을 초래**하게 되는 데도 그 처분의 성질상 **당해 법인이 이를 다툴 것을 기대할 수 없고** 달리 **주주의 지위를 보전할** 구제방법이 없는 경우에는 주주도 그 처분의 취소를 구할 원고적격이 있다. [14 변시, 22-2]

76 근거법률에 과당경쟁 방지취지 규정이 있는 경우 경업자소송의 원고적격 (긍정)

면허나 인·허가 등의 **수익적 행정처분의 근거가 되는 법률**이 해당 업자들 사이의 과당경쟁으로 인한 경영의 불합리를 **방지**하는 것을 그 목적으로 하고 있는 경우에는 다른 업자에 대한 면허나 인·허가 등의 수익적 행정처분에 대하여 미리 같은 종류의 면허나 인·허가 등의 수익적 행정처분을 받아 영업을 하고 있는 기존의 업자는 **경업자에 대하여** 이루어진 면허나 인·허가 등 **행정처분의 상대방이 아니더라도** 당해 행정처분의 **취소를 구할 원고적격이 있다.** [14 변시]

077 수익적 처분의 복수신청에서 불허가로 귀결된 자- 경원자소송의 원고적격 (긍정)

인·허가 등의 수익적 행정처분을 신청한 수인이 서로 **경쟁관계에** 있어서 일방에 대한 허가 등의 처분이 타방에 대한 불허가 **등으로** 귀결될 수밖에 없는 때 허가 등의 **처분을 받지 못한 자는** 경원자에 대하여 이루어진 허가 등 처분의 상대방이 아니더라도 **당해 처분의 취소를 구할 원고적격이 있다.**

[14 변시]

078 공사중지명령의 원인사유 해소시 중지명령해제의 조리상 신청권 인정 여부 (긍정)

지방자치단체장이 공장시설을 신축하는 회사에 대하여 **사업승인 당시 부가하였던 조건을 이행할 때까지 신축공사를 중지하라는 명령을** 한 경우, 위 회사에게는 중지명령의 원인사유가 **해소되는** 경우에는 조리상으로 **공사중지명령의** 해제를 요구할 **권리가 인정**된다. [16 변시]

079 재량법규에 무하자재량행사청구권 당연히 인정되는지 (제한긍정/사익보호성-필요)

법규가 일정한 행위의 발령에 대해 행정청에게 재량권을 부여한 경우, **재량의 일탈·남용** 등 재량행사에 하자가 있다는 사정만으로 사인(私人)이 바로 **행정청에 대하여 하자 없는 재량행사를 청구할 수 있는 권리가** 인정되는 것은 **아니다.** [16 변시]

080 기간제 임용기간 만료된 국립대 조교수의 법규상·조리상 신청권 (긍정)

기간제로 임용되어 임용기간이 만료된 국립대학 조교수는 심사기준에 부합되면 **특별한 사정이 없는 한 재임용되리라는 기대를** 가지고 재임용 여부에 관하여 합리적인 기준에 의한 공정한 심사를 요구할 **법규상 또는 조리상 신청권을** 가진다. [16 변시]

081 한의사의 한약조제권이 법률상 보호되는 이익인지 (부정/반사적 이익)

한의사들이 가지는 한약조제권을 한약조제시험을 통하여 **약사에게도 인정함으로써 감소하게 되는** 한의사들의 영업상 이익은 **법률에 의하여 보호되는 이익**이라 볼 수 **없다.** [16 변시]

082 담배 일반소매인이 신규 구내소매인에 대한 법률상 이익 (부정/거리제한-적용X)

담배 일반소매인**으로 지정**되어 영업을 하고 있는 기존업자의 신규 구내소매인**에 대한 이익**은 단순한 사실상의 반사적 이익**에 불과**하므로 기존 일반소매인은 신규 구내소매인의 지정처분의 취소를 구할 원고적격**이 없다.** [22-2]

083 행정개입청구권 인정 (사례형)

> 甲은 관계 법령의 규정에 따라 공장을 적법하게 설치 · 운영하고 있는데, 당해 공장은 **대기환경보전법상의 대기오염물질배출허용기준을 초과**하여 동법에 의한 **개선명령을 받고도 이를 이행하지 않고** 있다. 인근주민 乙은 이 공장으로부터 날아드는 대기오염물질로 인해 **급박**하고 **막대한 건강상 · 환경상 피해**를 받고 있어 관할 광역시장 S에게 甲에 대한 **행정권발동**을 **요구**하였으나 S는 어떠한 조치도 취하지 않고 있다.   [12 변시]
>
> 〈참고〉
> 대기환경보전법 제34조 제2항 : "**환경부장관**은 대기오염으로 주민의 건강상 · 환경상의 피해가 급박하다고 인정하면 ···· 즉시 그 배출시설에 대하여 조업시간의 제한이나 조업정지, 그 밖에 **필요한 조치를 명할 수 있다**."
> ※ 위 조항에 의한 환경부장관의 조업시간제한조치 등의 권한이 **시 · 도지사에게 위임**되었음을 전제로 함.

ㄱ. 대기환경보전법에 공익뿐만 아니라 사익보호성 인정되는지 (긍정)

대기환경보전법 제34조 제2항은 乙의 사익도 **보호하려는 취지**로 해석할 수 있다.

ㄴ. 공권을 넓게 보는 견해에 따를 때 행정개입청구권 인정되는지 (긍정)

공권의 인정 범위를 넓게 보는 견해에 의하면 급박하고 막대한 건강상 · 환경상 피해를 입고 있는 乙에게는 조업정지 등 행정권 발동을 **요청할 행정개입청구권이 인정**될 수 있다.

ㄷ. 아무런 응답을 하지 않는 경우 부작위위법확인소송이 가능한지 (긍정)

위 지문에 의하면 乙은 S의 **부작위에 대해서 부작위위법확인소송**을 제기할 수 있다.

ㄹ. 행정심판법상 부작위위법확인심판이 가능한지 (부정/의무이행심판O)

乙은 S의 부작위에 대해서 **행정심판법상의 부작위위법확인심판**을 제기할 수 없다.

ㅁ. 행정소송법상 의무이행소송이 해석상 인정되는지 (부정)

판례에 의하면 乙은 S의 **부작위에 대해서 의무이행소송**을 제기할 수 **없다**.

ㅂ. 부작위에 의한 국가배상청구와 불법행위자에 대한 민사상 손배청구 가능성 (긍정)

乙은 **국가배상법에 의한 손해배상**을 청구할 수 있고, **甲에 대한** 민사소송도 제기할 수 있다.

84 수녀원이 쾌적한 환경에서 생활할 환경상 이익 침해를 이유로 한 원고적격 (부정)

재단법인인 수녀원은 **쾌적한 환경에서 생활할 수 있는 이익을 향수할 수 있는 주체가 아니므**로, 매립목적을 택지조성에서 조선시설용지로 변경하는 내용의 **공유수면매립목적 변경승인처분으로 인하여 법률상 보호되는 환경상 이익**을 침해받았다면서 행정청을 상대로 처분의 **무효확인을 구하는** 소송을 제기할 법률상 이익이 인정되지 않으므로 **원고적격이 없다.**

085 공익상 필요에 의한 수익적 처분 취소 필요성의 입증책임 (처분청)

수익적 행정처분에 **하자**가 있다고 하더라도 이를 취소하여야 할 필요성에 **관한** 증명책임은 행정처분의 상대방이 아니라 처분청에 **있다.**

[22 변시]

086 처분의 중대명백한 하자- 당연무효에 대한 입증책임 (원고/특수한 하자)

행정처분의 당연무효를 주장하여 그 무효확인을 구하는 행정소송에서 그 행정처분이 무효인 사유를 주장·입증할 **책임은** 원고에게 **있다.**

[19 변시, 19-2]

087 형사법원이 선결문제로 조치명령의 위법성 확인 가능성 (긍정/적법성 추정력X)

개발제한구역 안에 건축되어 있던 비닐하우스를 매수한 자에게 **구청장이 이를 철거하여 토**지를 원상회복하라고 명한 조치가 **위법하다면** 이러한 **조치명령을 따르지 않더라도** 국토의 계획 및 이용에 관한 법률에서 정한 조치명령 등 위반죄로 **처벌할 수 없다.**

[22-1, 20-2]

088 과세처분 무효사유인 경우 체납처분도 무효인지 (긍정/취소사유면-하자승계X)

조세부과처분과 압류 등의 체납처분은 **별개의 행정처분**으로서 독립성을 가지므로 **조세부과**처분에 하자가 있더라도 그 부과처분이 취소되지 아니하는 한 그에 근거한 **체납처분은 위**법이라고 할 수 없으나, 그 부과처분에 중대하고도 명백한 하자가 있어 **무효인 경우에는** 그 부과처분의 집행을 위한 **체납처분도 무효**이다.

[12 변시]

089 취소판결이 있어야만 국가배상청구 가능한지 (부정/민사법원-위법성 확인可)

행정처분이 **위법임을 이유로 국가배상**을 청구하는 경우, 그 행정처분에 대한 취소판결이 있어야 그 행정처분의 위법을 이유로 국가배상을 **청구할 수 있는 것은 아니다.**

[22-2, 20-2]

090 무면허운전죄 형사소송 계속 중 면허취소 취소판결시 무죄가능성 (긍정/판결소급효)

자동차운전면허취소처분에 **대하여** 취소판결이 내려지면 설령 **취소판결 전에 운전**을 하였다 하더라도 당해 행위는 도로교통법상 무면허운전에 **해당하지 아니**한다.

[22-1, 20-2, 19-2]

091 연령미달자 운전면허의 효력과 무면허운전죄 (취소사유/형사법원-효력부인X-무죄)

연령미달의 **결격자인 甲이** 그의 **형인 乙의 이름**으로 운전면허시험에 응시·합격하여 **운전**면허를 취득하였다면 이는 도로교통법상 취소사유에 **불과**하다. 따라서 아직 그 면허가 취소되지 않고 있는 동안 운전을 하던 중 적발된 甲을 무면허 운전으로 **처벌할 수 없다.**

[14 변시, 21-1]

092 취소사유인 과세처분 납부시 조세과오납금환급 가능한지 (부정/민사법원-효력부인X)

조세의 과오납이 부당이득이 되기 위하여는 납세 또는 조세의 징수가 실체법적으로나 절차법적으로 전혀 법률상이 근거가 없거나 과세처분의 하자가 중대하고 명백하여 당연**무효이어야** 하고, **과세처분의 하자가 단지 취소할 수 있는 정도**에 불과할 때에는 **과세 관청이 이를 스스로 취소**하거나 **항고소송절차에 의하여** 취소되지 않는 한 그로 인한 조세의 납부가 부당이득이 **된다고 할 수 없다.**   [14 변시]

093 민사법원이 선결문제로서 처분의 무효확인 가능한지 (긍정)

민사소송에 있어서 어느 행정처분의 당연무효 여부가 선결문제로 되는 때에는 행정처분에 당연무효 사유가 있는지 여부를 판단하여 **당연무효임을 전제로 판결**할 수 있고 반드시 행정소송 등의 절차에 의하여 그 **취소나 무효확인을 받아야 하는 것은 아니다.**   [17 변시, 21-1]

094 처분이 불가쟁력 발생한 경우 행정청과 법원이 기속되는지 (부정/불가쟁력 수범자X)

행정처분이 불복기간의 경과로 **확정**된 경우에는 그 처분의 기초가 된 사실관계나 법률적 판단이 확정되고 당사자들이나 법원이 이에 기속되어 **모순되는 주장이나 판단을 할 수 없게 되는 것은 아니다.**   [18 · 17 변시]

095 처분의 불복기간 경과로 그 사실관계와 법률관계 확정되는지 (부정/행정쟁송만 不可)

산업재해요양보상급여취소처분이 불복기간의 경과로 **인하여 확정**된 경우, 요양급여청구권이 **없다는 내용의 법률관계가 확정된 것은 아니며,** 소멸시효에 걸리지 아니한 이상 다시 요양급여를 청구할 수 있고 그것이 거부된 경우 이는 **새로운 거부처분으로서 위법 여부를** 소구할 수 있다.   [22 변시]

096 행정쟁송 계속 중 행정청의 직권취소 및 절차보완 후 동일처분 가능성 (긍정)

과세처분에 대한 쟁송이 진행 중에 **과세관청**이 그 과세처분의 납부고지 **절차상의 하자를 발견**한 경우에는 위 과세처분을 취소하고 **절차상의 하자를 보완하여** 다시 동일한 내용의 과세처분을 **할 수 있고,** 이와 같은 새로운 처분이 행정행위의 **불가쟁력이나 불가변력에 저촉되는 것은 아니다.**   [17 변시, 21-3]

097 형사소송 계속 중 쟁송취소시 무죄판결 가능성 (긍정/취소판결의 소급효)

형사법원이 판결을 내리기 전에 **영업허가취소처분이** 행정쟁송절차에 **의하여** 취소되었다면, 그 영업허가취소처분 후의 영업행위는 **무허가행위가 아닌 것**이 되므로 형사법원은 그 영업허가취소처분 후의 영업행위에 대해 **무죄를 선고하여야** 한다.   [17 변시]

098 사인의 공법행위에 민법 107조 1항 단서 준용되는지 (부정)

판례에 의하면 「**민법**」상 비진의 의사표시의 무효에 관한 규정은 그 성질상 **영업재개신고나 사직의 의사표시와** 같은 사인의 공법행위에 적용될 수 없다.   [13-3]

099 의사능력 없는 사인의 공법행위가 무효사유인지 (긍정/민법준용)

사인의 공법행위가 의사능력이 없는 자에 의해 이루어진 경우 「**민법**」상의 **법률행위와** 마찬가지로 **무효이다.**   [21-3]

100 국가공무원 甲이 속한 부서장은 해당 부서 20여명의 공무원에게 부서의 조직개편 사정으로 **일괄사표를 제출할 것을 종용**하면서, 일괄사표를 **제출하지 않을 경우** 타 지역으로의 전보명령 또는 직무배치의 **불이익이 있을 것임을 경고**하는 한편, 일괄사표를 **제출할 경우** 조직개편 이후 부서장 직속의 부서에 **복직시켜 주겠다는 약속**을 하였다. 이에, 국가공무원 **甲은 내심의 의사에 반하여** 해당 부서 20명의 직원들과 함께 **일괄사표를 제출**하였으며, 이 중 甲을 포함한 5명의 국가공무원에 대한 선별수리가 이루어져 **의원면직처분**이 이루어졌다. 이에 관한 설명 중 **옳지 않은 것은?**   [22-1]

ㄱ. 의사결정 자유를 박탈당한 공무원의 사직원 제출이 의사무능력자 행위로서 무효인지 (긍정)

甲의 **사직원 제출행위**가 강압에 의하여 **의사결정의 자유를 박탈당한 상태**에서 이루어진 것이라면 **의원면직처분은 무효이다.**

ㄴ. 공무원의 사직원제출에 민법상 비진의의사표시 무효규정이 적용되는지 (부정)

甲의 사직원 제출행위에는 「**민법**」상 비진의 의사표시의 무효에 관한 규정이 **적용되지 않는다.**

ㄷ. 공무원이 제출한 사직원 수리시까지 공무원관계 존속하는지 (긍정)

甲이 사직원을 제출하여 **사직의 의사표시**를 했더라도 임용권자의 사직원 수리가 있을 때까지 甲의 공무원신분관계는 **존속**한다.

ㄹ. 공무원 사직의 의사표시는 의원면직처분이 있을 때까지 철회가능한지 (긍정)

甲이 한 사직의 의사표시는 그에 터잡은 **의원면직처분이 있을 때까지 철회**할 수 있는 것이고, 면직처분이 있고 난 이후에는 **철회할 수 없다.**

ㅁ. 공무원 면직처분의 취소소송은 필요적 소청심사 전치주의인지 (긍정)

甲이 면직처분의 **취소를 구하는 행정소송**을 제기하는 경우 취소소송의 제기에 앞서 소청심사절차를 **거쳐야** 한다.

101 영업양도 후 지위승계 수리처분 전 양수인의 위반행위에 대한 법적책임 (양도인)

양도인이 자신의 의사에 따라 양수인에게 영업을 양도하면서 **양수인으로 하여금** 영업을 하도록 허락하였다면 **영업승계신고 및 수리처분이 있기 전에 발생한** 양수인의 위반행위에 대한 행정적 책임은 양도인에게 귀속된다.　　　　　　　　　　　　　　　　　　　　[20 변시]

102 허가신청을 대상으로 하는 위임계약이 허용되는지 (긍정)

행정청의 허가 등을 목적으로 하는 신청행위를 대상으로 하는 위임계약은 허용된다.　[20 변시]

103 신청내용의 일부 요건미비시 전체를 배척해야 하는지 (부정/일부인용해야)

신청한 **내용의 일부**를 행정청이 받아들일 수 없는 경우에는 **신청내용 전체를 단순 배척할 것이 아니라** 일부에 대해서 인용하는 처분을 하여야 한다.　　　　　　　　　[20 변시]

104 의원개설신고 신고필증 교부가 신고의 효력발생 요건인지 (부정/단순확인)

구 **의료법상의** 의원개설신고는 **수리를 요하지 않는 신고**에 해당하고, 동 법령상 신고사실의 확인행위로서 의료기관 개설 신고필증(현재의 신고증명서)의 교부는 신고사실의 단순 **확인행위**로서 이와 같은 **신고필증의 교부가 없다 하여 개설신고의 효력을 부정할 수 없다**고 할 것이다.　　　　　　　　　　　　　　　　　　　　　　　　　　　　　　　[12 변시]

105 정신과의원 개설신고를 법령요건 이외의 사유로 신고의 수리거부 가능한지 (부정)

정신과의원을 개설하려는 자가 법령에 규정되어 있는 요건을 갖추어 개설신고를 **한 때**에, 행정청은 **원칙적으로** 이를 **수리하여 신고필증을 교부하여야** 하고, 법령에서 **정한 요건 이외의 사유**를 들어 의원급 의료기관 개설신고의 **수리를 거부할 수는 없다.**　[22 경찰간부]

106 건축신고 반려행위가 항고소송의 대상인 처분인지 (긍정)

건축신고에 대한 반려행위는 건축신고가 반려될 경우 **건축주 등의 지위가 불안정**해진다는 점에서 **항고소송의 대상이 되는** 처분에 해당한다.　　　　　　　　　　[17·12 변시]

107 공원 10년 유상사용허가 신청에 1년 임시사용허가- 사실상 거부처분인지 (긍정)

서울대공원 시설을 기부채납한 자가 무상사용기간 만료 후 확약 사실에 근거하여 10년의 유상사용허가를 신청하였으나 서울대공원 관리사업소장이 **신청서를 반려하고** 대신에 1년의 임시사용허가처분을 통보하였다면, 이는 10년의 유상사용허가신청에 대한 사실상 거부처분에 해당한다.　　　　　　　　　　　　　　　　　　　　　　　　　[22 변시]

108 유통산업발전법상 '대규모점포 개설등록'의 법적 성질 (수리를 요하는 신고)

구「유통산업발전법」제8조 제1항은, **대규모점포**를 개설하고자 하는 자는 영업을 개시하기 전에 지식경제부령으로 정하는 바에 따라 시장·군수·구청장에게 **등록하여야** 한다고 규정하고 있고, 동법 제9조는 대규모점포를 등록하는 경우 일정 요건하에 동법 제9조 제1항 각 호 소정의 **인허가 등이 의제**되는 효과가 발생하도록 규정하고 있는 점에서 대규모점포 개설등록은 수리를 요하는 신고로서 행정처분에 해당한다.   [22 변시]

109 전통시장법상 '시장관리자 지정신고'의 법적 성질 (수리를 요하는 신고)

구「재래시장 및 상점가 육성을 위한 특별법 시행규칙」제14조는 시장관리자로 지정받으려는 자는 소정 서식의 신청서에 그 각 호의 서류를 첨부하여 시장·군수·구청장에게 제출하여야 한다고 규정하면서, 시장관리자의 지정 신청을 받은 시장·군수·구청장은 제출 서류의 사실 여부 확인 및 **적격성 여부 등을 검토**하여 적합하다고 인정하는 경우에는 그 신청을 받은 날부터 14일 이내에 소정 서식에 따른 시장관리자 지정서를 교부하여야 한다고 규정하고 있으므로, **시장관리자 지정**은 행정청이 **실체적 요건**에 관한 심사를 한 후 수리하여야 하는 이른바 '**수리를 요하는 신고**'로서 행정처분에 해당한다.   [20-2]

110 유료노인복지주택의 설치신고의 법적 성질 (수리를 요하는 신고)

구「노인복지법」제33조 제2항에 의한 유료노인복지주택의 설치신고를 받은 행정관청으로서는 그 유료노인복지주택의 시설 및 운영기준이 위 법령에 부합하는지와 아울러 그 유료노인복지주택이 적법한 입소대상자에게 분양되었는지와 설치신고 당시 **부적격자들이 입소**하고 있지는 않은지 여부까지 **심사**하여 그 신고의 **수리 여부를** 결정할 수 있다.   [20-2]

111 사설납골시설 설치신고에 대하여 중대한 공익상 필요로 수리거부 가능한지 (긍정)

구「장사 등에 관한 법률」에 의한 사설납골시설(**현재의 사설봉안시설**)의 설치신고가 법이 정한 요건을 모두 갖추고 있는 경우에 **행정청은 수리의무가** 있으나, 예외적으로 보건위생상의 위해방지나 국토의 효율적 이용 등과 같은 중대한 공익상 **필요가 있는 경우에는** 그 수리를 거부할 수 있다.   [12 변시]

112 골재채취법상 신고가 수리를 요하는 신고로서 다른 법령사유도 심사대상인지 (긍정)

구「골재채취법」제32조 제1항에서 '대통령령이 정하는 규모 이상의 **골재를 선별·세척** 또는 파쇄하고자 하는 자는 건설교통부령이 정하는 바에 의하여 관할 시장·군수 또는 구청장에게 **신고하여야 한다**.'고 규정하고 있는바, 입법연혁 및 관련 규정의 취지에 비추어 시장·군수 또는 구청장이 골재 선별·세척 또는 파쇄 **신고에 대하여 실질적인 요건**을 심사하여 **신고를 수리하거나 거부할 수 있다**고 해석되는 한 이는 **수리를 요하는 신고**라고 보아야 하며, 이때에는 **다른 법령**에서 정한 사유도 심사의 대상으로 삼을 수 있다.   [20-2]

113 건축법상 '인허가의제 건축신고'의 법적 성질 (수리를 요하는 신고)

건축법상의 건축신고가 다른 법률에서 정한 **인가·허가 등의 의제효과를 수반**하는 경우에는 일반적인 건축신고와는 달리 특별한 사정이 없는 한 **수리를 요하는 신고**에 해당한다.

[17·12 변시]

114 의제 개발행위허가의 기준 미비시 건축신고 수리거부 가능성 (긍정/실체집중-부정)

국토의 계획 및 이용에 관한 법률상의 개발행위허가로 의제**되는 건축신고가 개발행위허가의 기준을 갖추지 못한 경우** 행정청은 이를 이유로 **그 수리를 거부할 수 있다.**

[17 변시, 21-1]

115 주민등록법상 전입신고의 법적 성질 (수리를 요하는 신고)

주민등록은 단순히 주민의 거주관계를 파악하고 인구의 동태를 명확히 하는 것 외에도, **주민등록에 따라 공법관계상의 여러 가지 법률상 효과**가 나타나게 되는 것으로서, 주민등록의 신고는 행정청에 도달하기만 하면 신고로서의 효력이 발생하는 것이 아니라, **행정청이 수리한 경우에 비로소** 신고의 효력이 **발생**한다.

[21-1]

116 주민등록법상 전입신고의 심사대상 (30일 실거주의사-제한)

주민들의 거주지 이동에 따른 주민등록전입신고에 대하여 행정청이 이를 심사하여 그 수리를 거부할 수는 있다고 하더라도, 그러한 행위는 자칫 헌법상 보장된 국민의 거주·이전의 자유를 침해하는 결과를 가져올 수도 있으므로, 시장·군수 또는 구청장의 주민등록전입신고 수리 여부에 대한 심사는 「주민등록법」의 입법목적의 범위 내에서 제한적으로 이루어져야 하며, 이때 신고필증의 교부는 수리행위가 **법적 효력**을 발휘하기 위한 **필요적 요소**인 것은 **아니다.**

[20-2]

117 주민등록법상 전입신고 종합문제 (사례형)

> 甲은 A시에 거주할 목적으로 주민등록 전입신고를 하였다. 이에 관한 설명 중 옳지 않은 것은?
>
> [18 변시]

ㄱ. 주민등록 전입신고시 주민감사청구 참여자격이 인정되는지 (긍정)

甲이 18세 이상이고 「공직선거법」에 따른 선거권이 있는 경우라면, 관할 행정청이 **甲의 주민등록** 전입신고를 수리한 이후에 甲은 A시의 사무에 대한 주민감사청구에 **참여할 수 있는** 자격을 갖는다.

ㄴ. 시의 발전저해가 전입신고 수리거부 사유인지 (부정/실거주의사-제한)

관할 행정청은 **실제 거주지와 신고서의 거주지가 일치하지 않는 경우** 주민등록 전입신고수리를 **거부**할 수 있으나, 甲의 전입으로 인해 **A시의 발전에 저해가** 될 것으로 보이는 사정이 있다고 해도 수리를 거부할 수는 **없다.**

ㄷ. 주민등록번호 불법유출시 주민등록변경 신청권 인정되는지 (긍정/거부시-거부처분)

주민등록 전입신고가 수리된 후 甲의 주민등록번호가 甲의 **의사와 무관하게** 불법유출되어 甲이 관할 행정청에게 **주민등록번호 변경**을 신청한 경우, 현행법상 주민등록번호 **변경 신청권이 인정**되고, 관할 행정청의 거부행위는 항고소송의 대상이 되는 **행정처분**에 해당한다.

ㄹ. 전입신고 수리거부시 민원처리법상 이의신청 없이 행정쟁송 가능한지 (긍정/임의절차)

관할 행정청이 전입신고수리를 거부한 경우 甲은 「민원처리에 관한 법률」에 따라 그 거부처분을 받은 날부터 소정의 기간 내에 **문서로 이의신청**을 할 수 있고, 이의신청 여부와 **관계없이** 「행정심판법」에 따른 행정심판 또는 「행정소송법」에 따른 **행정소송**을 제기할 수 있다.

118 양수인이 양도인에 대한 허가취소처분을 다툴 법률상 이익 (긍정/명의변경신고 가능자)

법령상 채석허가를 받은 자의 **명의변경제도**를 두고 있는 경우, 명의변경신고를 할 수 있는 양수인은 관할 행정청이 **양도인의 허가를** 취소하는 처분에 대해 취소를 구할 **법률상 이익**이 인정된다.

[20 변시, 13 국가7급]

119 적법한 숙박업신고시 기존 신고외관 남았다는 이유로 수리거부 가능한지 (부정)

숙박업을 하고자 하는 자가 법령이 정하는 시설과 설비를 갖추고 행정청에 **신고**를 하면 행정청은 공중위생관리법령의 규정에 따라 원칙적으로 이를 수리하여야 하므로, 새로 숙박업을 하려는 자가 기존에 다른 사람이 숙박업 신고를 한 적이 있는 시설 등의 소유권 등 정당한 사용권한을 취득하여 **법령에서 정한 요건을 갖추어 신고**하였다면, 행정청으로서는 특별한 사정이 없는 한 이를 **수리하여야** 하고, 기존의 숙박업 신고가 외관상 남아있다는 **이유로 이를 거부할 수 없다.**

[22 변시, 18 국가9급]

120 절차법상 신고서 기재사항의 형식적 요건 결여시 거부가능성 (부정/보완요구해야)

「행정절차법」상 행정기관은 **신고서**의 기재사항에 하자가 있는 등 **형식적 요건을 갖추지 못한 경우**에는 지체 없이 상당한 기간을 정하여 신고인에게 보완을 요구하여야 한다.

[19-1]

121 절차법상 신청서류 미비시 보완요구의무의 대상 (절차보완-긍정/실체보완-원칙부정)

「행정절차법」에 따르면 행정청은 신청을 받았을 때에는 다른 법령등에 특별한 규정이 있는 경우를 제외하고는 그 접수를 보류 또는 거부하거나 부당하게 되돌려 보내서는 아니 되며, 그 **신청에 구비서류의 미비 등 흠**이 있는 경우에는 **보완에 필요한 상당한 기간**을 정하여 **지체 없이** 신청인에게 보완을 요구하여야 한다.

[22 변시]

122 신청서 등의 내용검토 부탁이 확정적인 신청의 의사표시인지 (부정)

신청인이 신청서의 접수에 앞서 담당 공무원에게 **신청서 및 그 구비서류의 내용검토를 부탁**하였고, 공무원이 그 **내용을 개략적으로 검토한 후 구비서류 내용을 보완하여야 한다는 취지로 말하자** 신청인이 신청서를 **접수시키지 않은 경우**, 신청인이 **검토를 부탁한 행위는 명시적이고 확정적인 신청의 의사표시로 볼 수 없으므로** 구비서류의 보완을 요청한 행위를 **신청거부로 볼 수 없다.**

[22 변시]

123 민원사항 신청서류의 실질적 요건 단순착오의 경우 행정청 보완요구의무 (긍정)

민원사항의 신청서류에 실질적인 **요건에 관한 흠**이 있더라도 그것이 **민원인의** 단순한 착오나 **일시적인 사정** 등에 기한 경우에는 행정청은 **보완**을 **요구할 수 있다.**

[20 변시]

124 신청서류의 보완요구시 실체적 발급요건에 관하여 보완기회 부여하여야 하는지 (부정)

행정청이 **구비서류의 미비 등 신청에 흠**이 있어 신청인에게 상당한 기간을 주고 **보완을 요구할 때**, 처분의 실체적인 발급요건에 **관한 사항**까지 보완할 **기회를 부여할 행정청의 의무**는 없다.

[23-3]

125 사인이 국가의 방제작업을 보조한 경우 사무관리에 근거한 방제비용청구 여부 (긍정)

甲주식회사 소유의 유조선에서 원유가 유출되는 사고가 발생하자 **乙주식회사**가 피해방지를 위해 **해양경찰의 직접적인 지휘를 받아 방제작업을 보조**한 경우 **乙주식회사는 국가의** 의무 영역과 이익 영역에 속하는 **사무를 대신하여 처리한 것이므로** 국가에 대하여 사무관리에 근거하여 **방제비용을 청구할 수 있는 관계에 있다.**

[20-2]

126 무효인 과세처분에 따라 납부한 경우 조세과오납금반환청구의 소송형태 (민사소송)

조세부과처분이 당연무효임을 전제로 하여 이미 납부한 세금의 반환을 청구하는 과오납금반환청구소송은 공법상 당사자소송이 아닌 **민사소송의 대상이다.**

[12 변시]

127 당연무효 아닌 신고납부방식의 경우 부당이득 성립하는지 (부정/취소되어야)

신고납부방식의 조세에 있어서 납세의무자의 신고행위가 **당연무효로 되지 않는 한**, 납세의무자가 납세의무가 있는 것으로 오인하고 신고 후 조세납부행위를 하였다 하더라도 그것이 곧 **부당이득에 해당**한다고 할 수 **없다.**

[12 변시]

128 지자체가 법률상 원인없이 국유재산인 학교부지 임의사용시 부당이득 (긍정)

교육자치 지원을 위한 국가의 재정지원의 범위를 벗어나 **지방자치단체가 법률상 원인 없이 국유재산**을 학교부지로 임의 사용하는 경우에는 「**민법**」상 부당이득이 성립될 수 있다.

[20-2]

129 국유재산 무단점유자에 대한 변상금부과·징수가 민사상 부당이득반환청구권의 소멸시효 중단사유인지 (부정/별도행사 可)

한국자산관리공사가 국유재산의 무단점유자에 대하여 변상금 부과·징수권을 행사하는 것과 별도로 동일 금액 범위 내에서 민사상 부당이득반환청구권을 행사하는 것도 가능하고, 이 경우 변상금의 부과·징수가 민사상 부당이득반환청구권의 소멸시효 중단사유가 되는 것도 아니다.

[20-2]

130 과세처분의 항고소송 제기가 부당이득청구권의 시효중단 사유인지 (긍정/표리관계)

일반적으로 **위법한 행정처분의 취소·변경을 구하는 행정소송**은 사권행사가 아니므로 **사권에 대한 시효중단사유가 아니나**, 조세과오납금환급소송(**부당이득반환청구소송**)의 전제가 되는 과세처분의 취소 또는 무효확인을 구하는 소는 조세채무부존재확인의 소와 유사하므로 조세환급청구권의 존부와 표리관계에 있으므로, **과세처분의 취소 또는 무효확인청구의 소가** 비록 행정소송이라고 할지라도 조세환급을 구하는 부당이득반환**청구권의 소멸시효 중단사유인 재판상 청구**에 해당한다.

131 공법상 부당이득반환 청구권의 소멸시효 기간 (5년/국가재정법·지방재정법)

민법에 의하면 일반채권은 소멸시효가 10년이지만, **공법상 부당이득청구권에 관한** 소멸시효에 대하여 특별한 규정이 없으면 국가재정법과 지방재정법에 따라 그 기간은 원칙적으로 5년이다.

[18-2]

132 행정에 관한 기간계산에 민법이 준용되는지 (긍정/예외-행기법 6조②)

행정에 관한 기간의 계산에 관하여는 「**행정기본법**」 또는 **다른 법령**등에 특별한 규정이 있는 경우를 제외하고는 「**민법**」을 **준용한다.**

[21-3]

해커스변호사
law.Hackers.com

해커스 **변호사**
행정법 선택형 정지문 핸드북

제2편

일반 행정작용법

제1장 | 행정상 입법

133 조례가 집행행위 매개없이 국민의 권리의무 직접영향 미치는 경우 처분인지 (긍정)

대법원은, 조례가 집행행위의 개입 없이도 그 자체로서 직접 국민의 구체적인 권리의무나 법적 이익에 영향을 미치는 등의 법률상 효과를 발생하는 경우 그 조례는 항고소송의 대상이 되는 행정처분에 해당한다고 본다.
[12 변시]

134 헌법 76조 긴급명령의 사법적 통제의 주체 (헌재/법률적 효력 O)

헌법 제76조의 긴급명령은 헌법재판소에 의한 위헌법률심사제도에 의해 통제되고, 대법원의 명령 · 규칙 심사에 의한 통제대상이 되지 않는다.
[19-3]

135 위임없는 법무부령인 검찰보존사무규칙이 법규명령으로서 효력 있는지 (부정/위임X)

「검찰보존사무규칙」은 「검찰청법」 제11조에 기하여 제정된 법무부령이기는 하지만, 불기소사건기록의 열람 · 등사의 제한을 정하고 있는 「검찰보존사무규칙」 제22조는 법률상의 위임근거가 없어 행정기관 내부의 사무처리준칙으로서 행정규칙에 불과하다.
[21 변시]

136 시외버스 운송사업계획 변경기준을 정한 부령의 법적성질 (법규명령/법규사항)

「여객자동차 운수사업법」의 위임에 따라 시외버스운송사업의 사업계획변경에 관한 절차, 인가기준 등을 부령인 「여객자동차운수사업법 시행규칙」에서 세부적으로 정하고 있는 경우 해당 시행규칙 규정은 대외적 구속력이 있는 법규명령이라 할 것이다.
[21-2]

137 법령의 위임없이 부령이 처분요건을 규정한 경우 행정규칙에 불과한지 (긍정)

법령의 위임이 없음에도 법령에 규정된 처분요건에 해당하는 사항을 부령에서 변경하여 규정하였다면 그 부령의 규정은 행정청 내부의 사무처리기준 등을 정한 행정명령(행정규칙)의 성격을 지닐 뿐이다.
[21 변시, 22-3, 20-1, 23 국회8급, 23 경찰간부]

138 조례가 위임받은 침익적 사항을 규칙에 재위임할 때 포괄위임금지원칙 적용되는지 (긍정)

조례가 주민의 권리제한 또는 의무부과에 관한 사항을 법률에서 위임받은 후, 지방자치단체장이 정하는 '규칙'에 재위임할 때는 구체적인 범위를 정하여 다시 위임하여야 한다.
[22 경찰간부]

139 시행령이 모법취지를 구체화하는 경우에도 직접 위임규정 없다면 무효인지 (부정)

시행령의 내용이 모법의 입법 취지와 전체를 유기적 · 체계적으로 보아 모법 조항의 취지에 근거하여 이를 구체화하는 것인 때에는 모법에 직접 위임하는 규정이 없다고 하더라도 무효라고 볼 수 없다.
[22 경찰간부]

140 법문언의 모호성에 대한 법관의 보충적 해석이 개인취향에 좌우 가능성이 없어도 명확성원칙에 반하는지 (부정)

기본권제한 입법에 대하여는 법치국가원리의 한 표현인 **명확성원칙**이 요구되지만, 모든 법률에 있어서 **동일한 정도로 요구**되는 것은 **아니**므로, 법 문언에 모호성이 있더라도 **법관의 보충적인 가치판단**을 통해서 그 **의미내용을 확인**할 수 있고, 그러한 **보충적 해석**이 해석자의 개인적인 취향에 **따라 좌우**될 가능성이 없다면 명확성원칙에 반한다고 할 수 없다. [23-2]

141 법령보충규칙과 대외적 구속력 있는 행정규칙이 헌법소원 대상인지 (긍정)

법령보충적 **행정규칙**뿐만 아니라 재량권 행사의 준칙인 행정규칙**이 행정의 자기구속원리에 따라** 대외적 구속력을 가지는 경우에는 헌법소원**의 대상**이 될 수 있다. [12 변시]

142 수권법률이 위헌결정되는 경우 위임명령도 효력상실 여부 (긍정)

법규명령의 위임근거가 되는 **법률에 대하여** 위헌결정이 선고되면 **그 위임에 근거하여 제정된 법규명령도** 특별한 규정이 없는 한 **원칙적으로 효력을 상실한다**. [22 변시]

143 위임명령의 법적근거 없어진 경우 법규명령의 효력상실 시기 (그때부터 무효)

일단 법률에 근거하여 **유효하게 성립한 법규명령**은 나중에 위임법률이 개정되어 그 근거가 없어지게 **되면** 그때부터 무효인 법규명령이 되므로, 어떤 **법령의 위임근거 유무에 따른 유효 여부**를 심사하려면 **법개정의 전후에 걸쳐 모두 심사하여야** 한다. [13 변시]

144 모법폐지된 경우 집행명령 실효 여부 (폐지-그때부터 무효/개정-한시적 유효)

집행명령**은 법률에 의하여 위임받**은 사항이나 법률이 규정한 범위 내에서 법률을 현실적으로 집행하는데 필요한 **세부적인 사항만을 규정**할 수 있으므로 모법이 폐지**되면** 실효되고, 위임법률이 있는 경우에도 모법에 규정되어 있지 않은 새로운 법률사항을 **집행명령으로 규정할 수 없다**. [14 변시]

145 군인의 근속가봉 제한규정에 대한 구체적 위임이 필요한지 (긍정/보수청구권 제한)

군인의 근속가봉을 일정한 횟수 내로 **제한**하고 있는 「**공무원보수규정**」 제30조의2 제3항은 「군인보수법」 제10조의 규정을 현실적으로 집행하는 데 필요한 세부적인 사항을 규정한 것으로서 **군인보수법 제10조에 의하여 형성된 보수청구권의 내용을 불리하게 제한**하는 것이므로 **법에서 구체적인 범위를 정하여 위임하고 있어야** 한다. [21-3]

146 근거법령 개정시 집행명령이 당연실효되는지 (부정-집행명령 제정시까지 유효)

집행명령은 근거법령인 상위법령이 폐지되면 특별한 규정이 없는 이상 실효되는 것이나, **상위법령이 개정됨**에 그친 경우에는 개정법령과 **성질상 모순, 저촉되지 아니**하고 개정된 상위법령의 **시행에 필요한 사항을 규정**하고 있는 이상 그 집행명령은 **상위법령의 개정에도 불구하고** 당연히 **실효되지 아니**하고 개정법령의 시행을 위한 **집행명령이 제정, 발효될 때까지**는 여전히 그 **효력을 유지**한다.

[19-1]

147 상위법령이 시행규칙에 위임했음에도 고시로 정한 경우 대외적 구속력 (부정)

상위법령에서 세부사항 등을 시행규칙으로 정하도록 위임하였으나 **이를 고시의 형식으로 정하였다면**, 규정 내용이 위임의 범위를 벗어나지 않았더라도 그 고시는 **대외적 구속력을 가지는 법규명령으로서 효력이 인정될 수 없다.**

[22 변시]

148 개정법에서 부령에 위임한 경우 구법에 근거한 고시의 대외적 구속력 (부정)

개정 「주택법」에서 "사업주체는 감리자에게 **건설교통부령이 정하는 절차** 등에 의하여 **공사감리비를 지급하여야** 한다."라고 규정하였다면, 개정 전 「주택법」에 근거하여 **감리비의 지급기준을 '고시' 형식으로 정한** '주택건설공사 감리비지급기준'은 **대외적 구속력이 없다.**

[20-1]

149 헌법상 위임입법의 형식이 예시인지 (긍정)

법률이 입법기관이 아닌 행정기관에게 구체적인 범위를 정하여 위임한 사항에 관하여는 당해 행정기관이 법정립의 권한을 갖게 되고, **입법자가 규율의 형식도 선택할 수 있으므로**, 헌법이 인정하고 있는 위임입법의 형식은 예시적인 것으로 보아야 한다.

[22 변시]

150 행정입법부작위에 대한 부작위위법확인소송 가능성 (부정)

추상적인 법령의 제정 여부는 그 자체로서 **국민의 권리의무에 직접적인 변동을 초래하는 것이 아니**므로 행정기관에 **행정입법 제정의 법적 의무가** 있는 경우에 그 제정의 부작위는 부작위위법확인소송의 대상이 될 수 없다.

[20 · 12 변시]

151 시행령에서 보상절차를 정하지 않은 것이 부작위위법확인소송의 대상인지 (부정)

부작위위법확인소송의 대상이 될 수 있는 것은 구체적 권리의무에 관한 분쟁이어야 하므로, 댐 건설로 손실을 받은 주민들은 「특정다목적댐법 시행령」이 손실보상 청구절차 및 방법을 **정하지 아니한 것**을 부작위위법확인소송으로 **다툴 수 없다.**

[22 경찰간부]

152 정당한 이유 없는 행정입법부작위가 위헌인지 (긍정)

입법부가 법률로써 행정부에게 특정한 사항을 위임함에도 불구하고 행정부가 **정당한 이유 없이 이를 이행하지 않는다면** 권력분립의 원칙과 법치국가의 원칙에 위배되어 헌법에 위반된다.

[19-3]

153 청소년보호법 시행령상 과징금 처분기준의 대외적 구속력 정도 (최고한도)

대통령령에 규정된 **과징금 처분기준이** 만약 일정액으로 정해진 것이라면 그 수액은 **정액이 아니라** 과징금의 **최고한도액**이라는 것이 **판례의 태도**이다.

[13 변시]

154 법령보충적 행정규칙의 한계 (위임범위 일탈-대외적 구속력X)

'고시 등'이 비록 **법령에 근거**를 둔 것이라고 하더라도 그 규정 내용이 **법령의 위임범위**를 벗어난 **경우**에는 **대외적 구속력**이 **없다.**   [12 변시]

155 훈령의 효력발생요건으로 공포 · 고시 필요한지 (부정/적당한 방법표시-효력발생)

훈령의 형식으로 **사무처리기준**을 정한 경우 적당한 방법으로 이를 **표시 또는 통보**하면 **효력이 발생**하는 것이지 공포하거나 고시하여야 그 **효력이 발생하는 것은 아니다.**   [19-2]

156 공무원의 행정규칙 위반이 내부적 징계사유인지 (긍정)

검찰조직 내부에서 검찰청의 장의 **근무수칙을 행정규칙으로 정한 경우** 그 행정규칙은 검찰청의 장에 대하여 **일반적인 구속력**을 가지므로, 검찰청의 장이 그 근무수칙에 **위반된 행위**를 하는 경우 **직무상의 의무위반**으로 징계사유에 해당한다.   [19-2]

157 청소년보호법시행령 과징금 처분기준 종합문제 (사례형)

> 乙구청장은 휴게음식점 영업자인 甲에 대해 「**청소년보호법**」 및 같은 법 시행령 [**별표**]의 위반행위의 종별에 따른 과징금 부과처분기준에 따라 **1,000만 원의 과징금 부과처분**을 하였고, **甲은 과징금 부과처분을 소송상 다투려고** 한다. 이에 관한 설명 중 **옳지 않은 것은?**
>
> [16 변시]

ㄱ. 부령인 법규명령형식의 행정규칙의 법적 성질 (행정규칙/대외적 구속력X)

규정형식상 부령인 시행규칙으로 정한 과징금 부과처분의 기준은 **행정청 내부의 사무처리준칙**을 규정한 행정규칙에 지나지 않지만, **대통령령**으로 정한 위 과징금 부과처분기준은 **대외적 구속력이 있는 법규명령**에 해당한다.

ㄴ. 재량행위인 과징금부과처분에 대한 법원의 일부취소판결 가능성 (부정)

甲이 제기한 과징금 **부과처분에 대한** 취소소송에서 수소법원이 1,000만원의 과징금 부과금액이 과도하다고 판단하는 경우, **수소법원은 적정하다고 인정하는** 금액을 초과하는 **부분만 취소할 수 없다.**   [20 변시]

ㄷ. 대법원판결로 명령 · 규칙의 위헌판단시 행안부장관에 통보해야 하는지 (긍정)

행정소송에 대한 **대법원판결에 의하여 명령 · 규칙이 헌법 또는 법률에 위반된다는 것이 확정**된 경우에는 대법원은 지체없이 그 사유를 행정안전부장관에게 **통보하여야** 한다.

158 공중위생관리법 시행규칙 종합문제 (사례형)

> 甲은 A시에서 숙박업을 하는 자로서, 청소년에 대하여 이성혼숙을 하게 하였다. 관할 A시장은 「공중위생관리법」 제11조 제1항을 근거로 같은 법 시행규칙 제19조 및 [별표 7]에 따라 甲에게 2월의 영업정지처분을 하였다. 甲은 영업정지처분에 승복할 수가 없어 취소소송을 제기하였으나 소송 계속 중 2월의 영업정지기간이 경과하였다. 이에 관한 설명 중 옳은 것을 모두 고른 것은? [17 변시]
>
> ※ 「공중위생관리법 시행규칙」
>
> [별표 7] 행정처분기준(제19조관련) Ⅱ. 개별기준 1. 숙박업
>
> | 위반사항 | 근거 법령 | 행정처분기준 | | |
> |---|---|---|---|---|
> | | | 1차위반 | 2차위반 | 3차위반 |
> | 4) 청소년에 대하여 이성혼숙을 하게 하는 등 풍기를 문란하게 하는 영업행위를 하거나 그를 목적으로 장소를 제공한 때 | 법 제11조 제1항 | 영업정지 2월 | 영업정지 3월 | 영업장 폐쇄명령 |

ㄱ. 시행규칙 [별표7]의 가중적 제재처분기준과 소의 이익 (긍정)

영업정지기간의 경과로 **영업정지처분의 효력은 상실**되었으나, 甲이 제기한 소송은 소의 이익(권리보호의 필요)이 인정된다.

ㄴ. 시행규칙 [별표7]의 법적 성질 (행정규칙/법규명령형식의 행정규칙)

「공중위생관리법」 시행규칙 [별표 7] 행정처분기준은 행정기관 내부의 사무처리준칙을 규정한 행정규칙이다.

ㄷ. 시행규칙 [별표7]이 처분의 위법성 판단의 기준인지 (부정/대외적 구속력X)

영업정지처분이 적법한지 여부는 「공중위생관리법 시행규칙」 [별표 7]에 합치하는 것인지 여부에 따라 **판단되는 것은 아니다.**

ㄹ. 시행규칙 [별표7]이 소의 이익의 판단기준이 되는지 (부정/법적성질 불문)

甲에게 소의 이익(권리보호의 필요)이 인정될 수 있는지 여부는 「공중위생관리법 시행규칙」 [별표 7]의 **법적 성격**이 법규명령인지 또는 행정규칙인지 여부와 무관하다.

159 식품위생법 시행규칙의 처분기준에 부합한 경우 처분이 적법한지 (부정/법규성X)

「식품위생법」 위반행위에 대해 **식품위생법 시행규칙** [별표]상의 처분기준에 부합하여 처분을 하였다고 하여 곧바로 적법한 것이라고 할 수는 없다. [23 변시, 21-3]

160 도로교통법 시행규칙 [별표 16]의 벌점에 관한 규정이 최고한도 규정인지 (부정)

도로교통법시행규칙 제53조 제1항 [별표 16]의 벌점에 관한 규정을 처분의 최고 한도를 정해 놓은 것으로 **볼만할 아무런 근거가 없다.** [21-3]

161 법원은 특별한 사정이 없는 한 행정규칙을 존중해야 하는지 (긍정)

'행정규칙'은 일반적으로 행정조직 내부에서만 효력을 가질 뿐 대외적으로 국민이나 법원을 구속하는 효력은 없다고 할 것이나, 행정규칙이 이를 정한 행정기관의 재량에 속하는 사항에 관한 것인 때에는 그 규정 내용이 객관적 합리성을 결여하였다는 등의 특별한 사정이 없는 한 법원은 이를 존중하여야 한다. [21-3, 21 지방7급]

162 위임근거 없는 법규명령에 사후 법적근거 부여시 효력 (그때부터 유효)

일반적으로 법률의 위임에 따라 효력을 갖는 법규명령의 경우에 위임의 근거가 없어 무효였더라도 나중에 법 개정으로 위임의 근거가 부여되면 그때부터는 유효한 법규명령으로 볼 수 있다. 그러나 법규명령이 개정된 법률에 규정된 내용을 함부로 유추·확장하는 내용의 해석규정이어서 위임의 한계를 벗어난 것으로 인정될 경우에는 법규명령은 여전히 무효이다. [22 변시, 18 국회8급]

163 행정규칙이 일반원칙 위반이면 행정부의 내부적 효력도 부정되는지 (긍정)

행정규칙의 내용이 상위법령이나 법의 일반원칙에 반하는 것이라면 행정내부적 효력도 인정될 수 없다. [22 국가7급]

164 비상계엄지역 내 계엄사령관의 기본권제한 특별조치가 법규명령의 효력이 있는지 (긍정)

비상계엄지역 내에서 계엄사령관이 군사상 필요할 때 행한 언론, 출판, 집회 또는 단체행동 등 기본권 제한과 관련한 특별한 조치는 법규명령으로서 효력을 가진다. [21 변시]

165 시행령의 업무상 질병기준이 예시규정인 경우- 그 위임에 따른 고시가 대외적 구속력 있는지 (부정)

「산업재해보상보험법 시행령」[별표3] '업무상 질병에 대한 구체적인 인정 기준'은 예시적 규정에 불과한 이상 그 위임에 따른 고용노동부 고시가 대외적으로 국민과 법원을 구속하는 효력이 있는 규범이라고 볼 수 없다. [22 경찰간부]

제2장 | 행정계획

166 4대강 마스터플랜의 처분성 (부정/종합계획)

정부가 발표한 '4대강 살리기 마스터플랜'은 행정기관 내부에서 사업의 기본방향을 제시하는 것일 뿐 국민의 권리의무에 직접 영향을 미치는 것이 아니어서 **행정처분에 해당하지 않는**다.

[13 변시]

167 도시계획법령상 용도지역지정행위나 용도지역변경행위의 처분성 (긍정/재량)

도시계획법령상 용도지역지정행위나 용도지역변경행위는 전문적 · 기술적 판단에 기초하여 행하여지는 **일종의 행정계획으로서 재량행위**라 할 것이다.

[21–1]

168 사업시행계획의 인가 · 고시 후 소송형태 (항고소송/구속적 행정계획-처분)

주택재건축정비사업조합이 법에 기초하여 수립한 사업시행계획**이 인가 · 고시**를 통해 확정되면 그 사업시행계획은 이해관계인에 대한 **구속적 행정계획으로서 독립된** 행정처분에 해당한다.

[18 · 13 변시]

169 도시관리계획 입안 거부행위의 처분성 (긍정/예외적 계변청)

도시 · 군관리계획 구역 내에 토지 등을 소유하고 있는 주민의 봉안시설(구 납골시설)에 대한 도시 · 군관리계획 입안 제안을 입안권자인 군수가 반려한 행위는 항고소송의 대상이 되는 행정처분에 **해당**한다.

[16 변시]

170 행정계획 변경시에도 형량명령원칙이 적용되는지 (긍정)

광범위한 형성의 자유가 인정되는 **계획재량에 대한 통제법리**는 도시 · 군관리계획 구역 내 토지소유자의 도시 · 군계획시설 변경신청에 대해 행정청이 해당 **도시 · 군계획시설의 변경 여부를 결정하는 경우에도 적용**된다.

[16 변시]

171 지역주민에게 계획변경청구권이 일반적으로 인정되는지 (부정/장기성 · 종합성)

장기성 · 종합성이 요구되는 행정계획에 있어서는 원칙적으로 그 계획이 확정된 후에 어떤 사정의 변동이 있다고 하여 **지역주민에게 일일이 그 계획의 변경을 청구할 권리를 인정해 줄 수 없**다.

[16 변시]

172 문화재보호구역 지정해제를 요구할 계획변경 신청권이 인정되는지 (긍정)

문화재보호구역 내에 있는 토지의 소유자에게는 해당 **보호구역의 지정해제를 요구할 수 있는 법규상 또는 조리상의 신청권**이 있으며, 그 신청에 대한 **거부행위는 항고소송의 대상이 되는 행정처분에 해당**된다.

[16 변시]

173 폐기물처리업허가의 적합통보시 계획변경청구권 인정되는지 (긍정)

일정한 행정처분을 구하는 신청을 할 수 있는 법률상 지위에 있는 자의 (구)**국토이용계획** 변경신청을 거부하는 것이 실질적으로 **당해 행정처분 자체를 거부하는 결과**가 되는 경우에는 **예외적으로** 그 신청인에게 당해 **계획의 변경을 신청할 권리가 인정**된다.　　　　[16 변시, 21-1]

174 도시계획시설결정의 입안 · 변경을 요구할 법규상 · 조리상 신청권 인정 여부 (긍정)

「국토의 계획 및 이용에 관한 법률」상 도시계획구역 내 토지 등을 소유하고 있는 사람과 같이 **도시계획시설결정에 이해관계가 있는 주민**은 도시시설계획의 **입안 내지 변경을 요구** 할 수 있는 법규상 또는 조리상의 신청권이 있다.　　　　[20 변시]

175 도시정비법상 관리처분계획의 처분성 (긍정/구속적 행정계획)

「**도시 및 주거환경정비법**」에 따라 인가 · 고시된 관리처분계획은 **구속적 행정계획으로서 처 분성이 인정**된다.　　　　[17 변시]

176 비구속적 행정계획이 헌법소원의 대상인지 (예외인정/기본권 직접영향+법령의 뒷받침)

비구속적 행정계획안이나 행정지침이라도 **국민의 기본권에 직접적으로 영향**을 끼치고, 앞 으로 법령의 뒷받침에 의하여 그대로 실시될 것이 틀림없을 것으로 예상될 수 있을 때에는, 공권력행위로서 **예외적으로 헌법소원의 대상**이 된다.　　　　[17 변시]

177 주택법상 협의절차 준수시 국토계획법상 주민의견청취 절차생략 여부 (긍정/절차집중)

주택건설사업계획 승인권자가 「주택법」 규정에 따라 **도시 · 군관리계획 결정권자와 협의를 거쳐** 관계 주택건설사업계획을 승인하면 도시 · 군관리계획결정이 이루어진 것으로 **의제되 는 경우**에, 이러한 협의 절차와 별도로 「국토의 계획 및 이용에 관한 법률」에서 정한 **도시 · 군관리계획** 입안을 위한 **주민** 의견청취 절차를 **거칠 필요는 없다**.　　　　[23 변시, 19-3]

178 건축법과 국토계획법의 관계 (양자요건-각각 충족해야)

도시계획시설인 주차장에 대한 건축허가신청을 받은 행정청으로서는 **건축법상 허가 요** 건뿐 아니라 국토의 계획 및 이**용에 관한 법령**이 정한 도시계획시설사업에 관한 **실시계획 인가 요건도 충족**하는 경우에 한하여 이를 허가해야 한다.　　　　[22-2]

179 무권한 행정청의 선행 도시계획결정과 양립할 수 없는 후행 도시계획결정의 효력 (무효)

판례는 **후행 도시계획의 결정**을 하는 행정청이 선행 도시계획의 결정 · 변경 등에 관한 권 한을 가지고 있지 **아니**한 경우에 선행 **도시계획과 서로 양립할 수 없는 내용이 포함된 후행 도시계획결정**을 하는 것은 무효라고 보고 있다.

180 권한없이 도시계획시설 지정을 폐지한 경우- 여전히 도시계획시설 지정은 유효한지 (긍정)

A시를 관할하는 **도지사가 적법한** 권한 없이 「국토의 계획 및 이용에 관한 법률」에 따른 **A시장의 도시계획시설** 지정을 폐지하는 내용의 **도시관리계획을 결정·고시**한 경우, 특별한 사정이 없는 한 **A시장의** 도시계획시설 지정은 **여전히** 유효하다.   [22-1]

181 도시계획시설사업의 동의요건 결여의 하자 정도 (무효사유/중대명백)

도시계획시설사업 **대상 토지의 소유와** 동의 요건을 갖추지 못하였는데도 사업시행자로 **지정**되었다면 특별한 사정이 없는 한 그 사업시행자 **지정처분의** 하자는 중대하다고 보아야 한다.   [20 변시]

182 도시계획시설 변경에 형량명령원칙 적용되는지 (긍정)

주민의 입안 제안 또는 변경신청을 받아들여 도시관리계획결정을 하거나 도시계획시설을 변경할 것인지를 결정할 때에도 형량명령의 **원칙이 동일하게 적용**된다.   [23 변시]

183 도시계획시설결정의 이익형량 준수시 실시계획인가 이익형량 다시 필요한지 (부정)

도시계획시설결정 단계에서 설치사업에 따른 **공익과 사익 사이의** 이익형량이 이루어졌다면, 도지사는 실시계획인가를 **할 때** 특별한 사정이 없는 한 **이익형량을 다시 할 필요는 없다.**   [20 변시]

184 환지계획의 처분성 (부정/추상적)

환지계획은 환지예정지 지정이나 환지처분의 근거가 될 뿐, 그 자체가 직접 토지소유자 등의 법률상 지위를 변동시키거나, 고유한 법률효과를 수반하지 않으므로 **항고소송의 대상이 되는** 처분에 **해당하지 않는다.**   [14 국가7급]

185 도시계획시설결정 종합문제 (사례형)

> A군수가 「국토의 계획 및 이용에 관한 법률」에 기하여 **나대지인 甲 소유 토지와 임야인 乙 소유 토지를 포함**한 3필지 38,728㎡에 대하여 이를 공원부지로 지정하는 내용의 **도시계획시설결정**을 고시하고 **5년이 경과**되었다. 이에 관한 설명 중 **옳은** 것만을 모두 고른 것은?
>
> [20-1]

ㄱ. 장기미집행 도시계획시설결정 실효제도가 헌법상 재산권에서 직접 도출되는지 (부정)

도시계획시설결정이 **일정기간** 미집행되는 경우 실효되게끔 하는 제도는 결과적으로 개인의 재산권이 보다 보호되는 측면이 있는 것은 사실이나, 법률에 기한 권리일 뿐 **헌법상 재산권**으로부터 **직접 도출**되는 권리는 **아니다.**   [22-1]

ㄴ. 도시계획시설결정의 제한이 수인한도 내의 사회적 제약에 해당하는지 (긍정/보상X)

乙의 토지에 대하여 가하여지는 도시계획시설결정에 의한 제한은 수인하여야 하는 **사회적 제약**의 범주에 속하는 것으로서 **재산권**에 대한 **침해**라고 할 수 **없다.**

186 개발제한구역지정 종합문제 (사례형)

> 甲은 관할 행정청 乙의 도시관리계획결정으로 인하여 자신의 토지가 **개발제한구역 안으로 편입됨**에 따라 그 토지를 개발하여 **건축물을 건축하려던 자신의 계획을 이룰 수 없게 되었다.** 평소 甲은 자신이 소유한 토지의 위치를 고려해 보면 이 지역은 공업지역이나 상업지역으로 적합하다고 생각하여 공개적으로 자신의 개발계획을 피력하고 있었다. 그러나 **乙은 충분한 검토와 주민들의 의견수렴절차 없이** 일방적으로 甲의 토지와 인근지역을 개발제한구역으로 편입하였다. 이에 甲은 乙의 도시관리계획결정을 취소 또는 무효화하기 위한 법적 조치에 착수하였다. 甲이 취할 수 있는 법적 조치에 관한 **설명 중 옳은 것은?**   [12 변시]

ㄱ. 개발제한구역으로 편입한 도시관리계획결정의 처분성 (긍정)

개발제한구역으로 편입한 **도시관리계획결정**은 처분에 해당하므로 이익형량을 하지 않거나 적절히 이익형량하지 못하였다는 이유로 당해 **도시관리계획결정에 대한 취소소송을 제기할 수** 있다.

ㄴ. 개발제한구역으로 편입조치의 처분성 (긍정)

개발제한구역으로의 편입조치는 토지나 건물 소유자의 토지형질변경, 건축물 신축, 개축 또는 증축 등 권리행사가 일정한 제한을 받게 되는 바, **특정 개인의 권리 내지 법률상 이익을 개별적이고 구체적으로 규제**하는 효과를 가져오는 행정처분에 **해당하므로 항고소송의 대상**이 된다.

ㄷ. 주민들의 의견수렴절차 없는 개발제한구역지정의 위법성 (긍정/절차상 하자)

주민들의 의견수렴절차 없이 행한 개발제한구역지정은 행정절차법상의 계획확정절차가 **존재하지 않으나,** 국토의 계획 및 이용에 관한 법률상 절차위반으로 이러한 **절차상 하자**는 취소사유에 **해당**하므로 취소소송의 대상이 된다.

ㄹ. 개발제한구역지정 자체의 처분성이 인정되는지 (긍정)

개발제한구역지정으로 인한 권익침해는 추후 건축허가신청이 받아들여지지 않을 때 다툴 수 있는 것이 아니라, **개발제한구역지정 자체로 재산권 행사의 제약**이 되기에 **개발제한구역지정은 항고소송의 대상이 되는** 처분에 해당한다.

ㅁ. 도시관리계획결정의 처분성 인정 여부 (긍정)

일반적으로 **도시관리계획결정**은 구체적으로 특정 개인의 권리 내지 법률상 이익을 개별적이고 구체적으로 규제하는 효과가 있으므로 **행정청의** 처분에 해당한다.

제3장 | 행정행위

I 행정행위의 내용

187 개인택시운송사업면허의 법적 성질 (특허/재량)

개인택시운송사업**면허**는 특정인에게 권리나 의무를 부여하는 것이므로 **강학상 특허**에 해당한다.

[13 변시]

188 지방변협의 소속 변호사 겸직허가행위는 영업의 자유제한을 해제하는 강학상 허가인지 (긍정)

지방변호사회의 소속 변호사에 대한 겸직허가행위는 지방변호사회가 소속 변호사 사이에 맺는 **공법관계**에서 이루어지는 것이고, **직업선택의 자유나** 영업의 자유를 **제한**하는 것을 의미하는 **변호사의 영리 목적 업무 경영** 제한을 해제하여 주는 강학상 허가에 해당한다.

[23-1]

189 공유수면 점용허가의 법적 성질 (특허/재량)

공유수면의 점용 · **사용 허가는** 특정인에게 공유수면 이용권이라는 **독점적인 권리를 설정**해 주는 처분으로서 **강학상 특허이며, 원칙적으로** 재량행위에 속한다.   [13 변시]

190 조합설립인가의 법적 성질 (설권적 처분/특허)

행정청의 **주택재개발정비사업조합** 설립인가는 사인들의 조합설립 행위에 대한 **보충행위의 성질**을 갖는 것이 **아니라**, 법령상 요건을 갖춘 경우 주택재건축사업을 시행할 수 있는 권한을 갖는 **행정주체(공법인)으로서의 지위를 부여하는** 일종의 설권적 처분에 해당한다.

[18 · 13 변시]

191 출입국관리법상 체류자격 변경허가의 법적 성질이 설권적 처분인지 (긍정/특허)

출입국관리법령상 체류자격 변경허가는 신청인에게 당초의 체류자격과 다른 체류자격에 해당하는 활동을 할 수 있는 **권한을 부여**하는 일종의 설권적 처분의 성격을 가진다.

[23-2]

192 사립학교법인 임원취임승인행위의 법적 성질 (인가)

행정청의 사립학교법인 임원취임승인행위는 학교법인의 임원선임행위의 법률상 효력을 완성하게 하는 **보충적 법률행위로서** 강학상 인가에 해당한다.   [13 변시, 21-1]

193 토지거래허가의 법적 성질 (강학상 인가)

토지거래허가는 토지거래허가구역 내의 토지거래를 전면적으로 금지시키고 일정한 경우 그 금지를 해제하여 계약체결의 자유를 회복시켜주는 성질이 아닌, 거래의 자유를 인정하나 위 허가 전에는 **유동적 무효 상태에 있는 법률행위의 효력을 완성**시켜주는 강학상 인가의 성질을 갖는 것으로 보는 것이 타당하다. [13 변시, 22-1]

194 민법상 재단법인 정관변경 허가의 법적 성질 (강학상 인가)

민법 제45조와 제46조에서 말하는 재단법인의 정관변경 "허가"는 법률상의 표현이 허가로 되어 있기는 하나, 그 성질에 있어 **법률행위의 효력을 보충해 주는 것이지 일반적 금지를 해제하는 것이 아니므로, 그 법적 성격은** 인가라고 보아야 한다. [21-3]

195 자동차관리법상 사업자단체 조합 설립인가처분이 강학상 인가인지 (긍정)

「자동차관리법」상 자동차관리사업자로 구성하는 **사업자단체인 조합 또는 협회의 설립인가** 처분은 국토해양부장관 또는 시·도지사가 **자동차관리사업자들의 단체결성행위를 보충하여 효력을 완성시키는 처분**에 해당한다. [22-2]

196 자동차관리법상 조합설립인가의 요건판단이 재량행위인지 (긍정)

「자동차관리법」상 조합 등 설립인가에 관하여 구체적인 기준이 정하여져 있지 않은 경우, 인가권자인 국토해양부장관 또는 시·도지사는 조합 등의 설립인가 신청에 대하여 「자동차관리법」에 정한 **설립요건의 충족 여부** 등을 검토하여 **설립인가 여부를 결정할 재량**을 가진다. [22-2]

197 도정법상 조합의 정관변경인가는 효력을 완성하는 강학상 인가로서 무인가 정관은 무효인지 (긍정)

「도시 및 주거환경정비법」상 **조합이** 정관을 변경하고자 하는 경우, 받아야 하는 시장·군수 등의 **인가**는 그 대상이 되는 기본행위를 보충하여 법률상 **효력을 완성**시키는 행위로서 이러한 **인가를 받지 못하였다면 변경된 정관은 효력이 없다.** [23-3]

198 기본행위의 하자를 이유로 인가를 다툴 수 있는지 (부정/인가의 보충성)

기본행위가 적법·유효하고 보충행위인 인가처분 자체에만 하자가 있다면 그 인가처분의 무효나 취소를 주장할 수 있다고 할 것이지만, 인가처분에 하자가 없다면 기본행위에 하자가 있다 하더라도 따로 그 기본행위의 하자를 다투는 것은 별론으로 하고 **기본행위의 무효를 내세워 바로 그에 대한 인가처분의 취소 또는 무효확인을 구할 수 없다.** [16·14 변시, 22-2]

199 도시정비법상 관리처분계획인가의 법적 성질 (인가)

「도시 및 주거환경정비법」상 관리처분계획에 **대한 행정청의** 인가는 관리처분계획의 법률상 효력을 완성시키는 **보충행위로서의 성질**을 갖는다. [18·14 변시]

200 조합의 관리처분계획 인가에 기부채납등 조건을 붙일 수 있는지 (부정)

행정청은 「도시정비법」상 주택재건축정비사업조합의 관리처분계획**에 대한** 인가처분을 하면서 **법규상 기준에 부합하는지 여부** 등을 심사 · 확인하여 인가 여부를 결정할 수 있을 뿐, **기부채납과 같은 조건을 붙일 수는 없다.** [22-2]

201 주택재개발사업 종합문제 (사례형)

A지역에서 토지 등을 소유한 자들은 「도시 및 주거환경정비법」에 따라 **주택재개발사업을 시행하기 위해 조합설립추진위원회를 구성하여** 관할 행정청으로부터 승인을 받았다. 조합설립추진위원회는 이 법에 따라 **조합설립결의를 거쳐 주택재개발조합**(이하 '조합'이라 함)의 설립인가를 받았다. 이후 조합은 조합총회결의를 거쳐 **관리처분계획을 수립**하였고, 행정청이 이를 인가 · 고시하였다. 한편, 이 사건 정비구역 내에 토지를 소유한 甲은 조합설립추진위원회 구성에 동의하지 않았다. 이에 관한 설명 중 옳은 것은? [18 변시]

ㄱ. 정비구역내 토지소유자의 조합설립추진위원회 구성승인을 다툴 원고적격 (긍정)

甲은 조합설립추진위원회 구성승인처분**의 취소**를 구할 원고적격**이 있다.**

ㄴ. 추진위 구성승인의 위법을 이유로 조합설립인가의 위법성 주장 가능한지 (부정/별개)

조합설립추진위원회 구성승인처분**과** 조합설립인가처분은 양자가 그 **목적과** 성격을 달리하므로, 추진위원회 구성승인처분상의 위법만을 들어 조합설립인가처분의 위법을 인정하는 것은 타당하다고 할 수 없다.

ㄷ. 조합설립 인가처분의 법적 성질 (설권적 처분/특허)

조합설립인가**처분**은 단순히 조합설립행위에 대한 보충행위로서의 성질을 갖는 것에 그치는 것이 아니라 주택재개발사업을 시행할 수 있는 권한을 갖는 **행정주체로서의 지위를 부여**하는 일종의 설권적 처분의 성격을 갖는다.

ㄹ. 조합설립인가 후 조합설립결의 하자를 이유로 한 쟁송방법 (항고소송/설권적 처분)

조합설립인가처분**이 행해진** 이후에 조합설립결의의 하자를 이유로 **조합설립의 무효를 주장하려면** 인가행정청을 상대로 **조합설립인가처분의 취소 또는 무효확인을 구하는** 항고소송을 제기하여야 한다.

ㅁ. 관리처분계획인가 후 총회결의 하자를 이유로 한 쟁송방법 (항고소송/관리처분계획)

조합이 수립한 관리처분계획에 대해 인가 · 고시**가 있은 후**에 관리처분계획에 관한 조합총회결의의 하자를 이유로 그 효력을 다투려면 조합을 상대로 항고소송**의 방법으로** 관리처분계획**의 취소 또는 무효확인**을 구하여야 한다. [22 변시]

202 조합설립인가처분시 조합설립추진위 구성승인처분을 다툴 법률상의 이익 (부정)

「도시 및 주거환경정비법」상 **조합설립추진위원회 구성승인처분을 다투는 소송계속중** 조합설립인가처분이 이루어진 경우에는 **조합설립추진위원회 구성승인처분**에 대하여 취소 또는 무효확인을 구할 **법률상의** 이익은 없다.

203 사립학교법인 임원취임승인 취소 종합문제 (사례형)

> 甲은 사립학교법인 이사회에서 이사로 선임되어 관할청의 취임승인을 받았다. 그러나 해당 이사회의 전임 이사였던 乙은 甲에 대한 학교법인의 이사선임행위에 하자가 있음을 주장하며 이를 다투고자 한다. 이에 관한 설명 중 옳지 않은 것은?   [16 변시]

ㄱ. 관할청의 이사선임행위에 대한 수정인가 가능성 (부정)

관할청은 학교법인의 이사선임행위의 내용을 수정하여 **승인할 수** 없다.

ㄴ. 이사선임행위 무효인 경우 관할청 이사취임승인처분의 효력 (무효)

학교법인의 이사선임행위가 무효인 경우에는 **관할청의** 취임승인**이 있더라도** 그 선임행위가 **유효한 것으로 되지 아니**한다.

204 무인가행위의 효력 (무효/인가-효력발생요건)

인가의 대상이 되는 **기본행위는 인가를 받아야 효력이 발생**하므로, 인가를 받지 않은 이상 기본행위는 법률상 효력이 **발생하지 않**는다.   [17 변시]

205 허가기간이 부당히 짧은 경우 기한의 의미(허가조건의 존속기간/연장된 전체기간)

재량행위인 허가의 기간이 부당하게 짧은 경우라면 그 기한은 허가조건**의 존속기간**을 정한 것으로 볼 수 있으나, 그 후 당초 기한이 **상당기간 연장되어** 전체를 기준으로 볼 경우 **부당하게 짧은 경우에 해당하지 않**는다면 관계 행정청은 재량권의 행사로서 **기간연장을 불허가할 수 있다.**   [17 변시]

206 조합설립인가처분에 대한 소송형태 (항고소송/조합설립결의-별도쟁송X)

「도시 및 주거환경정비법」상 주택재건축사업조합에 대한 조합설립 인가처분**이 있은 이후**에는 조합설립결의의 하자를 이유로 조합설립의 무효를 주장하는 것은 **조합설립 인가처분의 취소 또는 무효확인을 구하는** 항고소송의 방법에 의하여야 할 것이고, 이와는 **별도로** 조합설립결의만을 **대상으로** 그 효력 유무를 다투는 확인의 소를 제기하는 것은 확인의 이익이 없어 **허용되지 아니한다** 할 것이다.   [18·17 변시]

207 제재사유의 승계 인정 여부 (긍정/양도인 위반사유로 양수인에 제재처분 可)

「여객자동차 운수사업법」상 **개인택시 운송사업의 양도 · 양수 당시**에는 **양도인에 대한 운송사업면허 취소사유**(예 : 양도인의 운전면허 취소)가 **현실적으로 발생하지 않은 경우**라도 그 원인이 되는 사실(예 : 양도인의 음주운전)이 이미 존재하였다면, 관할 관청으로서는 그 후 발생한 운송사업면허 취소사유(예 : 양도인의 운전면허 취소)에 기하여 양수인**의 운송사업면허를 취소할 수 있다.**
[17 변시]

208 식품위생법상 신고의무 불이행된 영업의 양수인에게 시정명령 가능한지 (긍정)

「**식품위생법**」상 영업장 면적 변경에 관한 신고의무**가 이행되지 않은 영업**을 양수한 자가 그 신고의무를 **이행하지 않은 채 영업을 계속**하는 경우, **시정명령 또는 영업정지 등 제재처분의 대상이 된다.**
[21-2]

209 개발제한구역 내 건축허가의 법적 성질 (예외적 승인/재량행위)

개발제한구역 내에서는 **구역지정의 목적상 건축물의 건축** 및 공작물의 설치 등 **개발행위가 원칙적으로 금지**되고, 다만 구체적인 경우에 이러한 **구역지정의 목적에 위배되지 아니할 경우 예외적으로 허가**에 의하여 그러한 행위를 할 수 있게 되어 있음이 그 규정의 체제와 문언상 분명하고, 이러한 예외적인 개발행위의 허가인 개발제한구역 안에서의 건축허가는 상대방에게 수익적인 것이 틀림이 없으므로 그 **법률적 성질은 재량행위 내지** 자유재량행위에 속한다.
[17 변시]

210 개발행위허가의 요건판단이 재량인지 (긍정/불확정개념)

국토의 계획 및 이용에 관한 법률상 개발행위허가**는 허가기준 및 금지요건이 불확정개념으로 규정된 부분이 많아** 그 요건에 해당하는지 여부에 대한 판단에 **행정청이 재량**을 가진다.
[21-1]

211 건축허가를 중대한 공익상 필요없이 건축법 제한 이외의 사유로 거부 가능한지 (부정)

건축허가권자는 **건축허가신청**이 「건축법」 등 관계 법규에서 정하는 **어떠한 제한에 배치되지 않는 이상** 당연히 같은 법조에서 정하는 **건축허가를 하여야** 하고, 중대한 공익상의 필요가 없는데도 관계 법령에서 정하는 제한사유 이외의 사유를 들어 요건을 갖춘 자에 대한 **허가를 거부할 수는 없다.**
[21-3]

212 주유소설치허가를 법령상 제한사유 아닌 주민 미동의 사유로 거부 가능한지 (부정)

주유소 설치허가권자는 주유소 설치허가 신청이 석유사업법 등 관계 법규에서 정하는 어떠한 제한에 배치되지 않는 이상 당연히 주유소 설치허가를 하여야 하므로 **관계 법령에서 정하는 제한사유 이외의 사유로서 공익상 필요와도 무관한 주민동의가 없음을 들어 이를 거부할 수는 없다** 할 것이다.
[21-2]

213 산림훼손허가를 환경보전등 중대한 공익상 필요로 거부할 때 명문의 근거를 요하는지 (부정)

산림훼손은 국토 및 자연의 유지와 수질 등 **환경보전에 직접적인 영향을 미치는 행위**이므로 그 허가 관청은 그러한 **자연유지와 환경보전 등** 중대한 공익상 필요가 있다고 인정될 경우 **법규에 명문의 근거가 없더라도 거부처분**을 할 수 있다.　　　　　　　[23-1, 21-2]

214
> X학교법인은 이사회의 의결을 통해 甲을 이사로 선임하여 교육부장관으로부터 임원취임승인을 받았다. 교육부장관은 X학교법인에 대한 종합감사결과에 따라 교비회계의 무단전용 등 다수의 위법·부당사항을 적발하고, **X학교법인에 대하여** '무단전용된 예산과 유용된 자금을 관련자로부터 회수하고 교비 회계로 반환할 것 등 10개의 시정요구사항을 1개월 내에 이행하고 그 결과를 보고할 것'을 요구하면서 이 시정요구사항이 **이행되지 않을 경우 임원취임승인을 취소할 것임을 계고**하였다. 이에 관한 설명 중 **옳은 것은?**　　　　[22-1]
>
> > 「사립학교법」
> > 제20조(임원의 선임과 임기) ① 임원은 정관이 정하는 바에 의하여 이사회에서 선임한다.
> > 　② 임원은 관할청의 승인을 얻어 취임한다.
> > 제20조의2(임원 취임의 승인취소) ① 임원이 다음 각호의 1에 해당하는 행위를 하였을 때에는 관할청은 그 취임승인을 취소할 수 있다.
> > 　1. 이 법에 위반하거나 이에 의한 명령을 이행하지 아니한 때
> > 　② 제1항의 규정에 의한 취임승인의 취소는 관할청이 당해 학교법인에게 그 사유를 들어 시정을 요구한 날부터 15일이 경과하여도 이에 응하지 아니한 경우에 한한다.
> > 제25조(임시이사의 선임) ① 관할청은 다음 각 호의 어느 하나에 해당되는 경우에는 이해관계인의 청구 또는 직권으로 지체없이 임시이사를 선임하여야 한다.
> > 　2. 제20조의2의 규정에 의하여 학교법인의 임원취임 승인을 취소한 때

ㄱ. 교육부장관의 시정요구사항 일부이행 결과가 미흡한 경우 임원취임승인 취소가능한지 (긍정)

甲과 X학교법인이 **시정요구사항을 일부** 이행하였더라도 시정에 응한 **결과가 시정요구를 이행하였다고 보기에** 미흡한 경우 교육부장관은 시정요구사항 **불이행을 사유**로 임원취임승인취소처분을 할 수 있다.

ㄴ. 임시이사선임 취소소송 계속 중 임시이사 임기만료시 소이익 인정되는지 (긍정)

교육부장관이 임원취임승인취소처분을 하고 임시이사로 乙을 선임하여 **임시이사선임처분 취소소송이** 제기되어 **계속 중 乙의** 임기가 만료되고 **임시이사가 丙으로 교체되어도** 여전히 **乙에 대한 임시이사선임처분의 취소를** 구할 법률상 이익이 **인정**된다.

ㄷ. 사립학교법상 시정요구와 별도로 행정절차법상 사전통지등 별도로 절차보장 해야 하는지 (부정)

임원취임승인을 취소하기 위해서는, 「사립학교법」 **제20조의2 제2항**에 따라 **15일의 시정요구사항**에 대한 결과보고를 위한 기간 유예를 주는 것으로 충분하며, 이와 **별도로** 「행정절차법」상의 사전통지를 하고 **의견진술기회를 부여**하여야 하는 것은 **아니다.**

215 건축물 용도변경 없이 허가용도 이외 사용시 건축허가 소급적으로 위법한지 (부정)

건축주가 건축물에 대하여 **적법한 용도변경 절차를 거치지 않고** 허가받은 용도 이외의 다른 용도로 사용하더라도 **건축허가가** 소급해서 위법해지는 **것은 아니다.**　　　　[21-2]

216 인가가 기본행위의 하자를 치유하는지 (부정/보충행위 불과)

인가의 대상이 되는 기본행위에 하자가 있다면 인가가 **있더라도** 그 기본행위의 **하자가** 치유되는 **것은 아니다.**　　　　[17 변시]

217 인가에 의해 유동적 무효인 기본행위가 소급적으로 유효하게 되는지 (긍정)

인가의 대상이 되는 기본행위는 **인가가 있기 전에는 효력이 발생하지 않은 상태**에 있다가 인가가 **있으면 본래 행해진 시점에** 소급하여 유효하게 된다.

218 도시계획시설사업의 실시계획인가처분이 무효면 수용재결도 무효인지 (긍정/취소사유-하자승계X)

도시계획시설사업에 관한 실시계획의 인가처분이 그 하자가 중대·명백하여 당연무효이면, **인가처분에 기초한** 수용재결도 무효이다.　　　　[21 변시]

219 석유사업법상 양수인이 양도인 위반에 대하여 선의인 경우 제재효과 승계되는지 (부정)

「석유 및 석유대체연료 사업법」 제8조에 따라 사업정지처분 효과는 **새로운 석유정제업자에게 승계**되나, 새로운 석유정제업자가 석유정제업을 승계할 때에 그 **처분이나 위반의 사실을** 알지 못하였음을 증명하는 경우에는 **승계되지 아니**한다.　　　　[22 경찰간부]

220 공무원 임용 면접전형의 법적 성질 (재량/고도의 인사재량)

공무원 임용을 위한 면접전형에서 임용신청자의 능력이나 적격성 등에 관한 판단은 면접위원의 **고도의 교양과 학식, 경험에 기초**한 자율적 판단에 의존하는 것으로서 **오로지 면접위원의** 자유재량에 속하고, 그와 같은 판단이 **현저하게 재량권을 일탈·남용하지 않는 한** 이를 위법하다고 **할 수 없다.**　　　　[20 변시]

221 재량행위에 대한 사법심사방식 (제한적 심사방식/일탈·남용)

재량행위**에 대한** 사법심사를 하는 경우에, 법원은 **행정청의 재량에** 기한 **공익판단의 여지**를 감안하여 독자적인 결론을 도출함이 없이 당해 행위에 **재량권의 일탈·남용이 있는지 여부만**을 심사하여야 한다.　　　　[20 변시]

222 재량감경 참작사유 전혀 고려하지 않은 경우 재량권 일탈·남용인지 (긍정)

법 위반사실이 명백하다고 하더라도 법시행규칙이 정한 처분기준에 따라 **사업정지처분**을 하면서 **법령상 사업정지기간의 감경에 관한 참작 사유가 있음에도** 이를 전혀 고려하지 않았다면 **재량권을 일탈·남용한 위법한 처분**이 된다.　　　　[22 변시]

재량권의 일탈·남용에 관한 설명 중 옳은 것을 모두 고른 것은? [20 변시]

ㄱ. 재량권 일탈·남용에 대한 입증책임 (원고/처분청-처분의 적법성만)

항고소송의 경우에는 처분의 적법성을 주장하는 행정청에게 그 적법사유**에 대한 증명책임이 있으나,** 처분이 재량권의 한계를 벗어나 위법하다는 점은 그 처분의 효력을 다투는 자가 입증하여야 하고, 행정청은 그 처분이 **재량권의 일탈·남용이 없다**는 점까지 **입증할 필요는 없다.**

ㄴ. 행정청이 재량권을 전혀 행사하지 않은 재량권 불행사의 효력 (일탈·남용)

처분의 근거법령이 행정청에 처분의 요건과 효과 판단에 일정한 재량을 부여하였는데도, 행정청이 자신에게 **재량권이 없다고 오인**하여 **처분으로 달성하려는 공익**과 그로써 **처분 상대방이 입게 되는 불이익**의 내용과 정도를 전혀 비교형량하지 않은 채 **처분**을 하였다면, 이는 **재량권 불행사**로서 그 자체로 **재량권** 일탈·남용에 해당된다.

ㄷ. 과징금부과처분시 감경사유를 전혀 고려하지 않은 처분의 효력 (위법/일탈·남용)

실권리자명의 등기의무를 위반한 명의신탁자에 대한 과징금 부과와 관련하여 **임의적 감경규정**이 존재하는 경우, 그 감경규정에 따른 감경사유가 존재하여 이를 고려하고도 과징금을 감경하지 않은 것을 위법하다고 단정할 수는 없으나, **감경사유를 전혀 고려하지 않았거나 감경사유에 해당하지 않는다고 오인**하여 과징금을 감경하지 않았다면 그 과징금 부과처분은 **재량권을** 일탈·남용한 **위법**한 처분이다.

甲은 학교법인 이사회에서 이사로 선임되어 관할 행정청인 교육부장관으로부터 임원취임승인을 받았다. 그 후 이사 재임기간 중 학사행정에 관하여 대학의 장의 권한을 침해하였다는 사실이 드러나자 교육부장관은 학교법인에게 시정요구를 하여야 할 사안임에도 그 절차를 거치지 아니하고 甲에 대하여 임원취임승인취소처분을 하였다. 이에 관한 설명으로 옳은 것을 모두 고른 것은?

ㄱ. 교육부장관의 임원취임승인시 선임행위의 하자가 치유되는지 (부정/인가)

甲에 대한 이사회의 선임행위가 **하자가** 있는 경우에 그에 대한 **교육부장관의 임원취임승인**이 있다고 하여 선행행위인 이사회의 **선임행위가** 소급하여 유효하게 **되는 것은 아니다.**

ㄴ. 임원선임행위의 하자를 이유로 임원취임승인을 다툴 수 있는지 (부정/소익X)

학교법인의 감사는 甲에 대한 사법상의 임원선임행위에 하자**가 있다는 이유로** 그 선임행위의 효력에 관하여 다투려고 하는 경우 甲에 대한 취임승인처분**의 취소 또는 무효 확인을 구할 법률상의** 이익이 없다.

ㄷ. 임원취임승인 이후 후발적 사정 이유로 한 임원취임승인 취소처분의 성질 (철회)

甲에 대한 임원취임승인취소처분은 **강학상 행정행위의** 철회에 해당한다.

ㄹ. 사립학교법상 시정요구 없는 임원취임승인 취소처분이 절차상 하자인지 (긍정)

사립학교법 **제20조의2 제2항에서 규정하고 있는** 시정요구제도는 학교법인에 대하여 단순히 시정의 기회를 주는 **훈시적 규정이 아니라**, 학교법인 이사장을 비롯한 임원에게 **임원취임승인취소처분의 사전통지와 아울러 행정절차법 소정의 의견진술의 기회를 준 것에** 다름아니므로, 교육부장관이 학교법인에 대하여 **시정요구를 하지 않은 채 甲에 대하여 임원취임승인취소처분**을 하였더라도 절차상의 하자가 **있다**고 볼 수 있다.

225 적법한 건축물에 대한 철거명령과 대집행계고의 효력 (무효/하자승계-당연긍정)

적법한 건축물에 대한 철거명령이 하자가 중대하고 명백하여 당연무효라면, 그 후행행위인 건축물철거 대집행계고처분도 역시 **당연무효**이다.
[12 변시, 21-2]

226 납세자 아닌 제3자의 재산에 대한 압류처분의 효력 (당연무효)

납세자가 아닌 제3자의 **재산을 대상으로 한** 압류처분은 그 처분의 내용이 법률상 실현될 수 없는 것이어서 당연무효이다.
[21-1]

227 개발행위허가가 허가기준 갖추지 못하여 불허가한 경우 계획위원회 심의 거치지 않은 사정만으로 위법한지 (부정)

개발행위허가신청의 내용이 허가기준에 맞지 않는다고 **판단**하여 개발행위허가신청을 불허하면서 그에 앞서 도시계획위원회의 심의를 거치지 않았다고 하여 그러한 사정만으로 그 불허가처분에 취소사유인 위법이 있다고 할 수 없다.
[21-1]

228 환경영향평가를 거치지 않은 사업승인처분의 효력 (당연무효)

환경영향평가법령의 규정상 환경영향평가를 **거쳐야 할 사업**인 경우에, 환경영향평가를 거치지 아니하였음에도 불구하고 **사업승인처분을 한 것은** 중대하고 명백한 하자가 있어 **당연 무효**이다.
[13 변시]

229 군수 · 주민대표 추천전문가 미포함 입지선정위의 폐기물시설 입지결정의 효력 (무효)

군수와 주민대표가 **선정 · 추천한** 전문가를 **포함시키지 않**은 채 입지선정위원회가 임의로 구성되어 의결을 한 후, 그에 근거하여 이루어진 폐기물처리시설입지결정**처분은 무효**이다.
[21-1, 12 지방7급]

230 위헌법률에 근거한 체납처분(압류)의 효력 (당연무효/기속력反)

위헌인 법률에 근거한 조세부과처분은 원칙상 취소할 수 있는 행위에 불과하므로 **불복기간이 지난 경우**에는 더 이상 다툴 수 없고, 조세부과처분과 체납처분 간에는 하자의 승계가 인정되지 않으며, 위 소득세법 조항에 **위헌결정이 선고된 후에 공매 등의** 체납처분을 하는 것은 위헌결정의 기속력에 반하여 당연무효이다. [13 변시]

231 부담이 무효인 경우 부담의 이행인 사법상 법률행위가 당연무효인지 (부정/별개- 동기불과)

행정처분에 붙인 부담인 **부관이 무효인** 경우 그 처분을 받은 사람이 부담의 이행**으로 사 법상 매매 등의 법률행위**를 한 때에는 그 **부담은 특별한 사정이 없는 한 법률행위를 하게 된** 동기로 작용하였을 뿐이므로 이는 **법률행위의 취소사유**가 될 수 있음은 별론으로 하 고 그 **법률행위 자체를 당연히 무효화하는 것은 아니**다. [24 · 12 변시, 21-2]

232 부담에 불가쟁력 발생하면 부담의 이행인 사법상 매매를 별도로 다툴 수 없는지 (부정/별개)

부담이 제소기간의 도과로 확정되어 불가쟁력이 생긴 경우 그 **부담의 이행**으로서 하게 된 사법상 매매 등의 **법률행위**의 효력도 **다툴 수 있다.** [24 · 22 변시]

233 어업면허처분에 부가된 유효기간의 독립쟁송가능성 (부정/기한-독가쟁X)

어업면허처분을 함에 있어 그 면허의 유효기간을 정한 경우, 위 면허의 유효기간은 행정청 이 위 어업면허처분의 효력을 제한하기 위한 **행정행위의** 부관이라 할 것이고 이러한 행 정행위의 부관은 독립하여 **행정소송의 대상이 될 수 없는** 것이므로 위 어업면허처분 중 그 면허유효기간만의 취소를 구하는 청구는 허용될 수 없다. [12 변시]

234 '건축허가 전까지 교통영향평가 심의필증 교부받을 것' 부관이 무효인지 (부정)

행정청이 **사전에 교통영향평가를 거치지 아니**한 채 '건축허가 전까지 교통영향평가 심의필증 을 교부받을 것'을 내용으로 하는 부관을 붙여서 한 실시계획변경 및 공사시행변경 인가처 분은 중대하고 명백한 흠이 있다고 할 수 없으므로 이를 **무효로 보기는 어렵다.** [12 변시]

235 무효인 사업시행자지정처분과 후행처분인 인가의 효력 (당연무효)

국토계획법령이 정한 요건을 결여한 사업시행자지정처분**이** 당연무효라면 그 후 사업시행자 가 작성한 실시계획에 대한 인가처분도 **당연무효**이다. [23 국회8급]

236 5급 이상의 국정원 직원에 대한 국가정보원장의 의원면직처분이 당연무효인지 (부정)

5급 이상의 국가정보원 직원에 대하여 **임면권자인 대통령**이 아닌 국가정보원장이 행한 **의원면 직처분**은 **위법**하나, 하자가 중대한 것이라고 볼 수는 없으므로 **당연무효는 아니다.** [21 변시]

237 위헌결정과 위헌법률에 근거한 처분의 효력과 집행력 사례

과세처분 및 체납처분에 관한 설명 중 옳은 것(○)과 옳지 않은 것(×)을 올바르게 조합한 것은? [20 변시]

ㄱ. 중대한 하자 있는 세무조사에 근거한 과세처분이 위법한지 (긍정)

중대한 하자가 있는 세무조사에 의하여 수집된 과세자료를 기초로 과세처분이 이루어진 경우 그 과세처분 역시 위법하다.

[20-2]

ㄴ. 체납자가 다른 권리자에 대한 공매통지의 하자를 주장할 수 있는지 (부정)

체납자에 대한 공매통지는 공매에서 체납자의 권리 내지 재산상의 이익을 보호하기 위하여 법률로 규정한 절차적 요건이므로 공매처분을 하면서 체납자 등에게 **공매통지를 하지 않았거나** 공매통지를 하였더라도 그것이 **적법하지 아니한 경우**에는 **절차상의 흠**이 있어 그 공매처분은 위법하다. 다만, 체납자는 자신에 대한 **공매통지의 하자만**을 공매처분의 위법사유로 주장**할 수 있을 뿐** 다른 권리자에 대한 공매통지의 하자를 들어 공매처분의 위법사유로 주장하는 것은 허용되지 않는다.

ㄷ. 과세처분 취소소송 기각판결의 기판력이 무효확인소송에 미치는지 여부 (긍정)

과세처분의 취소소송에서 청구가 기각된 **확정판결의** 기판력은 그 **과세처분의 무효확인을 구하는 소송에도 미친다.**

238 위헌법률에 근거한 처분의 효력 (취소사유/하자중대 but 명백X)

일반적으로 법률이 헌법에 위배된다는 사정은 헌법재판소의 위헌결정이 있기 전에는 객관적으로 명백한 것이라고 할 수 없어 헌법재판소의 위헌결정 전에 행정처분의 근거가 되는 해당 법률이 헌법에 위배된다는 사유는 특별한 사정이 없는 한 그 행정처분 **취소소송의 전제가** 될 수 있을 뿐 당연무효사유는 아니다.

[23·22·17·16·13 변시]

239 위헌법률에 근거한 처분에 대한 무효확인소송에서 법률의 위헌판단 여부 (부정)

어느 처분에 대하여 **제소기간이 도과**하고 집행이 종료된 다음 그 **처분의 근거가 된 법률조항이 위헌**이라는 이유로 무효확인소송이 제기된 경우, **법원은 해당 법률조항이 위헌인지 여부에 대하여는** 판단할 필요 없이 그 무효확인청구를 기각하여야 **한다.**

[22 변시]

240 위헌결정의 소급효- 당해·동종·병행사건·일반사건에도 미치는지 (대법-긍정)

위헌결정의 효력은 위헌제청이 이루어진 '**당해사건**', 동종의 위헌제청신청이 있었던 '**동종사건**', 따로 위헌제청신청을 하지 않았지만 해당 법률조항이 재판의 전제가 되어 위헌결정 당시에 법원에 계속 중인 '병행사건'에도 **미친다.**

[22 변시]

241 행정청도 근거법률의 위헌심판제청 신청과 헌법소원청구가 가능한지 (긍정)

행정처분에 대한 소송절차에서는 행정처분의 적법성·정당성뿐만 아니라 **그 근거 법률의 헌법적합성까지도 심판대상으로 되는 것이므로, 행정처분에 불복하는 당사자뿐만 아니라** 행정처분의 주체인 행정청도 헌법의 최고규범력에 따른 구체적 규범통제를 위하여 **근거 법률의 위헌 여부에 대한 심판의 제청을 신청할 수 있고** 「헌법재판소법」 제68조 제2항의 헌법소원심판을 **청구할 수 있다.**

[17 변시]

242 위헌법률을 적용한 공무원의 과실이 인정되는지 (부정/위헌심사권 X)

법률이 헌법에 위반되는지 여부를 심사할 권한이 없는 **공무원**으로서는 행위 당시의 법률에 따를 수밖에 없으므로, **행위의 근거가 된 법률조항에 대하여 위헌결정이 선고되더라도 위 법률조항에 따라 행위 한 당해 공무원에게는 고의 또는 과실이 있다 할 수 없어 국가배상책임은** 성립되지 아니한다. [17 변시]

Ⅱ 행정행위의 부관

243 기속행위 · 기속재량행위에 부가한 부관의 효력 (무효)

일반적으로 기속행위나 **기속재량행위에는 부관을 붙일 수 없고,** 가사 부관을 붙였다 하더라도 **무효**이다. [17 변시]

244 부관의 가능성- 기속 · 기속재량에 부관 가능성 (법률근거要/행기법 17조②)

행정청은 **처분에 재량이 있는 경우**에 부관을 붙일 수 있으며, 처분에 재량이 없는 **경우에도 법률에 근거가 있으면** 부관을 붙일 수 있다. [21-3]

245 상대방과 미리 협약의 형식으로 부담의 부가 가능한지 (긍정)

행정청이 행정처분을 하면서 **부담을 부가**하는 경우 행정청은 부담을 일방적으로 부가할 수도 있지만, 부담을 부가하기 이전에 **상대방과 협약의 형식으로** 미리 정한 다음 행정처분을 하면서 이를 **부가할 수도 있다.** [20 · 17 변시]

246 적법한 부담이 법령개정으로 위법해지는지 (부정/처분시법주의)

행정청이 수익적 행정처분을 하면서 부가한 **부담의 위법** 여부는 **처분 당시 법령을 기준**으로 판단하여야 하고, **부담이 처분 당시 법령을 기준으로 적법**하다면 처분 후 부담의 전제가 된 주된 행정처분의 **근거 법령이 개정됨으로써 행정청이 더 이상 부관을 붙일 수 없게** 되었다 하더라도 곧바로 위법하게 **되거나 그 효력이 소멸하게 되는 것은 아니다.** [20 · 17 변시]

---

247 A광역시 B구 **구청장 甲**은 관할구역 내 **지역주택조합 乙**이 「주택법」에 따라 제출한 **주택건설사업계획**에 대해 사업승인을 하면서 교통난 해소에 필요한 **진입도로 개설**을 위해 乙에게 사업계획구역에 접하고 있는 B구 소유의 토지를 유상으로 매입하도록 하는 **부관을 부가하였다.** 이에 관한 설명으로 옳지 않은 것은? [23 변시]

ㄱ. 법률에 명시적인 근거 없이도 상대방의 동의기 있으면 부관변경이 가능한지 (긍정)

법률에 명시적인 근거가 없더라도, 甲은 乙의 **동의가** 있으면 유상으로 매입하도록 한 토지의 면적을 당초 면적보다 **확대**하는 내용으로 부관을 변경할 수 있다.

ㄴ. 사정변경시 목적달성에 필요한 범위에서 부관의 사후변경이 예외적으로 허용되는지 (긍정)

부관부 주택건설사업계획승인이 있는 상태에서 사정변경으로 인하여 당초에 붙인 **부관의 목적을 달성할 수 없게 된 경우**에는 명문의 규정이 없더라도 그 목적 달성에 **필요한 범위 내에서** 甲은 의무의 범위 또는 내용을 변경하는 부관을 사후에 **붙이는 것**이 예외적으로 허용된다.

248 부담을 불이행하는 경우 처분이 당연히 실효되는지 (부정/철회사유-이익형량)

「**사도법**」상 **사도개설허가**에서 정해진 **공사기간**이 공사기간을 준수하여 공사를 마치도록 하는 **의무를 부과하는 부담의 성질**을 갖는 경우, 그 공사기간 내에 사도로 준공검사를 받지 못하였다 하더라도 사도개설허가가 당연히 **실효되는 것은 아니다.**
[17 변시]

249 유효기간 만료 후 연장신청의 법적 성질 (신규허가신청O/갱신신청X)

종전의 허가가 기한의 도래로 실효되었고 **종전 허가의 유효기간**이 지나서 **기간연장을 신청**하였다면 그 신청은 **종전 허가의 유효기간을 연장하여 주는 행정처분을 구한 것이 아닌**, 종전 허가와는 별개로 새로운 **허가를 내용으로 하는 행정처분**을 구한 것으로 보아야 한다.
[13 변시]

250 행정재산의 목적외 사용허가 종합사례

> 甲은 A시가 주민의 복리를 위하여 설치한 **시립종합문화회관 내에 일반음식점을 운영**하고자 「공유재산 및 물품 관리법」에 따라 행정재산에 대한 **사용허가를 신청**하였다. A시의 시장 乙은 甲에게 사용허가를 하면서 일반음식점 이용고객으로 인한 **주차문제를** 우려하여 인근에 소재한 甲의 소유 토지에 차량 **10대 규모의 주차장을 설치**할 것을 내용으로 하는 **부담을** 부관으로 붙였다. 이에 관한 설명 중 **옳은 것은?**
> [22 변시]

ㄱ. 행정재산의 목적외 사용허가의 법적 성질 (특허/항고소송)

乙이 甲에게 한 **사용허가의 법적 성질**은 강학상 특허에 해당한다.

ㄴ. 주차장 설치부관의 성질과 쟁송형태 (부담/독가쟁O · 전체취소소송만X)

甲이 자신의 토지에 주차장을 설치하게 하는 부관이 재산권을 과도하게 침해하는 위법한 것임을 이유로 소송상 다투려는 경우, **위 부관은 부담으로서 그 자체로서 행정쟁송의 대상이 될 수 있으므로 위 부관만의 취소를 구할 수 있다.**

ㄷ. 사정변경으로 처분의 목적달성이 불가능한 경우 부담의 사후변경 가능성 (긍정)

사정변경으로 인하여 甲에게 부담을 부가한 목적을 달성할 수 없게 된 경우 법률에 명문의 규정이 있거나 그 변경이 미리 유보되어 있는 경우 또는 甲의 동의가 있는 경우뿐만 아니라, **사정변경으로 해당 처분의 목적을 달성할 수 없다는 이유로** 乙은 甲에게 부가된 **부담을** 사후적으로 변경할 수 있다.

ㄹ. 부담이 불가능한 경우 사법상 계약의 형식으로 동일의무를 부과할 수 있는지 (부정)

甲에 대한 **부담이 재산권을 과도하게 침해**하는 것이어서 부관으로 붙일 수 없는 **경우**에 乙이 甲과 사법상 계약의 형식을 통해 동일한 의무를 부과하는 것은 그 조건이나 동기가 사회질서에 반하므로 **민법 제103조에 의해 무효이다.**

251 주택사업계획승인과 기부채납의 효력 종합 (사례형)

> 甲은 아파트를 건설하고자 乙시장에게 「주택법」상 사업계획승인신청을 하였는데, 乙시장은 아파트단지 인근에 개설되는 자동차전용도로의 부지로 사용할 목적으로 **甲 소유 토지의 일부를 아파트 사용검사시까지 기부채납할 것을 조건**으로 하여 **사업계획을 승인**하였다. 이에 관한 설명 중 **옳지 않은 것은?**
> [16 변시]

ㄱ. 부담의 불이행의 경우 언제나 철회가 가능한지 (부정/철회제한법리-이익형량)

甲이 위 부관을 불이행하였다면 乙시장은 이를 이유로 **언제나 사업계획승인을 철회하거나,** 위 **부관상의 의무불이행에 대해 행정대집행을 할 수 있는 것은 아니고,** 행정행위의 **철회에 관한 일반원칙인 이익형량의 원칙**이 충족되어야 하므로 철회권 행사가 **제한되는 경우도** 있다.
[20 변시]

ㄴ. 기부채납 불이행시 사업계획승인의 당연실효 여부 (부정/부담불이행-철회사유)

甲이 위 부관을 이행하지 아니하더라도 乙시장의 사업계획승인이 당연히 **효력을 상실하는 것은 아니다.**

ㄷ. 건축법상 기속행위인 건축허가에 부가된 부관의 효력 (무효)

만일 甲이 「**건축법」상 기속행위에 해당하는 건축허가를 신청**하였고, 乙시장이 건축허가를 하면서 기부채납 **부관을 붙였다면** 그 부관은 무효이다.

252 부담 이외의 부관에 부진정일부취소소송 가능한지 (부정/전부취소 or 변경신청)

판례는 부담 이외의 부관의 경우 부관부 행정행위를 소의 대상으로 하면서 부관만의 취소를 구하는 **부진정일부취소소송은 인정할 수 없고,** 부관부행정행위 전체의 취소를 청구하거나, 부관부행정행위의 변경 신청 후 **행정청이 이를 거부한 경우 거부처분의 취소를 구하는 소송을 제기할 수 있다**고 본다.
[21-2]

253 개발제한구역내 개발행위허가와 부관의 부가 가능성 (긍정/예외적 승인-재량)

개발제한구역 내에서의 **예외적인 개발행위의 허가**에는 관계법령의 명시적인 금지 규정이 없는 한 행정목적을 달성하기 위하여 **조건이나 기한, 부담 등의 부관을 붙일 수 있다.**
[18 변시, 14 국회8급]

254 도로점용허가 및 부관

> 甲은 노점을 운영하기 위하여 관할 행정청인 乙에게 **도로점용허가를 신청**하였다. 乙은 도로점용허가(이하 '이 사건 도로점용허가')를 하면서 "디자인노점상협의회의 **등록회원 자격을 유지하지 못하거나** 乙이 도로관리에 관하여 명하는 **제반 지시사항을 위반**할 경우, **도로점용허가를 취소ㆍ철회함**"을 부관(이하 '이 사건 부관')으로 붙였다. 이에 관한 설명으로 옳지 않은 것은? [23-3]

ㄱ. 도로점용허가에 별도의 법적 근거 없이 부관을 부가할 수 있는지 (긍정/재량)
도로점용허가는 재량행위이므로 행정청 乙은 법률의 근거가 **없는** 경우에도 부관을 붙일 수 있다.
[23ㆍ18 변시]

ㄴ. 부관이 주된 도로점용허가와 실질적 관련이 없다면 위법한지 (긍정/17조4항 2호)
만약 부관이 주된 행정행위인 **도로점용허가**와 실질적 관련이 **없다면** 위법하다.

ㄷ. 도로점용허가에 부가된 허가 취소ㆍ철회의 부관만 쟁송으로 다툴 수 있는지 (부정/철회권 유보)
甲이 이 사건 **도로점용허가**는 다투지 않고 제반 **지시사항을 위반**할 경우 도로점용허가를 취소ㆍ철회할 수 있다는 이 사건 부관만을 **행정쟁송**으로 다투고자 하더라도 이 사건 부관이 **부담으로** 인정되지 **않는 이상** 이 사건 부관만을 대상으로 **독립하여 행정쟁송의 대상**으로 삼을 수 **없다.**
[18 변시]

ㄹ. 지시사항 부관위반- 법령상 철회사유 해당 없으면 도로점용허가 철회할 수 없는지 (부정)
甲이 디자인노점상협의회 **등록회원 자격을 상실**하고 乙의 도로관리에 관한 지시사항을 따르지 않은 경우, **그 사유가** 관련 법령에서 정한 철회 사유에 **해당하지 않더라도** 乙은 이 사건 도로점용허가를 **철회할 수 있다.**

ㅁ. 법령상 철회사유에 근거한 철회권 행사에도 이익형량원칙 적용되는지 (긍정)
乙이 **법률에서 정한** 다른 철회 사유에 **근거**하여 이 사건 **도로점용허가를 철회**할 경우 이익형량의 원칙에 따른 **제한을 받는다.**

255 처분의 외부적 성립시기- 공식적 방법으로 외부에 표시되었는지 (긍정)
행정처분의 외부적 성립은 행정의사가 외부에 표시되어 **행정청이 자유롭게 취소ㆍ철회할 수 없는 구속을 받게 되는 시점**을 확정하는 의미를 가지므로, 어떠한 처분의 외부적 성립 여부는 행정청에 의해 행정의사가 공식적인 **방법으로** 외부에 **표시되었는지를 기준**으로 판단하여야 한다. [21-1]

256 처분의 효력발생요건으로서 송달의 의미 (요지가능성O/내용 인지X)
행정처분의 효력발생요건으로서의 도달이란 처분상대방이 처분서의 내용을 현실적으로 알았을 필요까지는 없고 처분상대방이 알 수 있는 상태에 놓임으로써 충분하며, 처분서가 처분상대방의 주민등록상 주소지로 송달되어 **처분상대방의 사무원 또는 우편물 수령권한을 위임받은 사람**이 수령하면 **처분상대방이 알 수 있는 상태**가 되었다고 할 것이다. [21-1]

257 처분의 불고지의 경우 상대방이 다른 경로로 알았다면 처분효력 발생하는지 (부정)

상대방 있는 행정처분은 특별한 규정이 없는 한 의사표시에 관한 일반법리에 따라 **상대방에게 고지되어야 효력이 발생하고.** 상대방 있는 행정처분이 상대방에게 고지되지 아니한 경우에는 상대방이 다른 경로를 통해 행정처분의 내용을 알게 되었다고 하더라도 행정처분의 효력이 발생한다고 볼 수 없다.   [21-1, 23 경찰간부]

258 건국훈장 독립장이 수여된 **망인에 대한 서훈취소를** 국무회의에서 의결하고 **대통령이 결재함**으로써 서훈취소가 결정된 후, 국가보훈처장이 망인의 유족 甲에게 '독립유공자 서훈취소결정 통보'를 하자 甲이 국가보훈처장을 상대로 서훈취소결정의 **무효확인의 소를** 제기하였다. 이에 관한 설명으로 옳지 않은 것은?   [22-3]

ㄱ. 망인에 대한 서훈취소는 유족에 대한 통지가 있어야 효력이 발생하는지 (부정)

망인에 대한 서훈취소는 **유족 甲에게 영향을 미치지 아니**하므로, 망인에 대한 서훈취소는 **甲(유족)에 대한 통지가 있어야만 성립**하여 그 효력이 발생한다고 **볼 수 없다.**

ㄴ. 보훈처장에 의한 서훈취소 통보시- 처분권자가 대통령이 아닌 보훈처장인지 (부정)

보훈처장**이 행한 통보행위는** 훈장을 보관하고 있는 甲에 대하여 그 반환 요구의 전제로서 **대통령의 서훈취소결정이** 있었음을 **알리는 것**이고, 보훈처장 명의의 **서훈취소 처분이** 있는 것은 **아니다.**

259 운전면허 취소처분 원인이 무죄판결-면허취소처분 취소없으면 무면허운전죄 유죄인지 (부정)

자동차 운전면허 취소처분을 받은 사람이 **자동차를 운전**하였으나, **운전면허 취소처분의 원**인이 된 교통사고 또는 법규위반에 대하여 **범죄사실의 증명이 없는 때에 해당**한다는 이유로 **무죄판결이 확정**된 경우에는 그 **운전면허 취소처분이 취소되지 않았더라도** 도로교통법에 규정된 무면허운전의 죄로 처벌할 수 **없다.**   [22 경찰간부]

260 요양승인처분 불가쟁력-사업주가 재해당시 자신의 근로자 아니라며 보험급여징수처분 위법성 주장 가능한지 (긍정)

피재해자에게 이루어진 요양승인처분이 **불복기간의 경과로 확정되었다** 하더라도 **사업주는** 피재해자가 재해 발생 당시 자신의 근로자가 아니라는 사정을 들어 보험급여액징수처분의 **위법성을 주장할 수 있다.**   [22 경찰간부]

261 승인권자 아닌 환경관리청장이 수임 없이 폐기물처리시설설치승인시 취소사유인지 (부정/당연무효)

「폐기물처리시설 설치촉진 및 주변지역지원 등에 관한 법률」의 규정에 따른 폐기물처리시설 설치계획에 대한 **승인권자가 환경부장관**인 경우, 환경관리청장이 별도의 수임 없이 **폐기물처리시설 설치승인**을 했다면 이는 권한 없는 기관에 의한 행정처분으로서 그 하자가 중대하고 명백하여 **당연무효**이다.   [23-3]

262 민원 1회 방문처리제에 따른 민원조정위개최 사전통지 결여가 위법한지 (부정)

민원사무를 처리하는 **행정기관이 민원 1회 방문 처리제**를 시행하는 절차의 일환으로 민원사항의 심의 · 조정 등을 위한 **민원조정위원회를 개최하면서 민원인에게 회의일정 등을 사전에 통지하지 아니하였다 하더라도,** 이러한 사정만으로 곧바로 민원사항에 대한 행정기관의 장의 거부처분에 취소사유에 **이를 정도의 흠이 존재한다고** 보기는 어렵다.

[18-2, 17 국회8급]

263 군사시설보호법상 관할부대장과 협의가 '동의'를 의미하는지 (긍정)

「군사시설보호법」에서는 관계 행정청이 **군사시설보호구역 안에서 건축허가시 미리** 관할부대장과 협의하도록 하고 있는데, 이 때의 협의는 동의를 의미하므로 관할 부대장의 동의가 없는 한 건축은 금지된다.   [21-2]

264 법리가 명백하지 않은 경우 법령의 잘못 해석 · 적용한 하자정도 (취소사유)

어떤 법률관계에 대하여 당해 법령의 규정을 적용할 수 없다는 법리가 명백히 밝혀지지 아니하여 해석에 다툼의 여지가 있는 때에는 과세관청이 납세의무에 관한 **법령을 잘못 해석 · 적용**하여 **정당한 세액을 초과하는 과세처분**을 하였더라도 이는 **과세요건사실을 오인**한 것에 불과하여 그 과세처분의 하자가 명백하다고 할 수 없다.   [19-2]

265 위헌결정의 소급효 및 위헌법률에 근거한 처분의 집행력

A 세무서장은 「국세기본법」상 제2차 납세의무자에 해당하는 甲에게 B 주식회사의 체납국세에 대한 **과세처분**(이하 '이 사건 과세처분')을 하였다. 이 사건 과세처분의 위법성을 주장하기 위한 **행정소송의 제소기간은 경과되었다.** 그런데 그로부터 **1년 후** 헌법재판소는 乙이 청구한 헌법소원심판 사건에서 **이 사건 과세처분의 근거가 되었던 「국세기본법」 규정이 헌법에 위반된다고 결정**(이하 '이 사건 위헌결정')하였다. A 세무서장은 이 사건 과세처분에 따라 당시 유효하게 시행 중이던 **「국세징수법」을 근거로** 甲이 체납 중이던 체납액 및 결손액(가산세 포함)을 징수하기 위하여 甲 명의의 **예금채권을 압류**했다. 이에 관한 설명 중 옳은 것은?

[24 변시]

ㄱ. 위헌결정 이전 취소소송 패소확정- 위헌결정의 소급효 미쳐 재심청구 가능한지 (부정/소급효X)

만약 이 사건 위헌결정 이전에 甲이 이 사건 **과세처분의 취소를 구하는 행정소송**을 제기하여 **이미 패소 확정**되었다면, 이 사건 과세처분에는 **위헌결정의 소급효**가 미치지 않으므로 甲은 재심을 청구할 수 **없다.**

ㄴ. 위헌결정 이후 위헌법률에 근거하 조세채권의 집행을 위한 체납처분이 당연무효인지 (긍정)

조세 부과의 근거가 되었던 법률규정이 **위헌**으로 선언된 경우, 그 위헌결정의 기속력 때문에 그 위헌결정 이후 조세채권의 집행을 위한 새로운 체납처분에 착수하거나 이를 속행하는 것은 더 이상 **허용되지 않는다.** 이러한 위헌결정의 효력에 위배하여 이루어진 **체납처분**은 그 사유만으로 하자가 중대하고 객관적으로 명백하여 **당연무효이다.** [17·16·15 변시]

266 영업양도와 지위승계신고 – 양도인이 수리처분을 다툴 법률상 이익 (긍정)

> 甲은 2013. 11. 6. 乙로부터 A시 소재 B유흥주점의 영업시설 일체를 양도받아, 2013. 12. 2. A시장에게 영업자 지위를 승계하였음을 신고하고 위 주점을 운영하여 왔다. 그런데 甲이 인수하기 전인 2013. 10. 초순, 乙은 청소년인 丙, 丁(당시 각 18세)을 유흥접객원으로 고용하여 유흥행위를 하게 하였다. 이에 A시장은 2014. 2. 3. 甲에 대하여 「식품위생법」 위반을 이유로 **영업허가**를 취소하였다. 이에 관한 설명 중 **옳지 않은** 것은? [15 변시]

ㄱ. 지위승계신고 수리행위가 항고소송의 대상인 처분인지 (긍정)

A시장이 甲의 지위승계신고를 수리하는 행위는 실질적으로 **乙의 영업허가를 취소함과 아울러 甲에게 적법하게 영업을 할 수 있는 권리**를 설정하여 주는 행위이다. [20 변시, 21-2]

ㄴ. 식품위생법상 영업허가의 성질 · 제재효과의 승계 (대물적 허가/승계긍정)

A시장의 **乙에 대한 영업허가**는 대물적 허가이고, 만일 乙에 대한 영업정지처분이 내려졌다면 그 효과는 甲에게 승계됨이 원칙이다.

ㄷ. 양수인이 양도인에 대한 영업허가취소처분을 다툴 법률상 이익이 있는지 (긍정)

만일 A시장이 2013. 11. 27. 乙에 대한 허가취소처분을 하였다면, 甲은 **지위승계신고 수리 이전이라도** 사실상 양수인으로서 이를 **소송상 다툴 법률상 이익이 있다.**

ㄹ. 지위승계신고 수리시 양도인에게 사전통지 해야하는지 (긍정/양도인-침익적)

A시장은 **지위승계신고를 수리할 경우 乙에게 사전통지하여야** 한다.

ㅁ. 영업양도 무효시 민사쟁송 없이 막바로 수리처분 무효확인 가능한지 (긍정/소익O)

영업양도가 무효이면 지위승계신고 수리가 있었더라도 그 **수리는 무효이므로** 乙은 민사쟁송으로 양도 · 양수행위의 **무효를 구함이 없이** 막바로 허가관청을 상대로 신고수리처분의 무효확인을 구할 **법률상 이익이 있다.** [20 변시, 22-3]

267 표준지공시지가결정과 수용보상금의 하자승계 인정 여부 (긍정)

표준지공시지가결정이 **위법**한 경우에는 그 **자체를 행정소송의 대상이 되는 행정처분**으로 보아 그 위법 여부를 다툴 수 있음은 물론, **수용보상금의 증액을 구하는 소송**에서도 선행처분으로서 그 수용대상 토지 가격 산정의 기초가 된 **비교표준지공시지가결정의 위법**을 **독립한 사유로 주장할 수 있다.**

[14 변시, 21-2]

268 보충역편입처분과 공익근무요원소집처분의 하자승계 인정 여부 (부정)

보충역편입처분을 **다투지 아니하여 이미 불가쟁력이 생겨 그 효력을 다툴 수 없게 된 경우**에는, **병역처분변경신청에 의하는 경우는 별론**으로 하고, 보충역편입처분에 하자가 있다고 할지라도 그것이 당연무효라고 볼만한 특단의 사정이 없는 한 **그 위법을 이유로 공익근무요원소집처분의 효력을 다툴 수 없다.**

[14 변시]

269 건물철거명령과 대집행계고처분의 하자승계 인정 여부 (부정)

건물철거명령이 **당연무효가 아닌 이상** 행정심판이나 소송을 제기하여 그 위법함을 **소구하는 절차를 거치지 아니하였다면** 선행행위인 **건물철거명령은 유효한 것으로 확정**되었다고 할 것이므로 **후행행위인** 대집행계고처분**의 취소소송**에서 그 건물이 무허가건물이 아닌 **적법한 건축물이라는 주장**이나 그러한 사실인정을 하지 **못한다.**

[14 변시, 21-2]

270 하자승계의 인정 범위- 동일한 법률효과를 목적으로 결합한 경우 하자승계 (긍정)

선행처분에 후속하여 후행처분이 행해진 경우, 두 처분이 **서로 결합하여** 하나의 법률효과를 목적으로 하는 경우 선행처분에 대하여 제소기간이 도과하여 불가쟁력이 발생하였더라도, **선행처분의 위법을 이유로 후행처분의 취소를 구할 수 있다.**

[22 변시]

271 대집행계고처분과 대집행영장발부통보처분의 하자승계 인정 여부 (긍정)

선행처분인 대집행계고**처분에 불가쟁력**이 발생하였다면, 후행처분인 대집행영장발부통보**처분의 취소소송**에서 위 대집행계고처분이 위법하다는 것을 이유로 대집행영장발부통보처분도 **위법한 것이라는** 주장을 할 수 있다.

[14 변시]

272 하자승계의 인정 범위 (동일한 법적효과/별개의 법적효과-예측可+수인可)

선행처분과 후행처분이 **서로 독립하여** 별개의 효과를 목적으로 하는 경우에도 **선행처분의 불가쟁력이나 구속력**이 그로 인하여 불이익을 입게 되는 자에게 수인한도를 넘는 가혹함을 가져오며, 그 결과가 당사자에게 예측가능한 것이 아닌 경우에는 선행처분의 후행처분에 대한 구속력은 인정될 수 없다.

[14 변시, 22-2]

273 친일반민족행위자결정의 최종발표와 독립유공자법 적용배제자결정의 하자승계 (긍정)

甲을 「일제강점하 반민족행위 진상규명에 관한 특별법」에 의하여 **친일반민족행위자로 결정한 친일반민족행위진상규명위원회의 최종발표(선행처분)**에 따라 지방보훈지청장이 「독립유공자예우에 관한 법률」의 적용 대상자로 보상금 등의 예우를 받던 甲의 유가족에 대하여 **위 법률의 적용 배제자 결정(후행처분)**을 한 경우, 유가족이 통지를 받지 못하여 그 존재를 알지 못한 선행처분에 대하여 위 특별법에 의한 이의신청절차를 밟거나 후행처분에 대한 것과 별개로 행정심판이나 행정소송을 제기하지 않았다고 하더라도, 이 경우 **선행처분의 후행처분에 대한 구속력을 인정할 수 없**으므로 **선행처분의 위법을 이유로 후행처분의 효력을 다툴 수 있다.**

[15 변시]

274 표준지공시지가결정과 개별공시지가결정의 하자승계 인정 여부 (부정)

표준지로 선정된 토지의 공시지가에 대하여 불복하기 위하여는 처분청을 상대로 그 공시지가결정의 취소를 구하는 행정소송을 제기하여야 하고, 그러한 소송절차를 밟지 아니한 채 **개별토지가격결정을 다투는 소송**에서 그 개별토지가격 산정의 기초가 된 **표준지공시지가의 위법성을 다툴 수는 없다.**

[15 변시]

275 업무정지처분과 등록취소처분의 하자승계 인정 여부 (부정/별개목적)

공인중개사 업무정지처분은 일정 기간 중개업무를 하지 못하도록 하는 처분인 반면, 후행처분인 공인중개사무소 개설등록취소처분은 중개사무소의 개설등록을 취소하는 처분으로서, 개설등록취소처분은 업무정지처분을 전제로 하지만, 양 처분은 **내용과 효과를 달리하는 독립된 행정처분**으로서 서로 결합하여 1개의 법률효과를 완성하는 경우에 해당한다고 볼 수 없으므로 **선행처분의 하자가 후행처분에 승계되지 않는다.**

[19-3]

276 개별공시지가결정과 과세처분의 하자승계 인정 여부 (긍정/별개목적-예.수.)

개별공시지가결정으로 불이익을 받게 되는 자에게 **수인한도를 넘는 가혹함**을 가져오며 그 결과가 당사자에게 **예측가능한 것이 아닌 경우**에는, 국민의 재산권과 재판받을 권리를 보장하고 있는 헌법의 이념에 비추어 예외적으로 개별공시지가결정**의 하자를 이유로** 과세처분**의 효력을 다툴 수 있다.**

[21-2]

277 행정대집행 각각의 절차의 하자승계 인정 여부 (긍정/동일한 법적 효과)

행정대집행의 계고 · 대집행영장에 의한 통지 · 대집행의 실행 · 대집행 비용납부명령은 동일한 행정 목적달성을 위한 단계적인 일련의 절차로서 행하여지는 것으로 서로 결합하여 하나의 법률효과를 완성시키는 것이므로 **선행처분인 계고처분의 위법을 이유로** 대집행비용납부명령이 위법한 것이라는 주장을 하여 **다툴 수 있다.**

[22-3]

278 사업인정과 수용재결의 하자승계 인정 여부 (부정/별개목적)

선행처분인 「공익사업을 위한 토지 등의 취득 및 보상에 관한 법률」상의 **사업인정처분에 불가쟁력**이 생겨 그 효력을 다툴 수 없게 되었다면 그 처분에 하자가 있다고 하더라도 그것이 당연무효의 사유가 아닌 한 **후행처분인 수용재결에 승계되는 것은 아니다.**

[24 · 22 · 15 · 14 · 13 변시]

279 직위해제처분과 면직처분의 하자승계 인정 여부 (부정/별개목적)

직위해제**처분과** 면직처분은 각각 단계적으로 별개의 **법률효과를 발생하는 행정처분**이어서 선행행위인 직위해제처분의 위법사유가 후행 면직처분에 승계되지 않으므로, **선행된 직위해제처분의 위법사유를 들어 면직처분의 효력**을 다툴 수 없다. [22-3]

280 도시·군계획시설결정과 실시계획인가의 하자승계 인정 여부 (부정/별개목적)

도시·군계획시설결정과 **실시계획인가**는 도시·군계획시설사업을 위하여 이루어지는 단계적 행정절차에서 **별도의 요건과 절차**에 따라 **별개의 법률효과**를 발생시키는 **독립적인 행정처분**이다. 그러므로 선행처분인 도시·군계획시설결정에 **하자**가 있더라도 그것이 당연무효가 아닌 한 원칙적으로 **후행처분인** 실시계획인가에 **승계되지 않는다.** [23·20 변시]

281 시정명령과 이행강제금 부과처분의 하자승계 인정 여부 (부정/별개목적)

개발제한구역 내에서 건축허가를 받은 자가 건축공사 과정에서 무단으로 공사자재 등을 쌓아놓은 행위 등에 대하여 관할 행정청으로부터 원상복구를 명하는 **시정명령**을 받았으나 이행하지 않은 경우 관할 행정청이 **시정명령 불이행에 대하여** 근거법령에 토대하여 **이행강제금을 부과**한 경우 시정명령의 하자는 이행강제금 **부과처분에 승계되지 않는다.** [19-1]

282 처분절차 준수·불복기회 보장된 사업종류 변경결정과 산재보험료부과처분의 하자승계 (부정)

판례상 사업종류 변경결정처분과 산재보험료 부과처분 사이에 **하자의 승계**가 인정되지 **않는다.** [22-3]

283 청문통지 절차상 하자의 하자치유 가능성 (긍정/이의제기X-출석-방어기회 충분)

행정청이 청문의 사전통지기간을 다소 어겼다 하더라도 당사자가 이에 대하여 **이의를 제기하지 않고 청문일에 출석하여 그 의견을 진술하고 변명하는 등** 방어의 기회를 충분히 가졌다면 청문의 사전통지기간을 준수하지 아니한 하자는 치유**된다.** [12 변시]

284 당초 과세처분의 절차상 하자가 후행 증액경정처분에 승계되는지 (부정)

취소사유인 절차적 하자가 있는 당초 과세처분에 대하여 **증액경정처분**이 있는 경우, **당초처분의 절차적 하자는 증액경정처분에 승계되지 아니**한다. [17 변시]

285 국세기본법상 감액경정처분이 있는 경우 소의 대상 (변경된 당초처분)

과세처분의 감액경정처분은 당초 부과처분과 별개인 독립의 과세처분이 아니라 **당초 부과처분의 변경**이므로, 감액경정결정으로도 아직 취소되지 아니하고 남아 있는 부분이 위법하다 하여 다투는 경우, **항고소송의 대상**은 당초 부과처분 중 경정결정에 의하여 취소되지 않고 남은 부분이고 **경정결정이 항고소송의 대상이 되는 것은 아니다.** [19-3]

286 국세기본법상 증액경정처분이 있는 경우 소의 대상 (증액경정처분)

과세처분의 증액경정처분이 있는 경우 **당초처분은 증액경정결정에 흡수**됨으로써 독립한 존재가치를 잃게 되므로 새로이 확정된 세액이 위법하다 하여 다투는 경우 증액경정처분만이 **항고소송의 대상**이 되고, 납세자는 그 항고소송에서 **당초처분의 위법사유도 함께 주장할 수 있으나,** 확정된 **당초처분의 세액에 관하여는 취소를 구할 수 없다.** [19-3]

287 과세예고통지서에 필요적 사항 모두 기재되어 불복에 지장없는 경우 하자치유 (긍정)

납세고지서에 증여세의 과세표준과 세액의 산출근거가 기재되어 있지 않더라도, 과세처분에 앞서 납세의무자에게 보낸 과세관청의 **과세예고통지서에** 과세표준과 세액의 산출근거 등 **납세고지서의 필요적 기재사항이 이미 모두 기재**되어 있어 납세의무자가 **불복여부의 결정 및 불복신청에 전혀 지장을 받지 않았다는 것이 명백**하다면, 납세고지의 하자는 치유될 수 있다. [17 변시]

288 세액산출근거 미기재 과세처분의 하자 · 자진납부시 하자치유 (취소사유/치유X)

세액산출근거가 **기재되지 아니한 납세고지에 의한 부과처분은** 취소대상이 된다 할 것이며, 납세의무자가 부과된 세금을 자진납부하였다고 하여 그 하자가 치유되는 것은 아니다. [21-1]

289 국세기본법상 필수적 과세예고통지를 불이행한 과세처분이 위법한지 (긍정)

과세관청이 **국세기본법상** 과세예고통지를 **해야 하는 경우**임에도 이를 **생략한 채 부과처분을 하였다면 해당 처분은** 위법하다. [21-1]

290 과세예고통지 후 과세전적부심사청구 결정 전 과세처분의 효력 (당연무효)

과세예고통지 후 과세전적부심사청구를 한 경우 그에 대한 **결정이 있기도** 전에 과세처분을 하는 것은 그 절차상 하자가 중대하고도 명백하여 **무효이다.** [19-2]

291 소방시설 불량사항 구두로 한 시정보완명령의 위법성 정도 (무효/문서주의反)

「화재예방, 소방시설 설치 · 유지 및 안전관리에 관한 법률」상의 **소방시설 불량사항에 관한 시정보완명령을** 문서로 하지 않고 **구두로 한 것은** 신속을 요하거나 사안이 경미한 경우가 아닌 한 무효이다. [21 · 17 변시]

292 망인의 친일행적 서훈취소 대통령결재와 국가보훈처장의 결정통보의 위법성 (부정)

망인(亡人) 甲이 친일행적을 하였다는 이유로 **국무회의 의결과 대통령 결재를 거쳐 甲의 독립유공자 서훈취소가 결정**된 후, 국가보훈처장이 甲의 유족에게 행한 '독립유공자 서훈취소 결정통보'는 서훈취소 처분의 주체(대통령)와 내용을 알 수 있으므로, 주체나 형식에 하자가 있다고 볼 수 없다. [17 변시]

293 행정청의 직권취소의 법적근거 필요성 (부정/본처분권한 포함)

행정처분을 한 행정청은 그 처분의 성립에 하자가 있는 경우 이를 취소할 **별도의 법적근거가 없다** 하더라도 직권으로 **취소할 수** 있다. [12 변시]

294 처분청의 수익적 처분의 직권취소시 별도의 법적근거 필요한지 (부정)

행정행위를 한 처분청이 그 행위의 하자를 이유로 수익적 행정처분을 취소하려는 경우에는 **별도의 법적 근거가 있어야 하는 것은 아니다.** [22 변시]

295

> A시장은 甲에 대해 영업허가를 하였으나 이후 위법한 영업허가임을 이유로 **甲의 영업허가를 직권으로 취소**하였다. 이와 관련한 법률관계에 관한 설명 중 **옳은 것은?** [22-1]

ㄱ. 허위서류 신청에 의한 영업허가의 직권취소시 행정절차법상 사전통지 거쳐야 하는지 (긍정)

甲이 **영업허가를 신청**하면서 관련 **서류를 위조**하여 **허가를 받았음**을 이유로 영업허가를 **취소하는 경우**, A시장은 甲에 대해 영업허가를 취소하면서 관련법에 특별한 규정이 없는 한 **「행정절차법」상** 사전통지절차를 **거쳐야** 한다.

ㄴ. 권한 없는 행정청은 자신이 발령한 당연무효인 처분의 직권취소 권한이 있는지 (긍정)

만약 甲에 대한 영업허가의 **관할권이 B시장**에 있는 것임에도 A시장이 권한 없이 **영업허가**를 한 경우, 권한 없는 행정기관이 한 당연무효인 행정처분을 **취소할 수 있는 권한은 당해 행정처분을 한 처분청**에게 속하므로 **A시장**은 甲에 대한 **영업허가를 직권취소**할 수 있다.

ㄷ. 이해관계인에게 행정청의 직권취소를 요구할 신청권이 일반적으로 인정되는지 (부정)

직권취소를 할 수 있음에도 A시장이 직권취소를 **하지 않는 경우**, 직권취소를 할 수 있다는 사정만으로 **이해관계인 乙에게 직권취소를 요구할 수 있는** 신청권이 일반적으로 **인정되는 것은 아니다.**

296 처분청이 양립불가능한 처분으로 수익적 처분의 묵시적 직권취소가 가능한지 (긍정)

수익적 행정처분을 직권으로 취소하는 경우, 행정청이 **종전 처분과** 양립할 수 없는 처분을 함으로써 묵시적으로 종전의 수익적 **행정처분을 취소할 수 있다.** [22 변시]

297 보충역편입 취소시 종전의 현역병입영 편입처분 효력회복 (부정/취소의 취소-부정)

병무청장이 재신체검사 등을 거쳐 현역병입영대상편입처분을 보충역편입처분으로 변경하는 경우, 그 후 보충역편입처분의 성립에 중대하나 명백하지 않은 하자가 있었음을 이유로 하여 이를 **취소**한다고 하더라도 **종전의 현역병입영대상편입처분의 효력**이 되살아나는 것은 **아니다.** [21 변시]

298 학교환경위생정화구역내 금지행위해제시 심의절차 누락의 위법성 정도 (취소사유)

학교보건법의 규정에 의하면 학교환경위생정화구역 내에서 금지된 행위 및 시설의 해제 여부에 관한 행정처분시 **학교환경위생정화위원회의 심의**를 거치도록 되어 있는 바, 위 심의에 따른 의결은 행정처분에 실질적 영향을 미칠 수 있으므로 위 **심의를 누락한** 채 행해진 행정처분은 절차상 하자로서 **취소사유**이다.

[18 · 13 변시]

299 학교보건법상 학교환경위생정화구역내 금지행위해제 종합 (사례형)

> 甲은 2016. 3. 8.「학교보건법」(현행 「교육환경보호에 관한 법률」)에 따라 지정된 **학교환경위생정화구역**(현행 '교육환경보호구역') 내에서 법이 금지하는 **당구장업**을 하기 위해 금지행위 및 금지시설의 **해제를 신청**하였다. 관할 행정청은 「학교보건법」상 학교환경위생정화위원회(현행 '지역교육환경보호위원회')의 **심의를 거치지 아니**하고, 2016. 3. 15. '학생의 안전보호'를 이유로 **해제신청을 거부하는 결정**을 하였고 이 결정이 2016. 3. 16. 甲에게 도달하였다. 관할 행정청은 처분을 하면서 甲에게 행정심판 **청구기간을 고지하지 아니**하였다. 甲은 거부처분에 대해 **행정심판**을 제기하고자 한다. 이에 관한 설명 중 옳지 **않은** 것은?　　　　[18 변시]

ㄱ. 학교보건법상 학교환경위생정화구역내 금지행위해제의 성질 (예외적승인/재량)

학교환경위생정화구역 내에서의 금지행위 및 금지시설의 해제신청에 대하여 신청을 인용하거나 거부하는 처분은 재량행위에 속한다.

ㄴ. 행정심판의 청구기간 불고지의 효과 (심판청구기간 연장/180일)

甲이 2016. 7. 20. 취소심판을 제기하는 경우 청구기간이 도과하지 않은 것이므로 적법하다.

ㄷ. 학생의 안전보호 당초사유와 학생의 보건 · 위생보호 처분사유 추가 여부 (긍정/기사동)

관할 행정청이 행정심판단계에서 '학생의 안전보호'라는 처분사유를 '학생의 보건 · 위생보호'로 변경하고자 할 경우 **기본적 사실관계의 동일성**이 있으면 처분사유의 변경이 허용된다.

ㄹ. 체육시설법 당구장 신고요건과 학교보건법 별도요건 충족이 필요한지 (긍정/별개)

「체육시설의 설치 · 이용에 관한 법률」에 따른 당구장업의 신고요건을 갖춘 甲은 학교환경위생정화구역 내에서 「학교보건법」에 따른 별도 요건을 충족하지 아니하는 한 적법한 신고를 할 수가 없다.

300 방송법상 허가취소 종합 (사례형)

> 다음 「방송법」 규정에 따른 허가취소에 관한 설명 중 옳은 것은? [16 변시]
>
> 방송법 제18조 (허가·승인·등록의 취소등) ① 방송사업자·중계유선방송사업자·음악유선방송사업자·전광판방송사업자 또는 전송망사업자가 **다음 각 호의 어느 하나에 해당하는** 때에는 **미래창조과학부장관 또는 방송통신위원회가** 소관 업무에 따라 **허가·승인 또는 등록을 취소하거나 6월 이내의 기간을 정하여 그 업무의 전부 또는 일부를 정지하거나** 광고의 중단 또는 제16조에 따른 허가·승인의 유효기간 단축을 **명할 수 있다.** 〈단서 생략〉
>   1. **허위 기타 부정한 방법**으로 허가·변경허가·재허가를 받거나 승인·변경승인·재승인을 얻거나 등록·변경등록을 한때
>   2. ~ 8. 〈생략〉
>   9. 제99조제1항에 따른 **시정명령을 이행하지 아니**하거나 같은 조 제2항에 따른 시설개선명령을 이행하지 아니한 때

ㄱ. 시정명령등 불이행- 허가의 취소처분이 보상이 필요한지 (부정/귀책사유O)

위 제9호에 **따른** 허가취소의 경우 취소의 상대방에 대한 보상을 **요하지 않는다.**

ㄴ. 시정명령등 불이행- 허가의 취소처분이 사전통지 대상인지 (긍정/침익적처분)

위 제9호에 **따른** 허가취소의 경우 행정절차상 사전통지 및 **의견제출절차를 거쳐야** 한다.

ㄷ. 시정명령등 불이행- 허가의 취소처분이 장래효인지 (긍정/귀책사유O)

위 제9호에 **따른** 허가취소는 **원칙적으로 장래효를** 가진다.

ㄹ. 허위 기타 부정방법으로 인한 허가의 취소처분시 신뢰이익 고려되는지 (부정)

위 제1호에 **따른** 허가취소의 경우 사업자는 허가의 존속에 관한 **신뢰이익을 원용할 수 없고,** 주무관청은 이러한 신뢰이익을 **보호할 필요가 없다.**

301 수익적 처분의 직권취소시 중대한 공익상 필요등 이익형량이 필요한지 (긍정)

수익적 행정처분을 직권으로 취소하는 경우에는 비록 취소의 사유가 있다고 하더라도 그 취소권의 행사가 기득권의 침해를 정당화할 만한 **중대한 공익상의 필요 또는 제3자의 이익보호의 필요가 있고, 이를 상대방이 받는 불이익과 비교·교량**하여 볼 때 공익상의 필요 등이 **상대방이 입을 불이익을 정당화할 만큼 강한 경우에 허용된다.** [22 변시]

302 수익적 처분의 쟁송취소시 중대한 공익상 필요등 이익형량이 필요한지 (부정)

수익적 행정처분의 쟁송취소는 취소를 통한 기득권의 침해를 정당화할 만한 **중대한 공익상의 필요 또는 제3자 이익보호의 필요**가 있는 때에 한하여 허용된다는 **수익적 처분의 직권취소의 법리가 적용되지 않는다.** [22 변시]

303 음주운전자 운전면허 취소시 이익형량의 고려사항 (일반예방적 측면-강조)

음주운전자에 대한 운전면허의 취소 여부는 행정청의 **재량행위**이나, 음주운전으로 인한 교통사고의 증가와 그 결과의 참혹성 등에 비추어 보면 운전면허의 취소에서는 일반의 수익적 행정행위의 취소와는 달리 **취소로 인하여 입게 될 당사자의 불이익보다**는 이를 방지하여야 하는 일반예방적 측면이 **더욱 강조되어야** 한다. [19-1]

304 상대방의 귀책사유 있는 경우 수익적 처분의 취소가능성 (긍정/신뢰이익X)

당사자의 부정한 방법에 의한 신청행위를 이유로 **수익적 행정처분을 직권취소**하는 경우, 당사자는 처분에 관한 신뢰이익을 원용할 수 없음은 물론 **행정청이 이를 고려하지 아니하였다고 하여도 재량권의 일탈 · 남용이 아니다.** [22 변시]

305 면허취소처분 후 무면허운전죄 형사재판중 면허취소 쟁송취소의 효력 (소급효/무죄)

운전면허취소처분을 받은 자가 운전면허취소처분 이후 쟁송기간 중 **자동차를 운전**하였더라도 이후 항고소송에 의하여 운전면허취소처분이 취소되는 경우 **처분시에 소급하여 효력을 잃게** 되므로 행정행위에 공정력이 인정된다고 하여 무면허운전**의 죄에 해당하는 것은 아니다.** [22-1, 20-2, 19-2]

306 취소사유인 원상복구명령에 대한 명령위반죄가 성립하는지 (부정/명령의 적법전제)

구 「도시계획법」상 **원상복구명령을 위반**한 경우, 원상복구명령이 당연무효는 아니라 하더라도 위법한 처분으로 인정되는 한 원상복구명령위반죄는 **성립하지 않는다.** [22-1, 21-1]

307 면허갱신시 갱신 전 법위반 사유로 면허취소 가능한지 (긍정/동일성 유지)

건설업면허의 갱신이 있으면 기존 면허의 효력은 **동일성을 유지**하면서 장래에 향하여 지속한 다 할 것이고 갱신 전의 면허는 실효되고 새로운 면허가 부여된 것이라고 볼 수는 없으므로, 갱신 전의 건설업자의 법위반 사실을 이유로 **갱신된 면허를 취소할 수 있다.** [19-2]

308 수익적 행정행위 직권철회의 법적근거 필요성 (부정/본처분권한 포함)

수익적 행정행위의 철회는 상대방의 이익을 침해하는 결과가 되나, 침익적 행정행위의 발령절차와 마찬가지로 **법률상의 근거가 필요한 것은 아니다.** [21-2]

309 연금지급결정 취소처분이 적법한 경우 환수처분도 적법한지 (부정/별개)

「국민연금법」이 정한 **수급요건을 갖추지 못하였음에도** 연금 지급결정이 이루어진 경우에는 이미 지급된 급여 부분에 대한 **환수처분**과 별도로 **지급결정을 취소할 수 있지만**, 연금 지급결정을 취소하는 처분이 **적법**하다고 하여 환수처분도 반드시 **적법하다고 판단하여야 하는 것은 아니다.** [19-1, 24 공통]

310 침익적 처분의 취소의 취소로 원처분이 회복되는지 (부정/판례-절충설)

침익적 **행정행위**가 직권취소된 경우, 당해 침익적 행정행위는 확정적으로 효력을 상실하므로 직권취소를 취소하더라도 당해 **행정행위의 효력이 되살아나지는 않는다.** [19-3]

311 행정청의 직권철회에 소급효가 인정되는지 (부정/철회의 소급효-근거필요)

「영유아보육법」에 따른 평가인증을 받은 자에 대하여 평가인증 이후에 **새로이 발생한 사유**로 평가인증을 취소하는 경우 그 **법적 성격은 평가인증의 철회**이므로 평가인증을 철회하면서 그 **효력을 철회의 효력발생일 이전으로** 소급하는 것은 철회가 예정한 법적 불이익의 범위를 벗어나는 것으로서 특별한 사정이 없는 한 **별도의 법적** 근거가 필요하다. [19-1]

312 어린이집 운영정지처분에 관한 사례

다음 법률 규정에 관한 설명 중 옳지 않은 것은? [19-2]

「영유아보육법」

제45조 (어린이집의 폐쇄 등) ① 소관청은 어린이집을 설치·운영하는 자가 다음 각 호의 어느 하나에 해당하면 1년 이내의 어린이집 운영정지를 명하거나 어린이집의 폐쇄를 명할 수 있다. [각 호 생략]

제45조의2 (과징금 처분) ① 소관청은 어린이집의 설치·운영자가 제45조 제1항 각 호의 어느 하나에 해당하여 어린이집 운영정지를 명하여야 하는 경우로서 그 운영정지가 영유아 및 보호자에게 심한 불편을 주거나 그 밖에 공익을 해칠 우려가 있으면 어린이집 운영정지 처분을 갈음하여 3천만 원 이하의 과징금을 부과할 수 있다.

제49조의3 (위반사실의 공표) ① 소관청은 제45조 또는 제45조의2에 따른 행정처분을 받은 어린이집으로서 다음 각 호의 어느 하나의 경우에 해당하는 어린이집에 대하여 그 위반행위, 처분내용, 해당 어린이집의 명칭 등, 대통령령으로 정하는 사항을 공표하여야 한다. [각 호 생략]

ㄱ. 어린이집 운영정지처분시 위반자의 고의·과실 필요한지 (부정/객관적 사실만)

어린이집 운영정지처분은 특별한 사정이 없는 한 위반자에게 고의나 과실**이 없더라도 할 수 있다.** [22 변시]

ㄴ. 직접강제에 별도의 법적근거 필요한지 (긍정/하명규정-직접도출X)

폐쇄명령을 받은 설치·운영자가 명령에 불응하는 경우 소관청은 「영유아보육법」 **제45조 제1항에 근거**하여 해당 어린이집을 직접 **폐쇄할 수는 없다.**

313 헌법불합치결정 이후 위헌법령에 근거한 부담금 부과·징수처분이 무효인지 (긍정)

헌법불합치결정을 받은 법령에 근거하여 부담금을 부과·징수하는 침익적 처분을 하는 경우, 그 법령과 관련한 어떠한 **추가적 개선입법이 없더라도** 행정청이 사법적 판단에 따라 위헌이라고 판명된 내용과 동일한 취지로 부담금부과처분을 하여서는 안 된다는 점은 분명하고, 이는 법질서의 통일성과 일관성을 확보하려는 **법치주의**의 당연한 귀결이며, 행정청이 위 부담금부과처분을 하지 않는 데에 어떠한 법률상 장애가 있다고 볼 수도 없으므로 위 부담금부과처분은 당연무효이다.
[21 변시]

314 어업권면허에 선행하는 우선순위결정의 법적 성질 (확약/처분성X)

어업권면허에 선행하는 우선순위결정은 행정청이 우선권자로 결정된 자의 신청이 있으면 어업권면허처분을 하겠다는 것을 약속하는 행위로서 강학상 확약에 불과하고 행정처분은 아니다.
[12 변시]

315 행정청은 확약이 위법한 경우와 사정변경이 있는 경우에도 확약에 기속되는지 (부정)

행정청이 당사자의 신청에 따라 장래에 어떤 처분을 하거나 하지 아니할 것을 내용으로 하는 의사표시인 **확약을 하였더라도**, 그 확약이 위법한 경우 **행정청은 이에** 기속되지 **아니**한다.
[23 변시]

316 확약은 사실적·법률적 사정변경이 있으면 행정청의 별도 의사표시 없이 실효되는지 (긍정)

행정청이 어떤 처분을 하겠다는 확약을 하면서 그 자체에서 상대방에게 일정 기간까지 그 처분의 신청을 하도록 유효기간을 둔 경우, 그 기간 내에 상대방의 신청이 없거나 확약이 있은 후에 사실적·법률적 상태가 변경되었다면 그 확약은 **행정청의 별다른** 의사표시를 기다리지 않고 실효된다.
[23 변시]

317 사전결정과 부분허가의 처분성이 인정되는지 (긍정/확약과 구별)

다단계행정절차에서 활용되는 사전결정**이나** 부분허가**는** 한정된 사항에 대한 종국적 규율이라는 점에서, 종국적 규율에 대한 약속인 확약과 구별된다.

318 폐기물허가 적정통보시 허가단계에서 나머지 요건만 심사하면 되는지 (긍정)

폐기물처리업의 허가에 앞서 사업계획서에 대한 적정·부적정 통보 제도를 두고 있는 것은 허가관청으로 하여금 미리 사업계획서를 심사하여 그 적정·부적정통보 처분을 하도록 하고, **나중에 허가단계에서는** 나머지 허가요건만을 심사하여 신속하게 허가업무를 처리하는데 그 취지가 있으므로 **적정통보가 있는 경우에는 폐기물처리업의 허가 단계에서는 허가요건만을 심사하면 된다.**
[21-1]

319 원자력발전소 건설처분과 부지사전승인 종합 (사례형)

> 한국수력원자력주식회사(이하 '**한수원**')는 A시 관내에 **원자력발전소** 1·2호기를 건설하려는 계획을 갖고 있다. 관할 A시장은 「**주민투표법**」 **제8조 제1항**에 기한 **산업통상자원부장관의 요구에 따라** 원자력발전소 건설문제를 **주민투표에 부쳐**, 투표권자 과반수의 찬성표가 나왔다. **한수원**은 산업통상자원부장관으로부터 「전원개발촉진법」에 의한 **전원개발사업계획승인을 받은 후** 「원자력안전법」 제10조 제3항에 따라 원자력안전위원회로부터 원자로 및 관계시설의 건설부지에 대해 사전공사를 실시하기 위해 **부지사전승인**을 받았다. 한수원은 기초공사 후 우선 제1호기 원자로의 건설허가를 신청하였다. 이에 관한 설명 중 **옳지 않은** 것은?
>
> [18 변시]

ㄱ. 원자력발전소 부지사전승인의 법적 성질 (사전결정+부분허가)

부지사전승인처분은 원자로 및 관계시설 건설허가의 **사전적 부분허가의 성격**을 가지고 있으므로, **원자로 및 관계시설의 건설허가기준**에 관한 사항은 **건설허가의 기준**이 됨은 물론 **부지사전승인의 기준**이 된다.　　　　　　　　　　　　　　[20-2]

ㄴ. 원자력발전소 부지사전승인의 처분성 (긍정)

원자로 및 관계시설의 부지사전승인처분은 그 자체로서 건설부지를 확정하고 사전공사를 허용하는 법률효과를 지닌 독립한 행정처분이다.

ㄷ. 중앙행정기관 요구에 의한 주민투표시 행정·재정상 필요조치 (부정)

중앙행정기관의 장의 **요구에 따른 주민투표**의 경우에 지방자치단체의 장 및 지방의회는 **주민투표의 결과 확정된 내용대로 행정·재정상의 필요한 조치를 하여야 하는 것은 아니다.**

ㄹ. 방사성물질 피해예상지역 주민들의 원고적격 인정 여부 (긍정)

방사성물질 등에 의하여 직접적이고 중대한 피해를 입으리라고 예상되는 지역 내의 주민들에게는 방사성물질 등에 의한 생명·신체의 안전침해를 이유로 한 부지사전승인처분 취소소송의 **원고적격이 인정**된다.

320 처분이 재량인 경우에도 완전히 자동화된 시스템으로 처분 가능한지 (부정)

행정청은 **법률이 정하는** 바에 따라 완전히 **자동화된 시스템으로 처분**할 수 있으나, **처분에 재량이 있는 경우**에는 그러하지 **아니**하다.　　　　　　　　　　　[22 경찰간부]

제4장 | 공법상 계약

321 계속성 있는 계약직 공무원의 신뢰파탄과 계약해지 (긍정/막바로 해지可)

계약직공무원에 대한 계속적 계약은 당사자 상호간의 **신뢰관계를 그 기초로** 하는 것이므로, 당해 계약의 존속 중에 **당사자의 일방이 그 계약상의 의무를 위반함**으로써 그로 인하여 **계약의 기초가 되는** 신뢰관계가 파괴되어 **계약관계를 그대로 유지하기 어려운 정도에** 이르게 된 경우에는 **상대방은 그 계약관계를 막바로 해지함으로써 그 효력을 장래에 향하여 소멸시킬 수 있다.**

[14 변시]

322 지자체의 '공공계약'이 사법상 계약으로서 사법의 원리가 적용되는지 (긍정)

지방자치단체가 일방 당사자가 되는 이른바 '공공계약'이 사경제의 주체로서 상대방과 대등한 위치에서 체결하는 사법상 계약에 **해당**하는 경우 사적 자치와 계약자유의 원칙 등 사법의 원리가 그대로 적용된다.

[21-3, 22 지방9급]

323 공법상 계약의 법적근거 필요성 (불요)/ 권력행정분야에 공법상 계약 가능한지 (긍정)

공법상 계약은 당사자 사이의 의사의 합치에 의해 성립되므로 공법상 계약에는 **법률의** 근거가 필요 없고, 비권력행정분야에서 뿐만 아니라 권력행정분야에서도 공법상 계약이 이루어질 수 있으나 경찰행정, 조세행정과 같이 **공권력에 의해 일방적으로 규율되어야 하는 분야**에서는 **법률의 수권** 없이 대체할 수 없다.

[19-2]

324 과학기술기본법령에 따라 체결한 연구개발협약의 분쟁이 행정소송 대상인지 (긍정)

「과학기술기본법」 및 **「국가연구개발사업의 관리 등에 관한 규정」**에 따라 중앙행정기관의 장과 민간기업이 체결한 연구개발협약에 관한 분쟁은 행정소송의 대상이다.

[20-1]

325 지방재정법상 지자체가 당사자로서 체결한 계약의 성질 (사법상 계약-행정소송X)

지방재정법에 따라 지방자치단체가 당사자가 되어 체결하는 계약은 사법상의 계약일 뿐, 공권력을 행사하는 것이거나 공권력 작용과 일체성을 가진 것은 아니라고 할 것이므로 이에 관한 **분쟁은 행정소송의 대상이 될 수 없다.**

[14 변시]

326 국립의료원 부설 주차장 위탁관리용역계약의 성질 (특허/행정재산-사용허가)

국립의료원 부설 주차장에 관한 위탁관리용역운영계약과 관련하여 사용료의 미납을 이유로 가산금이 부과된 경우, 위 운영계약의 실질은 행정재산인 위 부설주차장에 대한 사용 · 수익허가로, 이는 **국립의료원이 공권력을 가진 우월적 지위에서 행한 행정처분으로서** 특정인에게 행정재산을 사용할 수 있는 권리를 설정하여 주는 **강학상 특허에** 해당하고, 해당 가산금 지급채무의 부존재를 주장하여 권리구제를 받으려면 **행정소송을** 통하여 다투어야 한다.

[21-3]

327 도시정비법상 조합과 시공자의 공사도급계약이 당사자소송 대상인지 (부정/민사소송)

「도시 및 주거환경정비법」상 **도시환경정비사업조합**이 **공법인**인 행정주체에 해당하더라도 조합과 시공자 사이의 공사도급계약은 사법상 계약이고, 그에 관한 분쟁은 **민사소송**에 의해야 한다.　　　　　　　　　　　　　　　　　　　　　　　　　　　　　　　　　　　[20-1]

328 광주광역시문화예술회관장의 단원위촉의 성질 (공법상 계약-공당사)

광주광역시문화예술회관장의 단원 위촉은 광주광역시문화예술회관장이 행정청으로서 공권력을 행사하여 행하는 행정처분이 아니라 공법상의 근무관계의 설정을 목적으로 하여 광주광역시와 단원이 되고자 하는 자 사이에 **대등한 지위에서 의사가 합치**되어 성립하는 공법상 근로계약에 해당한다.　　　　　　　　　　　　　　　　　　　　　　[14 변시]

329 전문직 공중보건의사 채용계약 해지의 쟁송방법 (당사자소송/공법상계약-해지)

전문직공무원인 **공중보건의사 채용계약 해지의 의사표시**에 대하여는 대등한 당사자 간의 소송형식인 **공법상의** 당사자소송으로 그 의사표시의 무효확인을 청구할 수 있는 것이지, 이를 항고소송의 대상이 되는 행정처분이라는 전제하에서 그 취소를 구하는 **항고소송을 제기할 수는 없다.**　　　　　　　　　　　　　　　　　　　　　　　　[14 변시]

330 공법상 계약의 의무 불이행시 대집행 가능한지 (부정/대등한 지위)

공법상 계약에 의한 의무의 불이행에 대해서는 개별법에서 행정강제를 규정하는 **명문의 규정이 없다면** 행정대집행법에 의한 대집행은 **허용되지 않는다.** 따라서 행정행위를 발하였다면 강제집행할 수 있었을지라도 **계약의 형식으로 한 이상 법원의 판결 없이는 강제집행할 수 없다.**　　　　　　　　　　　　　　　　　　　　　　　　　[14 변시, 19-3]

331 행정청의 법률관계 일방적 종료 의사표시의 처분성 (개별적 판단/관련법령-참조)

행정청이 자신과 상대방 사이의 **법률관계를** 일방적인 의사표시로 **종료**시킨 경우 그 의사표시가 **행정처분이라고 단정할 수 없고, 관계 법령이** 상대방의 법률관계에 관하여 **구체적으로 어떻게 규정하고 있는지에 따라** 의사표시가 행정처분에 해당하는지 아니면 공법상 계약관계의 일방 당사자로서 대등한 지위에서 행하는 의사표시인지를 개별적으로 **판단하여야 한다.**　　　　　　　　　　　　　　　　　　　　　　　　　　　[17 변시]

332 2단계 두뇌한국(BK)21 사업협약 해지통보의 처분성 (긍정/법령-불이익규정)

재단법인 한국연구재단이 과학기술기본법령에 따라 **연구개발비의 회수 및 관련자에 대한 국가연구개발사업 참여제한**을 내용으로 하여 '2단계 두뇌한국(BK) 21 사업협약'을 **해지하는 통보**를 하였다면, 그 통보는 행정처분에 **해당**한다.　　　　　　　　　　　　[17 변시]

333 합의위반 이유로 관련법령에 따른 직권감차통보의 처분성 (긍정/법령-불이익규정)

과잉공급된 택시를 줄이기 위해 관할 행정청이 관내 택시회사들과 감차보상금의 지급을 전제로 **자발적 감차합의**를 하였고, 합의한 바대로 자발적인 감차 조치를 **이행하지 않을 경우 직권감차명령을 할 수 있다는 내용의 합의**를 하였다면, 그러한 **합의위반을 이유로 관련 법령에 따라 행해진 직권감차 통보**는 피고가 우월적 지위에서 여객자동차법 제85조 제1항 제38호에 따라 원고들에게 일정한 법적 효과를 발생하게 하는 것이므로 **항고소송의 대상이 되는 처분**에 해당하고, 단순히 대등한 당사자의 지위에서 형성된 공법상 계약에 근거한 의사표시에 불과한 것으로는 볼 수 없다.

334 서울시조례에 따른 계약직 옴부즈만공개채용 거부통보의 처분성 (부정/공법상 계약)

'**서울특별시 시민감사옴부즈만 운영 및 주민감사청구에 관한 조례**'에 따라 계약직으로 **구성하는 옴부즈만 공개채용과정**에서 최종합격자로 공고된 자에 대해 서울특별시장이 **인사위원회의 심의결과에 따라 채용하지 아니하겠다고 통보**한 경우, 그 불채용통보는 항고소송을 통해 다툴 수 없다. [17 변시, 20-1]

335 중소기업 정보화지원사업 협약해지의 처분성 인정되는지 (부정/법령규정X)

중소기업기술정보진흥원장이 甲 주식회사와 체결한 중소기업 정보화지원사업 지원대상인 사업의 지원에 관한 협약을 그 협약에서 정한 **해지사항에 따라** 해지한 경우, 그 **해지의 효과는 전적으로 협약이 정한 바에 따라 정해질 뿐**, 달리 협약 해지의 효과 또는 이에 수반되는 행정상 제재 등에 관하여 관련 법령에 아무런 규정을 두고 있지 **아니한** 점을 종합하면, **협약의 해지 및 그에 따른 환수통보**는 공법상 계약에 따라 행정청이 **대등한 당사자의 지위에서 하는 의사표시**로 보아야 하고, 이를 행정청이 우월한 지위에서 행하는 공권력의 행사로서 행정처분에 **해당한다고 볼 수는 없다.** [17 변시]

336 중소기업 정보화지원사업 협약의 법적 성질 (공법상 계약)

중소기업 정보화지원사업에 **따른 지원금 출연**을 위하여 관계 **행정기관의 장이 사인과 체결하는 협약**은 공법상 대등한 당사자 사이의 의사표시 합치로 성립하는 공법상 계약에 해당한다. [21-3, 20-2, 20-1, 19-3]

337 지자체와 유한회사의 민간투자사업 실시협약이 공법상 계약인지 (긍정/공당사)

「사회기반시설에대한민간투자법」에 따라 **지방자치단체와 유한회사 간 체결한 민간투자사업 실시협약**은 공법상 계약에 해당하므로, **공법상 당사자소송의 대상**이다. [22 국회8급]

338 국가계약법상 입찰참가자격 제한처분에 별도의 법적근거 필요한지 (긍정)

조달청장이 **수요기관을 대신**하여 「국가를 당사자로 하는 계약에 관한 법률」에 규정된 입찰참가자격 제한 처분을 하기 위해서는 그에 관한 수권의 취지가 포함된 **업무 위탁에 관한** 근거가 법률에 **별도로** 마련되어 있어야 한다. [20-2]

339 요청조달계약 적용되는 국가계약법 조항에 침익적 처분권한 당연포함 되는지 (부정)

요청조달계약에 적용되는 「국가를 당사자로 하는 계약에 관한 법률」 조항은 국가가 사경제 주체로서 국민과 대등한 관계에 있음을 전제로 한 사법(私法)관계에 관한 규정에 한정되고, 고권적 지위에서 국민에게 침익적 효과를 발생시키는 행정처분에 관한 규정까지 당연히 적용되는 것은 아니다. [20-2]

340 공법상 계약이 국가배상법상 직무집행에 해당하는지 (긍정/사경제주체행위만 제외)

공법상 계약과 관련된 공무원의 불법행위로 국민이 입은 손해는 「국가배상법」에 의한 배상의 대상이 된다. [19-2]

제5장 | 행정상 사실행위

341 장부제출명령과 세부조사결정의 처분성 (긍정)

판례에 의하면 **장부제출명령이나 세무조사결정은 처분성이 인정**된다.　　　[22-2, 21-1, 20-2]

342 공법상 사실행위에 대한 국가배상청구가 가능한지 (긍정/사경제주체 행위만X)

공법상 사실행위에 대한 구제수단으로 국가배상청구가 **활용**될 수 있다.

343 지방경찰청장의 횡단보도 설치행위의 처분성 (긍정/물적 일반처분)

판례에 의하면 **지방경찰청장이 횡단보도를 설치하여 보행자의 통행방법 등을 규제하는 것은 처분성이 인정**된다.　　　[24 해경승진]

344 교정시설 내 과밀수용행위가 헌법소원의 대상인지 (긍정/헌소-공권력 행사O)

교정시설 내 과밀수용행위는 교정시설의 장이 **우월적 지위**에서 수형자의 의사와 상관없이 **일방적**으로 행한 권력적 사실행위로서 헌법소원심판의 대상이 되는 **공권력 행사**에 해당한다.　　　[19-1]

345 폐기물관리법상 폐기물관련사업장에 대한 행정기관의 감사가 권력적 사실행위인지 (긍정)

「폐기물관리법」에 따른 **폐기물관련사업장**에 대한 행정기관의 감사는 행정기관이 **일방적**으로 행하는 **사실적 업무행위**이고 상대방이 이를 거부 · 방해하거나 **기피하면 과태료**에 처해지는 점에서 권력적 사실행위에 **해당**한다.　　　[23-2]

346 국제결혼사유의 사급발급신청서에 결혼경위등 기재요구행위가 권력적 사실행위로서 헌법소원 대상인지 (긍정)

A국 주재 **대한민국대사가 국제결혼을 사유로 한** 사증발급 신청서에 신청인으로 하여금 **결혼경위, 교제경위** 등을 기재하도록 요구한 행위에 대하여 **헌법소원**이 제기된 경우 그 **요구행위는 권력적 사실행위이다.**　　　[23-2]

347 구치소장의 수용자번호 미기재 소포 반송이 헌법소원의 대상인지 (부정/내부적 업무처리)

구치소장이 수용자번호가 기재되지 않은 소포를 반송한 것은 구치소와 같이 다수의 수용자들이 구금되어 있는 곳에서 단순히 우편물 관리를 위한 내부적 업부처리 **행위에 불과**한 것으로서, 헌법소원의 대상인 **공권력의 행사라고 보기 어렵다.**　　　[23-2]

제6장 | 행정지도

348 행정지도의 불이행에 따른 불이익조치 예정되어 있는 경우 헌법소원 대상인지 (긍정)

행정기관의 조언에 따르지 않을 경우 일정한 불이익조치가 예정되어 있어 **사실상** 상대방에게 그에 따를 **의무를 부과**하는 것과 다를 바 없는 경우, 그 조언이 행정지도의 일종이라 하더라도 행정지도로서의 한계를 넘어 **규제적·구속적** 성격을 가지므로, 이는 「헌법재판소법」 제68조 제1항의 헌법소원심판의 대상이 되는 **공권력의 행사**이다. [21 변시]

349 「A도교육청 전자파 취약계층보호조례」 부칙에 근거한 전자파 안심지대에 이미 설치된 기지국 철거권고가 비권력적 행정지도인지 (긍정/법률위임-불요)

「A도교육청 **전자파 취약계층보호 조례**」에서 A도 내 유치원 및 초등학교 등을 전자파 안심지대로 정하고 전자파 안심지대에서의 **기지국 설치를 금지**한 후, 동 조례 부칙에서 "A도 교육감은 **이 조례 이전에 설치된 기지국**에 대하여 전자파 위험 등을 고려하여 **철거를 권고할 수 있다**"라고 정한 경우, 동 부칙에 따른 **철거권고는** 비권력적 행정지도에 해당한다. [20-1]

350 비권력적 사실행위에 법적근거 필요한지 (부정)/ 행정절차법에 행정지도 일반규정 있는지 (긍정)

상대방의 **임의적 협력**을 전제로 하는 비권력적 사실행위는 법적 근거**가 필요하지 않으며,** 「**행정기본법**」**과 달리** 「행정절차법」은 행정지도에 대한 **일반적 규정**을 두고 있다. [22-1]

351 행정지도의 처분성 (부정/행정지도 불이행에 따른 행정행위-항고소송可)

행정지도는 법적 효과를 발생시키는 것이 아니므로 항고소송 등 행정쟁송의 대상이 **되지 아니하나,** 행정지도를 따르지 않았다는 **이유로 발령된** 행정행위에 대해서는 **항고소송을 제기할 수 있다.** [12 변시]

352 행정지도가 말로 이루어진 경우 서면교부 요구시 교부해야 하는지 (긍정)

행정지도가 말로 **이루어지는 경우**에 상대방이 행정지도의 취지 및 내용, 행정지도를 하는 자의 신분을 적은 서면의 교부를 **요구하면** 그 행정지도를 하는 자는 직무 수행에 특별한 지장이 없으면 이를 교부하여야 **한다.** [13 변시]

353 다수인에 대한 행정지도에 공통내용을 공표해야 하는지 (긍정)

행정기관이 동일한 **행정목적을 실현하기 위하여** 다수인에게 **행정지도**를 하려는 경우 특별한 사정이 없으면 행정지도에 **공통되는 내용을** 공표하여야 한다. [13 변시]

354 비권력적 사실행위인 행정지도가 국가배상청구의 대상인지 (긍정)

국가배상법이 정하는 배상청구의 요건인 '**공무원의 직무**'에는 행정지도와 같은 **비권력적 행정작용이 포함**된다. [13 변시]

355 강제성 없는 행정지도에 대해 국가배상청구 가능한지 (부정/인과관계X)

행정지도가 **강제성을 띠지 않은** 비권력적 작용으로서 행정지도의 **한계를 일탈하지 아니하**였다면, 그로 인하여 상대방에게 어떤 손해가 발생하였다고 하더라도 행정기관은 그에 대한 **손해배상책임이 없다.** [21 · 13 변시, 23 지방9급, 23 국회8급]

356 장관의 대학총장에 대한 학칙시정요구가 한계를 넘으면 헌법소원의 대상인지 (긍정)

고등교육법령에 근거한 교육인적자원부 장관의 **대학총장들에 대한** 학칙시정요구는 단순한 행정지도로서의 **한계를 넘어 규제적 · 구속적 성격**을 상당히 강하게 갖는 것으로서 헌법소원의 대상이 되는 **공권력의 행사**이다. [22 경찰간부]

제7장 | 행정조사

357 현장조사는 법적근거가 필요한지 (긍정) / 자발적 협조 있으면 법적근거 불요한지 (긍정)

관할 구청장이 영업시간 준수 여부를 확인할 목적으로 **영업장에 출입하여** 현장조사를 하기 위해서는 「**식품위생법**」에 근거가 있어야 하며, 「식품위생법」에 현장조사에 관한 근거가 없더라도 조사대상자의 자발적인 협조가 있다면 **현장조사를 할 수 있다.** [23 변시]

358 행정조사기본법상 사무실·사업장 업무시간인 경우 일출 전·일몰 후 행정조사 불가한지 (부정)

사무실 또는 사업장의 업무시간에 실시하는 **현장조사**는 해가 뜨기 전이나 해가 진 뒤에도 할 수 있다. [23-3]

359 우편물 통관검사절차에서 압수·수색영장 없는 시료채취 등이 적법한지 (긍정/강제수사X)

우편물 통관검사절차에서 이루어지는 우편물의 개봉, 시료채취, 성분분석 등의 검사는 **수사기관의 강제처분**이라고 할 수 **없으므로**, 압수·수색영장 없이 **우편물의 개봉, 시료채취,** 성분분석 등 검사가 진행되었다 하더라도 특별한 사정이 없는 한 위법하다고 볼 수 없다. [23-3]

360 세관공무원이 관세법상 행정조사를 하는 경우에 압수·수색영장 필요한지 (부정)

세관공무원이 「관세법」에 따라 **행정조사를 하는** 경우, 수출입물품에 대한 적정한 통관 등을 목적으로 한 검사로서 **수사기관의 강제처분**이라고 할 수 **없으므로**, 압수·수색영장 없이 검사가 진행되었다 하더라도 특별한 사정이 없는 한 **위법**하다고 볼 수 **없다.** [20-3]

361 국세기본법상 중복세무조사 금지원칙을 위반한 과세처분의 효력 (무효/중대하자)

「국세기본법」에서 **한정적으로 열거**한 재조사 요건을 갖추지 못한 경우 같은 **세목** 및 **같은 과세기간**에 대한 **재조사**는 원칙적으로 금지되고, 나아가 이를 위반한 때에는 법원이 과세 **처분의 효력을 부정**하는 방법으로 통제할 수밖에 없는 **중대한 절차적 하자**가 존재한다. [20-2]

362 행정청의 대집행 미실시의 경우 사인의 민사소송에 대한 대위가능성 (긍정)

아무런 권원 없이 **국유재산에 설치한 시설물**에 대하여 **행정청이 행정대집행을 할 수 있고 따로 민사소송의 방법으로 그 시설물의 철거를 구하는 것이 허용되지는 않**지만, 아무런 권원 없이 국유재산에 설치한 시설물에 대하여 **행정청이 행정대집행을 실시하지 않는** 경우, 그 국유재산에 대한 **사용청구권을 가지고 있는 자가 국가를 대위하여** 민사소송으로 그 **시설물의 철거를 구할** 수 있다.

[12 변시, 21-3]

363 공유재산법상 대집행 가능한 경우 민사소송의 집행 가능성 (부정/공법-특칙)

「공유재산 및 물품관리법」 제83조에 따라 지방자치단체장이 행정대집행의 방법으로 **공유재산에 설치한 시설물을 철거**할 수 있는 경우, 민사소송의 방법으로도 시설물의 철거를 구하는 것이 **허용되지 아니**한다.

[17 지방9급]

364 제2차 철거명령 및 원상복구명령의 처분성 (부정/제1차만-처분)

제1차로 창고건물의 철거 및 하천부지에 대한 **원상복구명령**을 하였음에도 이에 불응하므로 대집행계고를 하면서 다시 **자진철거 및 하천부지의 원상복구를 명**한 경우, **대집행계고서에 기재된 철거 및 원상복구명령은 취소소송의 대상이 되는 독립한 행정처분**이라고 할 수 없다.

[12 변시]

365 대집행 계고처분의 요건에 대한 주장·입증책임은 처분청에 있는지 (긍정)

「건축법」에 위반하여 건축한 것이어서 **철거의무가 있는 건물**이라 하더라도 그 철거의무를 **대집행하기 위한 계고처분을** 하려면 **다른 방법**으로는 **이행의 확보가 어렵고** 불이행을 **방치함이 심히 공익을 해하는** 것으로 인정될 때에 **한하여 허용**되고, 이러한 요건의 주장·증명책임은 **처분청**에 있다.

[22-1]

366 급박한 위험시 계고 또는 영장통지 없는 대집행 가능성 (긍정/3조③항)

급박한 위험이 있어 위 시설물을 급속히 철거하여야 하는데 계고절차를 거칠 여유가 없을 경우 계고 없이 **대집행을 할 수 있다.**

[13 변시]

367 대집행계고서에 의해서만 대집행 내용·범위 특정가능한지 (부정/계고서-전후문서可)

행정청이 대집행계고를 함에 있어 대집행**할 행위의** 내용 및 범위는 **대집행계고서에 의하여만 특정되어야 하는 것은 아니**고, **계고처분 전후에 송달된 문서** 등을 종합하여 행위의 내용이 특정되거나 대집행 의무자가 그 이행의무의 **범위를 알 수 있으면 족하다.**

[23·13 변시]

368 대집행실행 완료시 대집행계고를 다툴 소이익 있는지 (부정/원상회복 불가능)

계고처분을 거쳐 대집행 실행이 완료된 경우, 甲은 원칙적으로 계고처분의 취소를 구할 법률상 이익을 가지지 않는다.

[13 변시]

369 한 장의 문서로 하명처분과 계고처분의 결합계고의 가능성 (긍정/각각 요건충족)

행정청이 **계고서라는 명칭의** 1장의 문서로써 일정기간 내에 위법건축물의 자진철거를 **명함과 동시에** 그 소정기한 내에 자진철거를 하지 아니할 때에는 대집행할 뜻을 **미리 계고한** 경우라도 건축법에 의한 철거명령과 행정대집행법에 의한 계고처분은 독립하여 있는 것으로서 각 그 요건이 **충족되었다고** 볼 수 있다.

[14 변시]

370 대집행실행에 저항하는 경우 대집행으로 실력배제 가능한지 (부정/규정-X)

대집행 실행에 저항하는 **경우와** 관련해서 행정대집행법에서는 이러한 **저항을 실력으로** 배제할 수 있다는 **명문의 규정을** 두고 있지 않다.

[14 변시]

371 대집행실행에 저항하는 경우 실력배제방법 (경찰도움/공집방 · 현행범체포)

대집행을 통한 건물철거의 경우 건물의 점유자가 철거의무자인 때에는 부수적으로 건물의 점유자에 대한 **퇴거조치를** 할 수 있고, 대집행에 의한 건물철거시 점유자들이 **위력을 행사하여 방해**하는 경우 '경찰관 직무집행법'에 근거한 위험발생 방지조치 또는 형법상 공무집행방해죄의 범행방지 내지 현행범체포의 차원에서 **경찰의 도움을** 받을 수도 있다.

[20-2]

372 대집행과 이행강제금의 선택적 활용 가능성 (긍정/각각의 장단점-중첩적 제재X)

현행 **건축법상 위법건축물에** 대한 **이행강제수**단으로 대집행과 이행강제금을 **선택적으로 활용할** 수 있다.

[21 · 15 · 14 변시, 22-3, 22-1, 21-2]

373 시설설치금지의무 위반의 경우 금지규정으로 작위하명 가능한지 (부정/별도근거-필요)

법률상 시설설치금지의무를 위반하여 시설을 설치한 경우 별다른 규정이 없어도 **대집행 요건이 충족되는** 것은 아니고, 금지규정으로부터 작위의무를 **명하는 권한이** 인정되는 것이 아니므로, 별도로 작위의무를 **명할 수 있는** 규정이 필요하다.

[21-1]

374 토지 · 건물의 인도 · 명도 의무에 대하여 대집행 가능한지 (부정/비대체적 작위의무)

「**토지보상법**」상 토지소유자가 수용 또는 사용의 개시일까지 토지를 **사업시행자에게** 인도하여야 할 의무는 「**행정대집행법**」에 의한 대집행의 대상이 **아니다**.

[23 변시]

375 지방자치단체가 자치사무에 대한 양벌규정 적용시 법인인지 (긍정-독립된 공법인)

지방자치단체가 자치사무를 **처리**하는 경우 당해 지방자치단체는 국가기관과는 **별도의 독**립한 공법인이고 양벌규정에 의한 처벌대상이 되는 **법인에 해당**한다.

[16 변시]

376 경찰서장 등의 통고처분이 항고소송의 대상인 처분인지 (부정/별도의 불복절차)

통고처분은 통고이행을 강제하거나 상대방에게 권리의무를 형성하지 않으므로 **행정소송의 대상으로서의 처분에 해당하지 아니**한다. [16 변시]

377 경찰서장의 통고처분시 범칙금 납부기간까지 즉결심판·공소제기 가능한지 (부정)

경찰서장이 범칙행위에 대하여 통고처분을 한 이상, 통고처분에서 정한 범칙금 납부 기간까지는 원칙적으로 **경찰서장은 즉결심판을 청구할 수 없고**, **검사도** 동일한 범칙행위에 대하여 공소를 제기할 수 없다. [23-2, 21 지방9급, 23 국회8급]

378 행정대집행법상 반복계고의 처분성 (부정/제1차 계고만-처분)

건물철거 **대집행 계고처분을 제1차로 고지**한 후 이에 불응하자 다시 **제2차, 제3차 계고서를 발송한 경우** 「행정대집행법」상의 건물철거의무는 제1차 계고로 발생하므로 **제1차 계고만 행정처분에 해당**하고, 제2차, 제3차 계고는 **연기통지**에 불과하여 **행정처분이 아니다.** [16 변시, 21-1]

379 행정법규위반에 대한 제재처분의 대상자 (법령상 책임자/고의·과실 불문)

행정법규 위반에 대한 제재로서 가하는 영업정지처분은 **반드시 현실적인 행위자가 아니라도 법령상 책임자로 규정된 자에게 부과**되고, 특별한 사정이 없는 한 **위반자에게 고의나 과실이 없더라도 부과할 수 있다.** [22·16 변시]

380 대집행의 공법상 대체적 작위의무가 법령에 의해 직접부과 가능한지 (긍정)

행정대집행의 대상이 되는 대체적 작위의무는 **공법상 의무**이어야 하고, 이때의 작위의무는 행정처분뿐만 아니라 법령에 의해 직접 부과될 수도 있다. [16 변시]

381 행정청이 해지기 전 대집행 착수시- 해진 후 대집행 가능한지 (긍정)

행정청이 해가 지기 전에 대집행을 착수한 경우 해가 진 후에도 **대집행을 할 수 있다.** [23 변시]

382 대집행법상 비용징수 가능한 경우 별개로 민사소송절차로 비용상환청구 가능한지 (부정)

공법인은 법령에 의하여 행정청의 **대집행권한을 위탁받아 대집행을 실시하기 위하여 지출한 비용**을 「행정대집행법」**상 절차에 따라 징수할 수 있으므로**, 이와 별개로 민사소송절차에 의하여 그 비용의 상환을 구할 소의 이익이 없다. [23 변시]

383 이행강제금 종합 (사례형)

> 구청장 A는 허가 없이 건축물을 불법으로 축조한 甲에게 시정명령을 내렸으나, 甲이 이에 응하지 않자 「건축법」 제80조 제1항 본문에 근거하여 **이행강제금을 부과**하였다. 이에 관한 설명 중 옳지 **않은** 것은?　　　　　　　　　　　　　　　　　　[15 변시]

ㄱ. 벌금과 이행강제금 부과의 경우 이중처벌에 해당하는지 (부정)

甲의 **무허가 건축행위**에 대하여 1천만원의 벌금 부과와 별개로 시정명령의 불이행을 이유로 이행강제금을 **부과하더라도** 이중처벌에 **해당하지** 않는다.

ㄴ. 이행강제금이 상속인에게 승계되는지 (부정/일신전속적)

甲이 **이행강제금을 부과 받은 후 사망**한 경우 이행강제금의 납부의무는 甲의 **상속인에게** 승계되지 않는다.　　　　　　　　　　　　　　　　　　　　[22-2, 22-1, 21-2, 19-2]

ㄷ. 이행강제금의 징수 후 반복부과 가능한지 (긍정)

A는 이행강제금을 **징수한 후**에도 甲이 시정명령을 이행하지 않는 경우 **이행할 때까지 법 정 한도에서 반복하여 부과할 수** 있다.

384 건축법상 이행강제금이 이행의 간접적 수단인지 (긍정)/ 제재로서 형벌인지 (부정)

「**건축법**」상 이행강제금은 일정한 기한까지 의무를 이행하지 않을 때에 일정한 금전적 부담을 과할 뜻을 미리 계고함으로써 의무자에게 **심리적 압박**을 주어 장래에 그 의무를 이행하게 하려는 행정상 **간접적인 강제집행 수단의 하나**일 뿐, 과거의 일정한 법률위반 행위에 대한 제재로서 형벌의 성격을 갖는 것은 아니다.　　　　[22 변시, 21-2]

385 무허가 건축행위에 대한 형사처벌과 이행강제금이 이중처벌에 해당하는지 (부정)

「**건축법**」상 **무허가 건축행위**에 대한 형사처벌과 시정명령 위반에 대한 이행강제금의 부과는 그 처벌 내지 제재대상이 되는 **기본적 사실관계로서의 행위를 달리**하며, 또한 그 **보호법익과 목적에서도 차이**가 있으므로 헌법 제13조 제1항이 금지하는 이중처벌에 해당한다고 할 수 **없다.**　　　　　　　　　　　　　　　　　　　　　　　[22-1]

386 이행기간 도과하여 이행한 경우 건축법상 이행강제금 부과 가능성 (부정/위법)

「**건축법**」상 의무자가 **이행기간을 도과하여 의무를 이행**한 경우에도 행정청이 **이행강제금을 부과하기 전에 그 의무를 이행**한 것이라면 해당 이행강제금 **부과처분은 위법**하다.　　[22 변시]

387 건축법상 의무이행 위한 적법신고의 위법한 반려의 경우 이행강제금 부과 여부 (부정)

「**건축법**」상 시정명령을 받은 의무자가 그 **시정명령의 취지에 부합하는 의무를 이행하기 위한 정당한 방법으로 신고**를 하였으나 **행정청이 위법하게 이를 반려**함으로써 결국 반려처분이 취소되었다면, 행정청은 이행강제금 제도의 취지상 **이행강제금을 부과할 수 없다.**

[22 변시]

388 이행기회 제공되지 않은 과거기간 이행강제금부과처분의 위법성 (긍정/당연무효)

건축주 등이 장기간 건축철거를 명하는 시정명령을 이행하지 아니하였더라도, 그 기간 중에 **시정명령의 이행 기회가 제공되지 아니하였다가 뒤늦게 시정명령의 이행 기회가 제공된 경우**라면, 시정명령의 이행 기회가 제공되지 아니한 과거의 기간에 대한 이행강제금까지 한꺼번에 부과할 수는 없고, 이를 위반하여 이루어진 이행강제금 부과처분은 **중대하고도 명백한 하자**라고 할 수 있다. [22 변시, 22-3]

389 장기미등기자의 이행기간 경과 후 등기신청시 이행강제금부과 가능한지 (부정)

장기미등기자가 **등기신청의무**의 이행기간이 지나서 등기신청을 한 경우에는 이행을 확보하고자 하는 목적은 이미 실현된 것이므로 **이행강제금을 부과할 수 없다.** [21-2, 17 지방9급]

390 근로기준법상 이행강제금 부과시-30일전 이행강제금 부과예고가 계고인지 (긍정)

노동위원회가 **'근로기준법'에** 따라 **이행강제금을 부과**하는 경우 그 **30일 전까지** 하여야 하는 이행강제금 부과 예고는 '**계고**'에 해당한다. [22 경찰간부]

391 의무내용 초과한 이행강제금 부과예고서와 이행강제금부과처분의 위법성 (긍정)

사용자가 이행하여야 할 행정법상 의무의 내용을 초과하는 것을 '**불이행 내용**'으로 기재한 **이행강제금 부과 예고서**에 의하여 이행강제금 부과 예고를 한 다음 이를 이행하지 않았다는 이유로 이행강제금을 부과하였다면, 초과한 정도가 근소하다는 등의 **특별한 사정이 없는 한 이행강제금 부과예고**는 이행강제금 제도의 취지에 반하는 것으로서 **위법하고, 이에 터 잡은 이행강제금 부과처분 역시 위법하다.** [21 변시]

392 농지법상 이행강제금이 항고소송의 대상인 처분인지 (부정/비송사건절차법)

「**농지법**」상 **이행강제금에 불복**하는 자는 이의를 제기하여 「**비송사건절차법**」에 의하여 **이행강제금을 결정**하므로, 「**농지법**」상 이행강제금 부과처분은 「행정소송법」상 **항고소송의 대상이 되는 처분이 아니다.** [22-3]

393 이행강제금 별도의 불복절차 있는 경우 항고소송 (부정)/ 항고소송 불가함에도 잘못 안내시 재판관할 있는지 (부정)

법률에서 특별히 이행강제금 **부과처분**에 대해 불복하는 경우 「**비송사건절차법**」으로 결정하도록 하고 있는 경우, 이와 다른 불복절차는 허용될 수 없으므로 관할청이 이행강제금 부과처분을 하면서 **행정심판이나 행정소송을 할 수 있다고 잘못 안내**하였다고 하더라도 **행정법원에 항고소송 재판관할**이 생긴다고 할 수 **없다.** [21-2]

394 공정거래법은 이행 후에도 과거의 불이행 기간에 대한 이행강제금 부과 가능한지 (긍정)

「독점규제 및 공정거래에 관한 법률」의 해당 조항에 따른 **이행강제금**의 경우, **이행강제금이 부과되기 전에 시정조치를 이행**하거나 부작위 의무를 명하는 **시정조치 불이행을 중단한 경우에도** 과거의 시정조치 불이행 **기간**에 대하여 이행강제금을 **부과할 수 있다.**

[22 경찰간부]

395 이행하면 새로운 이행강제금 즉시중지 · 이미 부과된 이행강제금 징수할 수 없는지 (부정/징수해야)

행정청은 의무자가 행정상 의무를 이행할 때까지 **이행강제금을 반복하여 부과**할 수 있으나, 의무자가 의무를 이행하면 **새로운 이행강제금**의 부과를 즉시 중지하되, **이미 부과된 이행강제금**은 징수하여야 한다.

[24 · 15 변시, 23 국회8급]

396 경찰관직무집행법상 범죄예방목적 경찰관 제지행위의 법적성질 (즉시강제/권사O)

「**경찰관직무집행법**」상의 범죄예방을 위한 경찰관의 제지행위는 행정상 **즉시강제이자 권력적 사실행위**에 해당한다.

[17 변시]

397 본세와 가산세 함께 부과시 세액과 산출근거 기재방식 (각각 구분기재)

가산세 부과처분에 관해서 「국세기본법」 등에 그 납세고지의 방식 등에 관하여 따로 정한 **규정이 없더라도**, 하나의 납세고지서에 의하여 본세와 가산세를 함께 부과할 때에는 납세고지서에 **본세와 가산세 각각의 세액과 산출근거 등을 구분**하여 **기재해야** 한다.

[17 변시]

398 여러 종류의 가산세 합계세액만 기재하는 행정관습법 인정되는지 (부정/각각기재)

여러 종류의 가산세를 함께 부과하는 경우에는 그 가산세 상호 간에도 종류별로 세액과 산출근거 등을 **구분하여 기재**함으로써 납세의무자가 납세고지서 자체로 각 과세처분의 내용을 알 수 있도록 하는 것이 당연한 원칙이므로, 가산세의 **합계세액만을 기재**한 오랜 관행이 있더라도 **행정관습법으로 통용될 수 없다.**

[18 변시]

399 사업정지처분에 갈음하는 변형된 과징금의 대상자 (객관적 사실/법령상 책임자)

「여객자동차 운수사업법」상 **사업정지처분**에 갈음하여 **부과하는** 과징금은 행정법규위반이라는 **객관적 사실**에 착안하여 가하는 제재이므로 **반드시 현실적인 행위자가 아니라도** 법령상 책임자로 **규정된 자에게 부과될 수 있다.**

[17 변시]

400 의료보호법상 가산금 납부독촉은 최초의 독촉만이 항고소송의 대상인 처분인지 (긍정)

구 「**의료보험법**」상 가산금의 납부독촉이 여러 번 **반복된 경우**, 최초의 독촉만이 징수처분으로서 **항고소송의 대상이 되는** 행정처분이다.

[22-2]

401 체납처분으로 행한 공매가 항고소송의 대상인 처분인지 (긍정)

과세관청이 체납처분으로 행한 공매는 항고소송의 대상이 된다. [17 변시]

402 대집행과 이행강제금의 관계 (선택적 활용 可)

전통적으로 행정대집행은 대체적 작위의무에 대한 강제집행수단으로, 이행강제금은 부작위의무나 비대체적 작위의무에 대한 강제집행수단으로 이해되어 왔으나, 이는 이행강제금제도의 본질에서 오는 제약은 아니고, 이행강제금은 대체적 작위의무 위반에 대해서도 부과될 수 있다. [22 변시, 22-2]

403 체납자에 대한 공매통지의 처분성 (부정/공매가 처분)

체납자 등에 대한 공매통지는 국가의 강제력에 의하여 진행되는 공매에서 체납자 등의 권리 내지 재산상의 이익을 보호하기 위하여 법률로 규정한 절차적 요건이라고 보아야 하며 공매통지 자체가 그 상대방인 체납자 등의 법적 지위나 권리·의무에 직접적인 영향을 주는 행정처분에 해당한다고 할 것은 아니므로 다른 특별한 사정이 없는 한 공매통지 자체를 항고소송의 대상으로 삼아 그 취소를 구할 수는 없다. [13 변시]

404 행정상 즉시강제의 의의 및 요건 (근거필요/급박성-보충성-비례성)

행정상 즉시강제는 엄격한 실정법상의 근거를 필요로 할 뿐만 아니라, 그 발동에 있어서는 법규의 범위 안에서도 다시 행정상의 장해가 목전에 급박하고, 다른 수단으로는 행정목적을 달성할 수 없는 경우이어야 하며, 이러한 경우에도 그 행사는 필요 최소한도에 그쳐야 한다. [13 변시]

405 대집행요건 중 보충성 요건의 대상 (덜 침익적 수단/직접강제X·행정벌X)

행정대집행을 인정하기 위해서는 불이행된 의무를 다른 수단으로는 이행을 확보하기 곤란하여야 하므로 비례원칙상 의무자에 대한 침해가 대집행보다 경미한 수단이 있는 경우 대집행은 허용되지 않으나, 더 침익적인 직접강제나 행정벌은 이에 해당하지 않는다. [21-1]

406 법인 대표자의 범죄행위에 법인 형벌부과- 책임주의원칙에 반하는지 (부정/법인 직접책임)

법인 대표자의 범죄행위에 대하여 법인의 가담 여부나 이를 감독할 주의의무 위반 여부를 처벌요건으로 규정하지 아니하고, 달리 법인이 면책될 가능성에 대해서도 정하지 않은 채 법인에 대해 형벌을 부과하는 것은 법인 자신이 자신의 행위에 대한 책임을 부담하는 것이므로 헌법상 법치국가원리로부터 도출되는 책임주의원칙에 위배되지 않는다. [24·13 변시, 23-2, 20-3]

> **질서위반행위규제법**과 관련하여 **옳은** 것을 모두 고른 것은?

ㄱ. 고의·과실 없는 질서위반행위에 과태료 부과 가능한지 (부정/명문규정)

과태료는 행정형벌이 아닌 행정질서벌이며, 「질서위반행위규제법」은 행위자의 고의 **또는 과실이 없는 질서위반행위는 과태료를 부과하지 아니한다**고 규정하고 있다. [21-2]

ㄴ. 대리인·사용인·종업원 위반시 법인 또는 개인의 과태료부과 가능성 (긍정)

법인의 대표자, 법인 또는 개인의 대리인·사용인 및 그 밖의 **종업원**이 업무에 관하여 법인 또는 그 개인에게 부과된 법률상의 **의무를** 위반한 때에는 법인 **또는 그 개인에게 과태료를 부과**한다.

ㄷ. 진정신분범에 신분없는자 가담시 질서위반행위 성립되는지 (긍정)

신분에 의하여 성립하는 질서위반행위에 **신분이 없는 자**가 가담한 경우 신분이 없는 자에 대하여도 **질서위반행위가** 성립한다.

ㄹ. 행정청의 과태료부과처분·과태료재판의 소멸시효기간 (5년)

과태료는 행정청의 **과태료 부과처분**이나 법원의 과태료 재판이 확정된 후 5년간 징수하지 아니하거나 집행하지 아니하면 시효로 **인하여 소멸**한다.

ㅁ. 과태료부과시 10일 이상의 의견제출기회 주어야 하는지 (긍정)

행정청이 질서위반행위에 대하여 **과태료를 부과**하고자 하는 때에는 미리 당사자에게 통지하고 10일 이상의 기간을 정하여 의견을 제출할 기회를 주어야 한다.

ㅂ. 과태료부과처분에 대한 항고소송 가능성 (부정/항고소송의 대상X)

「질서위반행위규제법」상의 행정청의 **과태료 부과처분**은 취소소송의 대상인 **행정처분**이 아니므로, 과태료부과처분에 대해 불복하는 당사자는 항고소송을 제기하여 다툴 수 없다.

ㅅ. 과태료재판의 집행기관 (검사/최초부과 행정청-위탁可)

과태료 **재판**은 검사의 명령으로써 집행하나, 검사는 과태료를 최초 부과한 **행정청에 대하여** 과태료 재판의 집행을 위탁할 수 있다.

408 하나의 행위가 2 이상의 질서위반행위에 해당하는 경우 (가장 중한 과태료)

하나의 행위가 2 이상의 **질서위반행위에 해당**하는 경우에는 각 질서위반행위에 대하여 정한 과태료 중 **가장 중한 과태료를** 부과한다. 이 경우를 제외하고 2 이상의 **질서위반행위가 경합하는 경우**에는 **각 질서위반행위에 대하여 정한 과태료를 각각 부과**한다. 다만, 다른 법령(지방자치단체의 조례를 포함한다.)에 특별한 규정이 있는 경우에는 그 법령으로 정하는 바에 따른다. [19 변시]

행정벌에 관한 설명 중 옳은 것을 모두 고른 것은?

ㄱ. 종업원 범죄성립 · 처벌이 양벌규정에 의한 영업주 처벌의 전제조건인지 (부정/별개)

양벌규정에 의한 영업주의 처벌은 금지위반행위자인 종업원의 처벌에 종속하는 것이 아니라 독립하여 그 자신의 종업원에 대한 선임감독상의 과실로 인하여 처벌되는 것이므로 종업원의 범죄성립이나 처벌이 영업주 처벌의 **전제조건이 될 필요는 없다.** [23 변시]

ㄴ. 지방자치단체가 도로법상 양벌규정의 법인인지 (긍정)

지방자치단체 소속 공무원이 지방자치단체 고유의 자치사무를 수행하던 중 「도로법」 규정을 위반한 경우 지방자치단체는 「도로법」상의 양벌규정에 따라 **처벌대상이 되는** 법인에 해당한다.

ㄷ. 과태료 납부 후 형사처벌이 일사부재리원칙에 위반되는지 (부정)

행정법상의 질서벌인 과태료의 부과처분과 형사처벌은 그 성질이나 목적을 달리하는 **별개**의 것이므로 행정법상의 질서벌인 과태료를 납부한 후에 형사처벌을 한다고 하여 이를 일사부재리의 원칙에 반하는 것이라고 할 수는 **없다.**

ㄹ. 여객자동차법상 과태료 · 감차처분의 유추해석이 가능한지 (부정/형벌불문)

「여객자동차 운수사업법」에서 정하는 **과태료처분이나 감차처분** 등은 형벌이 아니더라도, 규정 위반자에 대하여 처벌 또는 제재를 가하는 것이므로 같은 법이 정하고 있는 처분대상인 위반행위를 함부로 유추해석하거나 확대해석하여서는 **아니** 된다.

관할 구청장 乙은 미성년자에게 주류를 판매한 업주 甲에게 영업정지처분에 갈음하여 과징금부과처분을 하였고, 甲은 부과된 과징금을 납부하였다. 이후 甲은 과징금부과처분에 하자가 있음을 알게 되었다. 이에 관한 설명으로 옳은 것은? [22-3]

ㄱ. 영업정지처분과 과징금부과처분은 제재처분으로 법령의 근거가 필요한지 (긍정)

영업정지처분과 과징금부과처분은 「식품위생법」상 의무위반에 따른 **제재적 처분**이고 각각 부작위의무와 급부의무를 명하는 **하명에 해당**하며 **반드시 법령의 근거를 필요**로 한다.

ㄴ. 과징금부과처분의 하자가 중대하나 명백하지 않은 경우에도 무효사유인지 (부정)

과징금부과처분에 중대한 하자가 있더라도 그 하자가 객관적으로 **명백하지 않다면** 과징금부과처분은 취소사유에 **불과**하다.

ㄷ. 취소소송 제기 후 근거법령의 위헌결정-위헌결정의 소급효 미치므로 취소소송의 대상인지 (긍정)

甲이 과징금부과처분 취소소송을 제기한 이후 소송계속 중 과징금부과처분의 근거법령이 위헌으로 결정된 경우 위헌결정의 효력은 甲의 과징금부과처분 취소소송에 미치며, 위헌법률에 근거한 처분은 하자가 중대하나 객관적으로 명백하지 않으므로 취소사유에 불과하다.

ㄹ. 과징금부과처분의 절차상 하자보완은 불복편의를 위한 기간인 쟁송제기전까지 가능한지 (긍정)

과징금부과처분에 절차상 하자가 있어 甲이 과징금부과처분 취소소송을 제기한 경우 乙은 늦어도 과징금부과처분에 대한 불복 여부의 결정 및 불복 신청에 편의를 줄 수 있는 상당한 기간 내에 하자를 보완하여야 한다.

ㅁ. 이미 납부한 과징금 반환 위해 당사자소송 제기해야 하는지 (부정/취소소송+부당이득-병합)

甲이 이미 납부한 과징금을 반환받기 위해서는 취소사유인 과징금부과처분에 대한 취소소송과 관련청구소송으로서 부당이득반환청구소송을 병합제기할 수 있다.

411 병무청장의 병역기피자 공개결정에 대한 종합문제 (사례형)

甲이 양심상의 사유로 현역 입영을 불응한 것에 대하여 ○○지방병무청장은「병역법」제81조의2 제3항에 따라 ○○지방병무청 병역의무기피공개심의위원회의 심의 및 재심의를 거쳐 甲을 공개대상자로 결정하였고, 병무청장은「병역법」제81조의2 제1항에 따라 병무청 인터넷 홈페이지에 甲의 인적사항과 병역의무 미이행 사항 등을 공개하였다. 이에 甲은 병무청장의 인적사항 공개처분의 취소를 구하는 행정소송을 청구하였다. 이에 관한 설명으로 옳지 않은 것은?   [20-3]

〈참고〉

「병역법」제81조의2(병역의무 기피자의 인적사항 등의 공개)

① 병무청장은 다음 각 호의 어느 하나에 해당하는 사람에 대해서는 인적사항과 병역의무 미이행 사항 등을 인터넷 홈페이지 등에 공개할 수 있다. (단서 생략)

  3. 정당한 사유 없이 현역 입영 또는 사회복무요원 · 대체복무요원 소집이나 군사교육 소직에 응하지 아니하는 사람

② 제1항에 따라 공개하는 인적사항과 병역의무 기피 · 면탈 및 감면 사항 등에 대한 공개 여부를 심의하기 위하여 관할 지방병무청(지방병무청지청을 포함한다. 이하 이 조에서 같다)에 병역의무기피공개심의위원회(이하 이 조에서 "위원회"라 한다)를 둔다.

③ 관할 지방병무청장은 위원회의 심의를 거친 잠정 공개 대상자에게 제1항에 따른 인적사항 등의 공개 대상자임을 통지하여 소명 기회를 주어야 하며, 통지일부터 6개월이 지난 후 위원회로 하여금 잠정 공개 대상자의 병역의무 이행 상황을 고려하여 공개 여부를 재심의하게 한 후 공개 대상자를 결정한다.

ㄱ. 병역의무기피자 공개결정을 미리 통보하지 않아도 처분성립에 영향 없는지 (긍정)

병무청장의 공개조치는 특정인의 병역의무 기피를 공표한다는 행정결정이 전제되어 있는데, 병무청장이 그러한 행정결정을 공개 대상자에게 미리 통보하지 않았다거나 처분서를 작성 · 교부하지 않았다 하더라도 항고소송의 대상적격은 인정된다.

412 여러 위반에 대한 하나의 제재처분 중 일부제재 부분만 위법해도 전부취소해야 하는지 (부정)

행정청이 여러 개의 위반행위에 대하여 하나의 제재처분을 하였으나, **위반행위별**로 제재처분의 내용을 **구분하는 것이 가능**하고 여러 개의 위반행위 중 일부의 위반행위**에 대한 제재처분 부분만이 위법**하다면, 법원은 제재처분 **전부를 취소하여서는 아니** 된다. [22 국가7급]

413 여러 위반 중 일부에 대한 과징금부과 후 다른 위반에 별도의 과징금부과시 일괄하여 처분양정이 필요한지 (긍정)

관할 행정청이 여객자동차운송사업자가 범한 **여러 가지 위반행위 중 일부만 인지**하여 과징금 부과처분을 하였는데 **그 후** 과징금 **부과처분 시점 이전**에 이루어진 **다른 위반행위를 인지**하여 이에 대하여 **별도의 과징금 부과처분**을 하게 되는 경우, 종전 과징금 부과처분의 대상이 된 위반행위와 추가 과징금 부과처분의 대상이 된 위반행위에 대하여 **일괄하여 하나의 과징금 부과처분**을 하는 경우와의 **형평을 고려**하여 추가 과징금 부과처분의 **처분양정이 이루어져야** 한다. [23 국가9급]

414 '공공기관운영법'상 담합행위와 입찰참가자격제한 사례종합

> **공기업 甲**은 관련 법령에 따라 A주식회사가 구매입찰에서 **담합행위**를 하였다는 이유로 **6개월의 입찰참가자격 제한처분**(이하 '1차 처분')을 하였으며, 이후 **1차 처분 이전** 구매행위에서 담합행위를 하였다는 이유로 다시 **6개월의 입찰참가자격 제한처분**(이하 '2차 처분')을 하였다. 아래 법령을 참고하여 위 사례에 관한 설명으로 **옳은 것을 모두 고른 것은?** [20-2]
>
> 〈참고〉
> 「공공기관의 운영에 관한 법률」 제39조(회계원칙 등) ② 공기업·준정부기관은 공정한 경쟁이나 계약에 적정한 이행을 해칠 것이 명백하다고 판단되는 사람·법인 또는 단체 등에 대하여 2년의 범위 내에서 일정기간 입찰참가자격을 제한할 수 있다.
> ③ 제1항과 제2항의 규정에 따른 회계처리의 원칙과 입찰참가자격의 제한기준 등에 관하여 필요한 사항은 기획재정부령으로 정한다.
> 구 「공기업·준정부기관 계약사무규칙」(기획재정부령) 제15조(부정당업자의 입찰참가자격 제한) ② 제1항에 따른 입찰참가자격의 제한에 관한 기간, 제한기간의 가감, 그 밖에 필요한 사항은 「국가를 당사자로 하는 계약에 관한 법률 시행규칙」 제76조에서 정하는 바에 따른다.
> 구 「국가를 당사자로 하는 계약에 관한 법률 시행규칙」 제76조(**부정당업자의 입찰참가자격 제한기준** 등) ① 영 제76조 제2항에 따른 부정당업자의 입찰참가자격 제한의 세부기준은 별표 2와 같다.
> ③ 부정당업자가 수 개의 위반행위를 하여 별표 2 각 호의 사유 중 2 이상에 해당하는 경우에는 그 중 무거운 제한기준에 의한다.

ㄱ. '국가계약법령'상 수개의 위반행위에 대한 제재처분기준이 입찰참가 자격제한처분 후 처분
전 위반행위에 다시 입찰자격 제한처분을 하는 경우에도 적용되는지 (긍정)

구「국가를 당사자로 하는 계약에 관한 법률 시행규칙」에서 수 개의 위반행위에 대하여 그
중 가장 무거운 **제한기준에 의하여 제재처분**을 하도록 규정한 경우, **행정청이 입찰참가자격
제한처분을 한 후** 그 처분 전의 위반행위를 알게 되어 다시 입찰참가자격 제한처분을 하는 경
우에도 **이 규정이 적용된다.**

ㄴ. 감경조치 없는 입찰참가자격 제한처분 후 추가 제재가 가능한지 (부정)

1차 처분의 사유인 1차 위반행위와 2차 위반행위의 입찰참가자격 **제한기준이 동일**하
며, 행정청은 1차 처분에서 입찰참가자격 제한기준상 **제재기간을 감경하지 아니하고 그대
로 처분함으로써 추가로** 제재할 여지가 없는 경우, 사무처리기준상 **1차 처분 전의 위반**행
위인 **2차 위반행위**에 대하여는 더 이상 제재할 **수 없다.**

415 행정청의 이행강제금 부과처분이 행정기본법상 제재처분인지 (부정/행정상 강제 제외)

관할 **행정청의** 이행강제금 **부과**는 「행정기본법」상 제재처분에 해당하지 **않**는다. [23-1]

제9장 | 행정절차

I 행정절차

416 절차상 하자에 대한 하자치유의 시적한계 (쟁송제기전까지)

행정절차의 하자는 행정쟁송 제기 이전까지 치유할 수 있다.   [22 · 12 변시]

417 절차상 하자의 독자적 위법사유 인정되는지 (긍정)

명문의 규정이 없는 한 취소사유인 **절차상 하자가 실체적 결정에 영향을 미치지 않았음이 명백한 경**우에도 하자치유가 인정되지 않는 한 절차상 하자를 독자적 위법사유로 **하여 취소할 수 있다.**   [12 변시]

418 기속행위에 실체적 내용에 하자없이 절차상 하자만으로 위법사유인지 (긍정)

기속행위의 경우에는 **실체적 내용에 하자가 없는 경우**에도 절차적 하자만으로 **독립된 위법사유가 된다.**   [22 변시]

419 장관의 보육사업안내에 인증취소 절차일부를 정한 경우 행정절차법 적용배제 (부정)

보건복지부**장관이 작성**한「보육사업안내」에서 평가인증취소의 절차에 **관한 사항**을 일부 정하고 있다 하더라도, 이러한 사정만으로 '**다른 법률**에 특별한 규정이 있는 경우'에 해당하여 평가인증취소에「**행정절차법**」의 적용이 배제된다고 보기 **어렵다.**   [20-2]

420 감사원이 감사위원회 결정을 거쳐 행하는 사항에 행정절차법 적용되는지 (부정/3조②5호)

감사원이 감사위원회의 결정을 거쳐 행하는 사항에 대해서는「**행정절차법**」이 **적용되지 않는다.**   [23-1, 19-2]

421 공무원 인사처분 전부에 행정절차법 적용배제 여부 (부정/성질상 · 준하는 절차)

공무원 인사관계 **법령에 따른 처분**에 관한 사항이라도 그 전부에 **대하여 행정절차법의 적용이 배제되는 것이 아니라** 성질상 **행정절차를 거치기 곤란하거나 불필요**하다고 인정되는 처분이나 **행정절차에 준하는 절차**를 거치도록 하고 있는 처분의 경우에만 **행정절차법의 적용이 배제**된다.   [18 · 13 변시]

422 별정직 공무원에 대한 직권면직처분에 행정절차법 적용이 배제되는지 (부정)

별정직 공무원에 대한 **직권면직**처분은「행정절차법」상 **공무원 인사관계** 법령에 의한 징계'로서「행정절차법」의 적용이 배제된다고 볼 수 **없으므로, 사전통지를 하지 않고 의견제출기회를 주지 아니**한 별정직 공무원에 대한 직권면직처분은「행정절차법」위반의 **절차하자**가 있어 위법하다.   [22-3]

423 육군3사관학교 사관생도에 대한 퇴학처분에 행정절차법 적용배제 여부 (부정)

육군3사관학교 사관생도에 대한 **질책 · 훈계**는 교육 · 훈련의 목적을 직접 달성하기 위하여 행하는 사항으로서 행정절차법 시행령상 행정절차법의 **적용이 제외**되는 경우에 해당하나, 퇴학처분과 같이 **신분을 박탈**하는 징계처분은 여기에 해당한다고 볼 수 없어 「행정절차법」의 적용이 배제되지 **않는다.**   [20-2]

424 시보임용 결격사유 이유로 정규임용 취소시 행정절차법 적용배제 여부 (부정)

시보임용을 거쳐 정규공무원으로 임용된 사람에게 시보임용처분 **당시** 법률상 공무원임용 **결격사유**가 있어 **시보임용**처분을 **취소**하고 그에 따라 **정규임용**처분을 **취소**한 경우, 정규임용처분을 취소하는 처분은 성질상 행정절차를 거치는 것이 불필요하여 「행정절차법」의 적용이 배제되는 경우에 해당하지 않는다.   [20-2]

425 귀화결정시 이유제시등 행정절차법 적용배제 (긍정)/ 귀화요건 갖추지 못했다는 판단자체가 처분사유인지 (긍정)/ 귀화요건을 갖추지 못한 경우 법무부장관의 재량권 (부정)

귀화에 관한 결정은 성질상 행정절차를 **거치기 곤란**하거나 **거칠 필요가 없다**고 인정되어 처분의 **이유제시 등**을 규정한 행정절차법이 **적용되지** 않는다고 할 것이다.

Ⅱ '행정절차법'상 공통사항 및 공통절차

426 관할에 속하지 않는 사안접수- 관할청에 이송해야 but 신청인에게 통지의무 없는지 (부정/통지해야)

행정청이 그 **관할에 속하지 아니**하는 사안을 **접수하였을 때**에는 지체 없이 이를 **관할 행정청에 이송하여야** 하고, 그 사실을 **신청인에게 통지하여야** 한다.   [23-1]

427 행정청이 능률성 · 경제성을 이유로는 다른 행정청에 행정응원을 요청할 수 없는지 (부정)

행정청은 **법령등의 이유로** 독자적인 직무수행이 **어려운 경우**에는 다른 행정청에 행정응원을 요청할 수 있으며, 능률성과 경제성을 **이유로** 하는 **행정응원 역시 요청할 수 있다.**
                        [23-1]

428 행정절차에서 대표자 있으면 당사자는 대표자를 통해서만 행정절차에 관한 행위가 가능한지 (긍정)

행정절차에 있어서 대표자가 있는 경우에는 **당사자등**은 그 대표자를 통하여서만 **행정절차에 관한 행위**를 할 수 있다.   [23-1]

429 변호사의 징계위원회 출석을 행정청이 거부할 수 있는지 (부정/변호사 조력권O)

징계와 같은 불이익처분절차에서 징계심의대상자에게 변호사를 통한 방어권의 행사를 보장하는 것이 필요하고, 징계심의대상자가 선임한 변호사**가 징계위원회에 출석**하여 징계심의대상자를 위하여 필요한 의견을 진술하는 것은 **방어권 행사**의 본질적 내용에 해당하므로, 행정청은 특별한 사정이 없는 한 이를 거부할 수 없다. [21 변시]

430 처분기준이 행정규칙의 형식의 경우 공표하지 않을 수 있는지 (부정)

처분기준**의 형식**에 따라 **공표 여부**가 달라지지 **않으므로**, 처분기준이 **법규명령 형식**으로 제정된 경우뿐만 아니라 행정규칙 형식으로 설정된 경우에도 이를 공표하여야 한다. [22 경찰간부]

431 사전공표하지 않은 처분기준을 적용한 처분은 곧바로 취소사유의 하자에 해당하는지 (부정)

행정규칙에 규정된 처분기준이 법의 일반원칙을 위반하지 않았다면, **해당 처분기준을** 사전에 공표하지 않고 **처분**하였더라도 곧바로 취소사유에 이를 정도의 흠이 존재한다고 볼 수는 없다. [23 변시, 23-3, 23-1, 22-3]

432

> 문화체육관광부장관 甲은 A국과의 관광협상 결과에 따른 세부사항을 시행하기 위하여 「전담여행사 업무 시행지침」(이하 '이 사건 지침')을 제정하였다. 甲은 **이 사건 지침에 근거**하여 2013. 5.경 재심사를 통해 **전담여행사** 지위를 갱신하는 갱신기준('**종전 처분기준**')을 정하여 이를 공표하였다. 甲은 2016. 3. 23. 무자격 가이드 고용으로 감점을 받은 경우 전담여행사 지위를 갱신하지 않기로 하는 내용의 '**변경된 처분기준**'을 마련하였으나 이를 **공표하지 않았다.** 한편, 전담여행사 지정을 받은 乙은 2015. 1.경 무자격 가이드를 고용하였고 이를 이유로 2016. 4. 2. '**변경된 처분기준**'에 따라 재지정 탈락기준을 상회하는 감점을 받았다. 이를 근거로 甲은 2016. 11. 4. 乙에 대한 전담여행사 지정을 취소하였다(이하 '이 사건 처분'). 이에 관한 설명으로 옳은 것은? [23 변시]

ㄱ. 이미 공표된 처분기준을 변경하는 경우에도 원칙적으로 다시 공표해야 하는지 (긍정)

이미 공표된 '종전 처분기준'을 **다시 변경**하는 경우에도 공공의 안전 또는 복리를 현저히 해치는 등 **예외적인 사유**에 해당하지 않는 한, '**변경된 처분기준**'을 다시 공표하여야 한다.

ㄴ. 공표된 처분기준은 법령의 구체적 위임이 있다는 특별한 사정이 없는 한 행정규칙인지 (긍정)

'**변경된 처분기준**'은 근거 **법령에서 구체적 위임**을 받아 제정 · 공포되었다는 **특별한 사정이 없는 한**, 원칙적으로 **대외적 구속력이 없는** 행정규칙에 해당한다.

ㄷ. 갱신기준을 심사기간이 상당부분 진행한 후 중대하게 변경하는 것이 허용되는지 (부정)

사전에 공표한 갱신기준을 **심사대상기간**이 이미 경과하였거나 상당부분 경과한 시점에서 처분상대방의 **갱신여부를 좌우할 정도로 중대하게 변경**하는 것은 특별한 사정이 없는 한 **허용되지 않는다.**

433 전자문서 처분신청시 입력된 때 신청인지 (긍정)/ 동의없이 전자문서로 처분 (긍정)

처분의 신청을 전자문서로 하는 경우에는 행정청의 컴퓨터에 입력된 때에 신청한 것이 되며, 행정청은 당사자의 동의가 없더라도 전자문서로 처분을 할 수 있다. [21-2]

434 부적격사유가 없는 총장후보자 중 더욱 적합한 자를 임용제청한 경우, 임용제청 탈락자에게 개별심사항목을 구체적으로 밝힐 의무가 있는지 (부정)

교육부장관이 관련 법령에 따른 부적격사유가 없는 A와 B 총장후보자 가운데 A후보자가 상대적으로 더욱 적합하다고 판단하여 대통령에게 총장으로 A후보자를 임용제청한 경우, 어떤 후보자를 총장으로 임용제청하는 행위자체에 정성적 평가결과가 당연히 포함되어 있는 것이므로 교육부장관은 B후보자에게 개별 심사항목이나 총장 임용 적격성에 대한 정성적 평가결과를 구체적으로 밝힐 의무가 없다. [21 변시]

435 법령상 요구자격 상실이 법원재판으로 객관적 증명된 경우 의견제출절차 (불요)

당사자에게 의무를 과하거나 당사자의 권익을 제한하는 처분을 함에 있어서, 행정청은 법령등에서 요구된 자격이 없어지게 되면 반드시 일정한 처분을 하여야 하는 경우에 그 자격이 없어지게 된 사실이 법원의 재판 등에 의하여 객관적으로 증명된 경우에는 행정절차법상의 사전통지를 하지 아니할 수 있다. [14 변시]

436 이유제시의 구체성·명확성 정도 (상대방이 알 수 있을 정도-상당한 이유)

행정청은 처분을 하는 경우 원칙적으로 당사자에게 그 근거와 이유를 제시할 의무가 있으므로, 당사자가 근거규정 등을 명시하여 신청하는 인·허가 등을 거부하는 처분을 함에 있어 당사자가 그 근거를 알 수 있을 정도로 상당한 이유를 제시한 경우에는 처분의 근거 및 이유로서 구체적 조항 및 내용까지 명시하지 않았더라도 위법하지 않다. [18·14 변시]

437 거부처분이 사전통지의 대상인지 (부정)

신청에 대한 거부처분은 특별한 사정이 없는 한 「행정절차법」 제21조 제1항의 '당사자에게 의무를 부과하거나 권익을 제한하는 처분'에 해당하지 않으므로 사전통지의 대상이 아니다. [16 변시, 22-2, 22-1]

438 사전통지의 예외에 해당하는 경우, 통지하지 않는 사유를 알려야 하는지 (긍정)

사전통지의 예외에 해당하여 사전통지하지 않는 경우에는 처분을 할 때 당사자 등에게 통지하지 아니한 사유를 알려야 한다. [22 경찰간부]

439 필요적 청문절차를 결여한 처분의 위법성 (취소사유/절차상 하자)

청문을 실시하지 않아도 되는 예외적인 경우에 해당하지 않는 한 행정청은 침익적 행정처분을 할 때 반드시 청문을 실시하여야 하고 그 청문절차를 결여한 처분은 위법한 처분으로서 취소사유에 해당한다. [16 변시]

440 필요적 청문절차 배제의 협약의 효력 (무효/청문절차-배제X)

행정청과 당사자가 청문절차를 배제하는 협약을 체결하였다 하더라도, 협약의 체결로 청문 실시 관련 규정의 적용을 배제할 수 있다고 볼 만한 법령상의 규정이 없는 한 **청문의 실시에 관한 규정의 적용이** 배제되지 않는다. [22·16 변시]

441 청문통지서 반송 · 청문불출석시 청문실시 없는 침익적 처분이 위법한지 (긍정)

판례는 **처분의 상대방이** 통지된 청문일시에 불출석하였다는 이유만으로 행정청이 관계 법령상 그 실시가 요구되는 **청문을 실시하지 아니한 채 침익적 처분을 할 수는 없**을 것이므로, **청문통지서가 반송**되었다거나 처분의 상대방이 청문 일시에 **불출석하였다는 이유로 청문을 실시하지 아니**하고 한 침익적 처분은 위법하다고 본다. [16 변시]

442 계약직공무원 채용계약해지에 이유제시 필요한지 (부정/공법상계약-행절법X)

계약직공무원의 **채용계약을** 해지하고자 하는 경우에는 **행정절차법에 의하여 그 근거와 이**유를 제시하여야 하는 것은 **아니다.** [19-3]

443 거래행위 특정 없는 주류판매업취소가 이유제시의 하자로 위법한지 (긍정)

일반 주류도매업면허 취소통지에 "상기 주류도매장은 무면허 주류판매업자에게 주류를 판매하여 주세법 제11조 및 주세사무처리규정 제26조에 의거 지정조건위반으로 주류 판매면허를 취소합니다."라고 적용법규가 명시되어 있는 경우에는 당해 처분의 사유인 거래행위가 **특정되지 않아서 상대방이 처분의 사유를 알 수 없**으므로 이유제시의 하자가 있어 **위법**하다.

444 납세고지서 세액산출근거 누락- 처분상대방이 이미 알았다면 치유되는지 (부정)

납세고지서에 세액산출근거 등의 기재사항이 누락되었거나 과세표준과 세액의 계산명세서가 첨부되지 않았다면 적법한 납세의 고지라고 볼 수 없고, **납세의무자가 그 나름대로 산출근거를 알고 있었거나 사실상 이를 알고 쟁송에 이른 경우**라 하더라도 그 **위법여부가 좌우되거나 치유될 수 없다.**

445 행정절차법 처분의 처리기간 규정 위반시 절차상 하자인지 (부정/훈시규정)

「행정절차법」이 처분의 처리기간을 정하는 것은 신청에 따른 사무를 가능한 한 조속히 처리하도록 하기 위한 것으로, **처리기간에 관한 규정은 훈시규정에 불과**할 뿐 강행규정이라고 볼 수 없으므로, 행정청이 **처리기간이 지나 처분을 하였더라도** 이를 처분을 취소할 **절차상 하자로 볼 수 없다.** [22 변시]

446 퇴직연금 환수결정시 의견진술기회 필요한지 (부정/관계법령-환수금결정)

퇴직연금환수결정은 당사자에게 의무를 과하는 처분이기는 하나, **관련 법령에 따라 당연히 환수금액이 정하여지는 것**이므로, 퇴직연금의 환수결정에 앞서 **당사자에게 의견진술의 기회를 주지 않아도 행정절차법 제22조 제3항이나 신의칙에 어긋나지 않는**다. [22 변시, 22-3]

447 군인사법령상 진급선발취소처분에 의견제출절차 필요한지 (긍정/행절법-배제X)

군인사법령에 의해 진급예정자명단에 포함된 자에 대해 진급선발을 취소하는 경우 사전통지 및 의견제출의 대상이므로 이러한 의견제출의 기회를 부여하지 아니한 채 진급선발을 취소하는 처분은 절차상 하자가 있어 위법하다.　　　　　　　　　　　　　　　　　　　　　[19 변시]

448 도로법상 도로구역변경결정 · 고시에 사전통지 필요한지 (부정/상대방 특정 X)

「도로법」에 의한 도로구역변경결정은 이를 고시에 의하도록 하면서 그 도면을 일반인이 열람하도록 하고 있으므로 사전통지의 대상이 되지 않는다.

449 국민건강보건법상 고시에 사전통지 · 의견제출절차 필요한지 (부정/상대방 특정X)

「국민건강보험법」상 특정한 질병군의 상대가치점수를 종전보다 인하하는 고시는 해당 질병군 관련 수술을 하는 의사 일반의 권익을 제한하는 처분이 해당하나, 불특정 다수인에 대한 고시에 의한 처분은 상대방이 특정될 수 없으므로, 사전통지와 의견제출의 기회를 주어야 하는 것은 아니다.

450 체육시설업자 지위승계신고 수리처분시 양도인에 대한 사전통지 필요성 (긍정/침익적)

체육시설업자 지위승계신고를 수리하는 처분이 있으면 종전의 체육시설업자는 적법한 신고를 마친 체육시설업자로서의 지위를 부인당할 불안정한 상태에 놓이게 되므로 이는 사전통지의 대상이 된다.

451 처분상대방 위반사실 시인한 경우 사전통지 예외가 적용되는지 (부정)

처분상대방이 이미 행정청에 위반사실을 시인하였다는 사정은 사전통지의 예외가 적용되는 '의견청취가 현저히 곤란하거나 명백히 불필요하다고 인정될 만한 상당한 이유가 있는 경우'에 해당하지 않는다.　　　　　　　　　　　　　　　　　　　　　　　　　[23 변시]

452 여관건물신축 건축허가와 법령개정 종합 (사례형)

> 甲은 한옥 여관건물을 신축하기 위하여 관할 A시장에게 건축허가를 신청하였다. 한편 「건축법」 제11조 제4항은 허가권자는 위락시설이나 숙박시설에 해당하는 건축물의 건축을 허가하는 경우 해당 대지에 건축하려는 건축물의 용도 · 규모 또는 형태가 주거환경이나 교육환경 등 주변 환경을 고려할 때 부적합하다고 인정되는 경우에는 건축위원회의 심의를 거쳐 건축허가를 하지 아니할 수 있다는 취지로 규정하고 있다. 그런데 A시장은 위 여관건물이 한옥이 아닌 일반 빌딩의 형태인 것으로 오인하여 위 제4항에 따라 "甲이 건축하고자 하는 여관건물이 주변 한옥마을 사이에 위치하게 되면 그 외관이 주변과 조화되지 않는다."는 이유로 건축허가를 거부하였다. 이에 관한 설명 중 옳지 않은 것은?　　　　　　　　　　　　　　　[15 변시]

ㄱ. 신청 후 처분 전 법령개정시 적용법령 (신법/처분시법주의)

甲의 건축허가신청 후 건축허가기준에 관한 관계 법령의 규정이 개정된 경우, A시장은 새로이 개정된 법령의 경과규정에서 달리 정하는 경우 등을 제외하고는 처분 당시에 시행되는 개정 법령과 그에서 정한 기준에 의하여 허가 여부를 결정하는 것이 원칙이다.

ㄴ. '주변환경 고려'가 판단여지가 적용되어 사법심사 배제되는지 (부정/재량 일탈 · 남용)

주변 환경에 대한 고려는 비대체적 결정영역 또는 예측결정으로서 판단여지가 인정되는 영역으로 볼 수 없고, 주변 환경과 조화되지 않는다는 A시장의 판단은 재량권 행사로서 행정소송법 제27조에 따라 재량권 일탈 · 남용 여부를 법원은 사법심사 할 수 있다.

ㄷ. 거부처분 취소판결 확정 후 소송계속 중 개정조례에 따른 재거부처분 여부 (긍정)

甲이 A시장의 건축허가거부처분에 대해 취소소송을 제기하여 인용판결을 받아 확정된 경우에도, A시장은 위 소송의 계속 중에 개정된 관계 법령에 따라 강화된 건축허가기준의 미비를 이유로 甲에게 재차 건축허가거부처분을 할 수 있다.

453 상당한 이유제시의 경우 처분의 근거와 이유 명시가 필요한지 (부정)

처분 당시 당사자가 어떠한 근거와 이유로 처분이 이루어진 것인지를 충분히 알 수 있어서 그에 불복하여 행정구제절차로 나아가는 데에 별다른 지장이 없었던 것으로 인정되는 경우에는 처분서에 처분의 근거와 이유가 구체적으로 명시되어 있지 않았다 하더라도 그로 말미암아 그 처분은 위법한 것으로 된다고 할 수는 없다.   [21-3, 19-3]

454 행정심판법상 불복절차의 불고지가 처분의 위법사유인지 (부정/심판청구기간 연장)

행정청이 수익적 행정처분의 철회를 하면서 「행정심판법」에 따른 불복절차의 고지에 대한 의무를 이행하지 아니하였다고 하더라도 그 때문에 행정처분이 위법하다고 할 수는 없다.
                    [21-3]

455 행정절차법상 청문공개 가능성 (원칙긍정/공익등 현저히 해하지 않아야)

「행정절차법」상 청문은 당사자가 공개를 신청하거나 청문 주재자가 필요하다고 인정하는 경우 공개할 수 있다. 다만, 공익 또는 제3자의 정당한 이익을 현저히 해칠 우려가 있는 경우에는 공개하여서는 아니 된다.   [18 변시]

456 예외해당 없음에도 구술로 처분 후 당사자 요구로 서면교부하면 하자치유 되는지 (부정/무효사유)

행정청이 신속을 요하거나 사안이 경미한 경우가 아님에도 구술로 처분한 경우, 그 처분은 하자가 중대하고 명백하여 원칙적으로 무효이므로 당사자의 요구에 의해 서면을 교부하였다고 하여 그 하자가 치유되는 것은 아니다.   [23-3]

457 의제되는 인허가 요건 미비시 주된허가 거부가능성 (긍정/실체집중-부정)

인·허가의제에 있어서 인·허가가 의제되는 **행위의 요건불비를 이유로** 사인이 신청한 주된 인·허가에 **대한** 거부처분이 있는 경우 **주된 인·허가의 거부처분을 대상으로 소송을** 제기해야 한다. [22-1, 19-3]

458 의제제도 규정시 반드시 관련 인허가 의제처리를 신청할 의무가 있는지 (부정)

어떤 개발사업의 시행과 관련하여 인허가의 근거 법령에서 절차간소화를 위하여 **관련 인허가를 의제 처리할 수 있는 근거 규정**을 둔 경우, 사업시행자가 인허가를 신청하면서 반드시 **관련 인허가** 의제 처리를 신청할 의무가 있는 것은 **아니다.** [22-3, 21-1]

459 건축법상 건축허가와 국토계획법상 개발행위허가는 발급 여부를 동시에 심사해야 하는지 (긍정)

건축주가 건축물을 건축하기 위해서는 「**건축법**」상 건축허가와 「**국토의 계획 및 이용에 관한 법률**」상 개발행위(건축물의 건축)허가를 각각 **별도로 신청**하여야 하는 것이 **아니라,** 「건축법」상 건축허가절차에서 관련 인허가의제 제도를 통해 두 허가의 발급 여부가 동시에 **심사·결정되도록 하여야** 한다. [22-2]

460 인허가의제

> 甲 창업기업은 「중소기업창업 지원법」에 따라 A시장에게 **공장설립계획의 승인을 신청하고자** 한다. 동법 제47조는 A시장이 **공장설립계획의 승인을 할** 때 「**하천법**」 제33조에 따른 하천의 점용허가에 관하여 A시장이 **하천점용허가청과 협의를 한 사항에 대하여는** 그 허가를 받은 것으로 본다고 규정하고 있다. 이에 관한 설명 중 **옳지 않은 것은?** [24 변시]

ㄱ. 하천점용허가청은 법령에 반하여 협의에 응할 수 없고, 절차는 법률에 명시적 규정 있는 경우만 거치는지 (긍정)

A시장으로부터 **협의를 요청받은** 하천점용허가청은 하천법령을 위반하여 **협의에 응해서는 아니** 되며, 하천점용허가에 필요한 심의, 의견청취 등 절차에 관하여는 **법률에 인허가의제 시에도 해당 절차를 거친다는** 명시적인 규정이 있는 **경우에만** 이를 거친다.

ㄴ. 하천점용허가청은 (의제된)하천점용허가를 직접 한 것으로 보아 관리·감독 해야하는지 (긍정)

하천점용허가가 의제되면 하천점용허가청은 하천점용허가를 직접 **한 것으로 보아** 관계 법령에 따른 관리·감독 등 **필요한 조치를 하여야** 한다.

461 주된 인허가 거부처분 취소소송에서 의제 인허가의 거부사유 다툴 수 있는지 (긍정)

건축불허가처분을 하면서 그 처분사유로 **건축불허가 사유**뿐만 아니라 **형질변경불허가 사유**나 **농지전용불허가 사유**를 들고 있다고 하여 그 건축불허가처분 외에 별개로 형질변경불허가처분이나 농지전용불허가처분이 존재하는 것이 아니므로, 그 건축불허가처분을 받은 사람은 그 건축불허가처분에 관한 쟁송에서 「건축법」상의 건축불허가 사유뿐만 아니라 「국토의 계획 및 이용에 관한 법률」상의 형질변경불허가 **사유**나 「농지법」상의 농지전용불허가 **사유**에 관하여도 **다툴 수 있다.**   [19-3]

462 의제된 인허가에 대한 직권취소 · 철회 또는 인근주민의 쟁송가능성 (긍정)

의제된 인 · 허가는 통상적인 **인 · 허가와 동일한 효력**을 가지므로, 주된 인 · 허가와 별도로 **의제된 인 · 허가만의 취소**나 철회가 허용될 수 있고, 그 **의제된 인 · 허가에 대한 쟁송취소** 역시 허용된다.   [23 변시, 21-3, 20-3, 19-3]

463 의제인허가 취소로 주된인허가 취소시- 의제인허가 취소가 항고소송 대상인지 (긍정)

행정청이 주된 인 · 허가 이후 법령 위반을 이유로 **의제된 인 · 허가를 취소**하고 이어 **주된 인 · 허가를 취소**한 경우, 의제된 인 · 허가의 취소에 대해 **따로 항고소송으로 다툴 수 있다.**
                    [21-3]

464 의제된 인허가의 공시방법 하자가 주된허가의 위법사유인지 (부정/의제효과만X)

인 · 허가의제 **대상**이 되는 처분의 공시방법에 관한 하자가 있다고 하더라도, 그로써 해당 인 · 허가 등 의제의 효과가 발생하지 않을 여지가 있게 될 뿐이고, 그러한 사정이 주된 **처분 자체의 위법사유가 될 수는 없다.**   [19-3]

465 의제 공유수면점용불허가사유로 주된 채광계획인가 거부가능성 (긍정/실체집중-부정)

채광계획인가로 공유수면점용허가가 의제되는 경우 공유수면점용불허가사유를 근거로 채광계획을 인가하지 아니할 수 있다.   [14 국회8급]

466 사업승인으로 도로점용허가 의제된 경우- 사업완료 후 도로점용허가 계속 의제되는지 (부정)

「**택지개발촉진법**」에 따라 **택지개발사업** 실시계획승인에 「**도로법**」에 의한 **도로공사시행허가 및 도로점용허가**가 의제되는 경우, 해당 **택지개발사업 시행의 일환으로 도로에 전력관을 매설**하였다면 사업시행 완료 후 이를 **계속 유지 · 관리**하기 위해 도로를 점용하는 것에 대한 **도로점용허가까지** 해당 실시계획승인에 의해 **의제된다고 볼 수 없다.**

                    [22-1]

467 인허가 의제의 의제 가능성 (부정/의제전제-다른법률의 모든규정 적용X)

주된 인·허가에 관한 사항을 규정하고 있는 **어떠한 법률에서 주된 인·허가가 있으면 다른 법률에 의한 인·허가를 받은 것으로 의제한다는 규정**을 둔 경우에는, 주된 인·허가가 있으면 다른 법률에 의한 인·허가가 있는 것으로 보는 데 그치는 것이고, 거기에서 더 나아가 **다른 법률에 의하여 인·허가를 받았음을 전제로 한** 다른 법률의 모든 규정들까지 **적용되는 것은 아니다.**

468

「주택법」상 주택건설사업계획의 승인이 있으면, 관계 행정기관의 장과 협의한 사항에 대하여 「국토의 계획 및 이용에 관한 법률」(이하 '국토계획법')에 따른 도시·군관리계획의 결정을 비롯하여 「주택법」 제19조 제1항 각 호에서 열거하는 인·허가를 받은 것으로 의제된다. 甲은 관할 A행정청에 「주택법」에 따른 주택건설사업계획승인을 신청하였고, A행정청은 관계 행정기관의 장과 협의를 거쳐 주택건설사업계획을 승인·고시하였다. 이에 관한 설명으로 옳지 않은 것은? [23 변시]

ㄱ. 의제되는 모든 인허가를 사전에 일괄하여 협의 거쳐야 하는지 (부정/협의된 사항에 한하여 의제)

「주택법」상 **주택건설사업계획의 승인**이 있으면 「주택법」 제19조 제1항 각 호에서 열거하는 **모든 인·허가가 의제**되는 것으로 규정되어 있으나, 승인권자가 관계 행정기관의 장과 미리 **협의한 사항**에 한하여 승인시에 그 인허가가 **의제될 뿐**이고, 모든 인·허가 사항에 대해 **사전에** 관계 행정기관과 일괄하여 **협의를 거쳐야** 하는 것은 **아니다.**

469 입법예고로 행정예고를 갈음할 수 있는지 (긍정)

법령의 입법을 포함하는 행정예고는 입법예고로 갈음할 수 있다. [19-2]

470 형사판결 확정 전에 행정처분 가능한지 (긍정/양자는 별개)

일정한 법규 위반 사실이 행정처분의 전제사실이자 형사법규의 위반 사실이 되는 경우에 **동일한 행위에 관하여** 독립적으로 행정처분이나 형벌을 **부과**하거나 이를 병과할 수 있으므로, 법규가 예외적으로 형사소추 선행 원칙을 규정하고 있지 않은 이상 **형사판결 확정에 앞서 일정한 위반사실을 들어 행정처분**을 하였다고 하여 **절차적 위반이 있다고 할 수 없다.** [19-3]

제10장 │ 정보공개와 개인정보의 보호

471 정보공개청구 종합 (사례)

> 甲은 A를 강간죄로 고소하였고, 관할 검찰청 검사는 사건을 수사한 후 「성폭력범죄의 처벌 등에 관한 특례법」 위반으로 A를 기소하였다. 그 후 甲은 관할 검찰청 **검사장** 乙에게 이 사건 공소장의 공개를 요구하는 정보공개청구서를 제출하였다. 이에 관한 설명 중 **옳은 것을 모두 고른 것은?**
> [16 변시]

ㄱ. 공개대상정보의 공소장 원본일 필요가 있는지 (부정/사본可)
甲이 청구한 공개대상정보가 공소장 원본일 **필요는 없**다.

ㄴ. 정보공개법상 이의신청과 행정심판이 필요적 전치인지 (부정/임의절차)
乙이 甲의 정보공개청구를 **거부**한 경우 甲은 「공공기관의 정보공개에 관한 법률」에 따른 이의신청 **절차를 거치지** 아니하고 행정심판을 **청구**할 수 있다.

472 국민의 알권리는 정보공개법에 의해 구체화된 권리인지 (부정/헌법 21조 직접보장)

국민의 '알 권리', 즉 정보에의 접근·수집·처리의 자유는 **자유권**적 성질과 **청구권**적 성질을 **공유**하는 것으로서 헌법 제21조에 의하여 **직접 보장**되는 권리이며, 「공공기관의 **정보공개에 관한 법률**」은 그 **구체적 실현**을 위하여 제정된 것이다. [20-1]

473 지자체의 정보공개조례안- 침익적인지 상관없이 법률위임 없는 한 위법한지 (부정)

지방자치단체가 제정한 정보공개조례안은 개인의 **권익침해** 가능성을 **배제**하고 있으므로 주민의 권리의 제한 또는 의무의 부과에 관한 사항이 아닌 한 법률의 개별적 위임이 없더라도 조례를 제정할 수 있다. [20-2]

474 형사재판확정기록이 정보공개법에 의한 공개청구 허용되는지 (부정/형소법-직접규정)

형사재판확정기록의 공개에 관하여 형사소송법은 정보공개법과 달리 규정하고 있으므로 '다른 법률에 특별한 규정이 있는 경우'에 해당하여 **정보공개법에 의한** 공개청구가 허용되지 아니**한다.** [20-2]

475 정보공개법상 공개청구에 군사기밀보호법상 군사기밀 공개청구 포함 여부 (부정/별개)

「공공기관의 정보공개에 관한 법률」에 의한 정보공개의 청구와 「군사기밀보호법」에 의한 군사기밀의 공개요청은 그 상대방, 처리절차 등이 **전혀 다르므로** 특별한 규정이 없는 한 「공공기관의 **정보공개에 관한 법률**」에 의한 정보공개청구는 「**군사기밀보호법**」에 의한 **군사기밀 공개요청**과 **동일한 것**으로 보거나 그 공개요청이 포함되어 있는 것으로 볼 수는 **없다.** [20-1]

476 이미 공개된 정보의 비공개결정 가능성 (부정/비공개사유-한정적 열거)

판례에 의하면 공개청구의 대상이 되는 정보가 **이미 다른 사람에게 공개되어 널리 알려져 있다거나 인터넷 등을 통하여 공개되어** 인터넷검색으로 쉽게 알 수 있는 경우에도 비공개 결정을 할 수 없다.

477 정보의 보유 · 관리 증명책임 (상당한 개연성-청구권자/더이상 보유관리X-피고)

판례에 의하면 공개를 구하는 정보를 공공기관이 한 때 보유 · 관리하였으나 후에 그 정보가 담긴 문서 등이 폐기되어 존재하지 않게 된 경우 해당 정보를 더 이상 보유 · 관리하고 있지 않다는 점에 대한 증명책임은 공공기관에게 있다. [20-3]

478 제3자 비공개요청이 비공개사유인지 (부정/비공개사유-한정적 열거)

공공기관은 공개청구된 정보가 제3자와 관련된 경우 제3자의 비공개요청이 **있어도** 공개할 수 있다.

479 정보공개법상 정보공개청구권자의 범위 (비법인포함+설립목적-불문)

정보공개법에서 말하는 **국민에는 자연인은 물론 권리능력 없는 사단 · 재단** 등의 경우에는 그 설립목적을 **불문**한다.

480 학술 · 연구를 위하여 일시적 체류 외국인에게도 정보공개청구권이 인정되는지 (긍정)

국내에 **학술 · 연구를 위하여 일시적으로 체류**하는 외국인은 정보공개를 **청구할 수 있다.**
[23-1, 23 국가9급]

481 정보공개법은 청구권자와 정보의 관련성 · 청구목적에 제한을 두는지 (부정)

정보공개법은 정보공개 **청구권자**가 공개를 청구하는 정보와 어떤 관련성을 가질 것을 요구하거나 정보공개청구의 목적에 특별한 제한을 두고 있지 **않다.** [20-2]

482 정보공개여부 통지받고 정당한 사유없이 다시 청구- 종결처리 후 청구인에게 알려야 하는지 (긍정)

정보공개를 청구하여 정보공개 여부에 대한 **결정의 통지를 받은 자**가 정당한 사유 없이 해당 정보의 공개를 다시 청구하는 경우, 정보공개 청구를 받은 공공기관은 정보공개 청구 대상 정보의 성격, 종전 청구와의 내용적 유사성 · 관련성, 종전 청구와 **동일한 답변을 할 수밖에 없는 사정** 등을 종합적으로 고려하여 해당 청구를 종결 처리할 수 있고, **종결 처리** 사실을 **청구인에게 알려야** 한다. [24 변시, 23 국회8급]

483 담당교도관의 근무보고서가 비공개 대상정보인지 (부정)

교도소에 수용 중이던 **재소자가 담당 교도관들을 상대로 가혹행위**를 이유로 형사고소 및 민사소송을 제기하면서 그 증명자료 확보를 위해 정보공개를 요청한 '근무보고서'는 공개대상정보에 해당한다.

484 교도소 재소자의 징벌회의록 중 징벌절차 진행부분이 비공개대상인지 (부정)

교도소 재소자가 자신의 징벌과 관련된 징벌위원회 회의록에 대한 정보공개를 청구한 경우, 회의록 중 재소자의 진술, 위원장 및 위원들과 재소자 사이의 문답 등 징벌절차 진행부분은 **비공개사유에 해당하지 아니**한다.

485 정보의 검색 · 편집이 가능한 경우 대상정보 보유 · 관리 여부 (긍정)

정보가 청구인이 구하는 대로 되어 있지 않은 경우에도, 공공기관이 그 기초자료를 보유하고 있고 **청구인이 구하는 대로 편집할 수 있으며**, 이러한 작업이 **컴퓨터 시스템 운용에 별다른 지장을 초래하지 않는다면**, 그 공공기관이 **공개청구대상정보를 보유 · 관리하고 있는 것으로 볼 수 있고**, 이러한 경우에 **기초자료를 검색 · 편집하는 것은 새로운 정보의 생산 또는 가공에 해당하지 않는다.** [21-3, 21-1, 20-1]

486 정보공개법상 특정공개방법 지정할 법령상 청구권 (긍정/다른방식 공개-일부거부)

정보공개법상 청구인에게는 특정한 공개방법을 지정하여 정보공개를 청구할 수 있는 법령상 신청권이 있고, 공공기관이 공개청구의 대상이 된 정보를 공개는 하되, 청구인이 **신청한 공개방법 이외의 방법**으로 공개하기로 하는 결정을 하였다면, 이는 정보공개청구 중 정보공개방법에 관한 부분에 대하여 일부 거부처분을 한 것이고, 청구인은 그에 대하여 **항고소송으로 다툴 수 있다.**

487 정보공개법 14조 부분공개 가능성 (긍정/분리가능-물리적X · 공개가치)

행정청이 공개를 거부한 정보에 **비공개대상정보에 해당하는 부분과 공개가 가능한 부분이 혼합되어 있고 두 부분을 분리할 수 있을 때에는**, 법원은 거부처분을 전부 취소하여서는 아니되고 **그 중 공개가 가능한 정보에 관한** 부분만을 취소하여야 한다. [20-3]

488 정보비공개결정에 대한 정보공개법상 불복방법 (이의신청-행정심판-행정소송)

정보공개를 청구한 날로부터 20일 이내에 공공기관이 공개 여부를 결정하지 아니한 때에는 청구인은 이의신청을 하거나 항고소송을 제기하여 불복할 수 있다.

489 제1호 '위임한 명령'은 정보공개에 관한 구체적 위임으로 제정된 법규명령인지 (긍정)

정보공개법 제9조 제1항 제1호에서 공개대상의 예외로 규정하고 있는 '**다른 법률 또는 법률에서 위임한 명령**에 따라 비밀이나 비공개 사항으로 규정된 정보'의 해석에 있어서 '**법률에서 위임한 명령**'은 정보의 공개에 관하여 법률의 **구체적인 위임** 아래 제정된 **법규명령(위임명령)**을 의미한다. [21-3]

490 제4호 '진행 중인 재판상 정보'의 의미 (소송기록자체X · 재판에 구체적 영향O)

법원 이외의 공공기관이 동법 제9조 제1항 제4호에서 정한 '진행 중인 재판에 **관련된 정보**'에 해당한다는 사유로 정보공개를 거부하기 위하여는 반드시 그 정보가 진행 중인 재판의 소송기록 그 자체에 포함된 내용의 정보일 필요는 없으나, 재판에 관련된 일체의 정보가 그에 해당하는 것은 아니고 진행 중인 **재판의 심리 또는 재판결과에 구체적으로 영향을 미칠 위험이 있는 정보에** 한정된다.

[21-3]

491 독립유공자 공적심사위원회의 심의등 기재된 회의록이 공개정보에 해당하는지 (부정/비공개정보)

망인의 친족이 국가보훈처장에게 '**망인들에 대한 공적심사위원회의 심의 · 의결** 과정 및 그 내용을 기재한 회의록'의 공개를 청구한 경우, 그 회의록은 '공개될 경우 **업무의 공정한 수행에 현저한 지장을 초래**한다고 인정할 만한 상당한 이유가 있는 정보'에 해당하므로 비공개 **대상정보**이다.

[23-1]

492 방송프로그램의 기획 · 편성 · 제작 등이 비공개정보인지 (긍정)

방송프로그램의 기획 · 편성 · 제작 등에 관한 정보의 공개는, 「공공기관의 정보공개에 관한 법률」이 정하는 예외사유에 해당하지 않는 한, 정보공개의 결과로서 야기될 수 있는 각종 비난이나 공격에 노출되게 하여 결과적으로 **방송프로그램 기획 등 방송활등을 위축시킴으로써 경영 · 영업상의 이익을 해하고 나아가 방송의 자유와 독립을 훼손할 우려**가 있으므로 비공개대상인 '**법인 등의 경영 · 영업상 비밀에 관한 사항**'에 **해당**한다.

493 개인의 사생활의 비밀에 개인식별정보에 한정되는지 (부정/진술내용O)

'당해 정보에 포함되어 있는 이름 · 주민등록번호 등 개인에 관한 사항으로서 공개될 경우 **개인의 사생활의 비밀 또는 자유를 침해할 우려가 있다고 인정되는 정보**'의 의미와 범위는 이름 · 주민등록번호 등 정보 형식이나 유형을 기준으로 비공개대상정보에 해당하는지를 판단하는 '개인 식별정보'에 한정하지 않고, 그 외에 **정보의 내용도 포함될 수 있**으므로, 불기소처분 기록 중 피의자신문조서 등에 기재된 인적사항 이외의 진술내용 **역시 비공개대상에 해당**한다.

494 사면대상자 사면실시건의서 · 국무회의 안건자료가 비공개 대상정보인지 (부정)

사면실시 당시 법무부가 발표한 사면발표문 및 보도자료에 **이미 사면대상자들 상당수의 명단이 포함되어 공개된 상황**에서 **사면대상자들의 사면실시건의서와 그와 관련된 국무회의 안건자료에 대해 정보공개청구가 있는 경우 그 정보는 정보공개법상 개인식별정보로서 비공개대상정보에 해당하지 않는다.

[21-1]

495 정보공개법 종합 (사례형)

A는 공정거래위원회에 B회사를 비롯한 제약회사들이 예방접종백신 **가격을 담합**하여 인상하는 행위를 하였다는 내용의 **신고를 하였다. 공정거래위원회는** 신고 내용을 조사한 결과 B회사에게 **혐의가 없다**고 판단하고 A에게 위 신고 내용에 관하여 **무혐의조치**를 하였다는 내용의 **'신고에 대한 조치 내용 통지'**를 하였다. **A는** 「공공기관의 정보공개에 관한 법률」에 근거하여 공정거래위원회에 **'신고에 대한 조치 내용 통지의 근거서류 일체'의 공개를 청구**하였다. 이에 관한 설명 중 **옳은** 것만을 모두 고른 것은?   [21-1]

ㄱ. 정보공개청구일 20일 경과시 효과 (부작위O/거부간주X)

정보공개를 **청구한 날부터** 20일 이내에 공정거래위원회가 공개여부를 결정하지 아니한 때에는 **비공개의 결정이 있는 것으로 의제되지 않고,** 이 경우 A는 부작위위법확인소송으로 다툴 수 있다.

ㄴ. 신고조치 통지의 근거서류 일체의 대상정보 청구가 특정되었는지 (긍정)

정보공개청구를 할 때에는 문서 제목이나 관련 내용을 제시하여야 하므로 '신고에 대한 조치 내용 통지의 근거서류 일체'라고 기재한 것만으로도 **청구대상정보가 특정되었다고 볼 수 있다.**

ㄷ. 법인의 영업상 비밀 판단에 비공개의 정당한 이유를 엄격해석 하는지 (긍정/공개원칙)

공정거래위원회는 B회사의 경영·영업상 비밀에 해당한다는 이유만으로는 **정보공개를 거부할 수 없고** 공개를 거부할 만한 정당한 이익이 있어야 거부할 수 있는바, 그 **정당할 이익이 있는지 여부는** 정보공개법의 입법 취지에 비추어 엄격하게 판단하여야 한다.

ㄹ. 정보공개법상 일반적 정보공개청구권 포함 여부 (긍정/개별적 이해관계-불문)

예방접종백신 가격에 관하여 개별적인 이해관계가 없는 경우에도 정보공개청구가 가능하고 A는 신고자로서 해당 정보를 활용할 의사가 전혀 없거나 공공기관의 담당공무원을 **괴롭힐 목적으로 정보공개청구를 하는 경우처럼 권리남용이 명백한 경우에 해당하지 않는다.**

496 주택공사의 공공택지 수용가 등 관련서류 일체의 청구가 특정되었는지 (부정)

공공기관의 정보공개에 관한 법률에 따라 공개를 청구한 정보의 내용이 '대한주택공사의 특정 공공택지에 관한 수용가, 택지조성원가, 분양가, 건설원가 등 및 관련 자료 일체'인 경우, '관련 자료 일체' 부분은 그 **내용과 범위가** 정보공개청구 대상정보로서 **특정되지 않았다고 볼 수 있다.**

497 정보공개거부처분 취소소송의 소의 이익 (현재 보유·관리)

정보공개거부처분이 있은 후 대상 정보가 폐기되어 **공공기관이 그 정보를 보유·관리하지 않게 된 경우라면** 그 정보공개거부처분의 취소를 구할 **법률상의** 이익이 없다.

498 피의자신문조서 진술내용이 개인의 사생활의 비밀인지 (긍정/비공개 대상)

검찰의 불기소처분기록 중 피의자신문조서에 **기재된** 피의자 등의 진술내용이 개인의 **사생활의 비밀** 또는 자유를 침해할 우려가 인정되는 경우, 위 진술내용은 공공기관의 정보공개에 관한 법률상의 비공개 **대상에 해당한다.**

499 개인정보자기결정권의 보호대상 정보의 범위 (공적생활 형성 · 공개된 정보도O)

개인정보자기결정권의 보호대상이 되는 개인정보는 개인의 신체, 신념, 사회적 지위, 신분 등과 같이 인격주체성을 특징짓는 사항으로서 **개인의 동일성**을 식별할 수 있게 하는 일체의 정보를 의미하며, 반드시 개인의 내밀한 영역에 속하는 정보에 국한되지 않고 공적 생활에서 **형성**되었거나 이미 공개된 개인정보까지도 **포함**한다.   [18 국회8급]

500 환경부 발암물질 검출 생수정보공개청구 종합 (사례형)

> 환경부는 전국에 유통 중인 생수 **7개** 제품에서 기준치를 **초과하는** 발암우려물질이 검출됐다고 발표했다. 그러나 환경부는 신용훼손 등을 이유로 제조사 丙 등의 명단은 발표하지 않았다. 이에 대하여 甲은 환경부장관 乙에게 제조사 명단에 대한 정보공개를 청구하였다. 甲의 정보공개청구에 대하여 乙은 명단의 공개가 「공공기관의 정보공개에 관한 법률」 제9조 제1항 제7호의 '법인 · 단체 또는 개인의 경영상 · 영업상 비밀에 관한 사항으로서 공개될 경우 법인 등의 정당한 이익을 현저히 해칠 우려가 있다고 인정되는 정보'에 해당된다는 이유로 **공개를** 거부하였다. 이에 관한 설명 중 **옳지 않은** 것은?   [15 변시]

ㄱ. 정보공개청구 거부처분 받은 것 자체가 법률상 이익 침해인지 (긍정)

정보공개청구권은 법률상 보호되는 구체적인 권리이므로 甲이 乙에게 **정보공개를 청구하였다가 거부처분을 받은 것 자체가 법률상 이익의 침해**에 해당한다.   [23 변시]

ㄴ. 정보공개법상 제3자 통지규정 · 불복규정 있는지 (긍정)

乙은 甲이 공개 청구한 **대상정보와 관련이 있는** 제3자인 丙에게 그 사실을 지체 없이 통지하여야 한다.

ㄷ. 정보공개결정에 대한 제3자의 행정소송 제기가능성 (긍정)

「공공기관의 정보공개에 관한 법률」은 제3자의 권리구제수단에 대해서 별도의 규정을 두고 있으므로, 만일 丙의 비공개 요청에도 불구하고 乙이 공개결정을 하였다면 丙은 그 공개결정에 대한 행정소송을 제기할 수 있다.

501 대학수학능력시험 원데이터가 비공개 정보인지 (부정/객관적-고도의 개연성X)

2002학년도부터 2005학년도까지의 대학수학능력시험 원데이터를 **공개**하는 경우 대학수학능력시험 업무의 공정한 수행이 객관적으로 현저한 지장을 받을 **고도의 개연성이 존재한다고 볼 수 없어** 위 정보는 비공개대상정보에 해당하지 않는다.   [24 국가9급]

502 학교폭력대책자치위원회 회의록이 비공개대상 정보인지 (긍정)

「학교폭력예방 및 대책에 관한 법률」상의 학교폭력대책자치위원회의 회의록은 '**다른 법률 또는 법률이 위임한 명령**에 의하여 비밀 또는 **비공개 사항으로 규정된 정보**'에 해당하므로 위 정보는 비공개대상정보이다.
[22-3]

503 취소소송에서 정보의 법원제출·사본송달로 정보공개된 경우 소이익 소멸하는지 (부정)

정보공개 거부처분 취소소송에서 공공기관이 **청구정보를** 증거 등으로 **법원에 제출하여 법원을** 통하여 그 사본을 청구인에게 **교부 또는 송달**되게 하여 **결과적으로** 청구인에게 정보를 공개하는 셈이 되었다고 하더라도, 당해 정보의 **비공개결정의 취소를** 구할 소의 이익은 **소멸되지 않는다.**
[22-3]

504 업무추진비의 예산집행내역과 지출증빙서류 종합 (사례형)

> 甲은 행정청 乙이 지출한 **업무추진비의** 예산집행내역과 지출증빙서 등에 관하여 乙에게 정보공개청구를 하였다. 이에 관한 설명 중 옳지 않은 것은? [18 변시]

ㄱ. 사본·복제물 교부청구시 열람방식 공개가 가능한지 (부정/공개방법-재량X)

甲이 **사본 또는 복제물의 교부를** 원하는 경우에 공개대상 정보의 양이 너무 많아 정상적인 **업무수행에 현저한 지장을** 초래할 우려가 있는 경우가 아니라면, 乙은 열람의 방식으로 공개할 수 없다.

ㄴ. 공개청구 지출증빙서에 개인식별정보 포함시 전부 공개거부 (부정/제14조-부분공개)

공개청구된 지출증빙서에 간담회 등 **행사참석자를 식별할 수 있는 개인정보가** 일부 기재되어 있는 경우 乙은 공개청구된 정보에 대해 정보비공개결정을 하여야 하는 것은 아니고, 제14조 부분공개 여부를 검토해야 한다.

ㄷ. 정보공개법상 이의신청과 행정심판이 필요적 전치인지 (부정/임의절차)

乙의 정보비공개결정에 대한 甲의 이의신청이 각하 또는 기각되었을 경우에 甲은 행정심판 또는 행정소송을 제기할 수 있고, 또한 정보비공개결정에 대해 이의신청을 거치지 않고 바로 **행정심판 또는 행정소송을 제기할** 수 있다.

ㄹ. 정보공개거부처분 취소심판 인용재결의 불이행의 경우 간접강제신청 (긍정)

甲이 정보공개거부처분취소심판을 청구하여 인용재결을 받았음에도 乙이 정보공개를 하지 않는 경우, 甲은 「행정심판법」상 **간접강제신청을** 할 수 있다.

505 정보 비공개사유의 ~~주장~~ · 입증책임 (피고/3조-공개원칙)

정보공개거부처분 취소소송에서 비공개사유의 주장 · 입증책임은 피고인 공공기관에 있다.

506 개인정보 보호법은 공공기관뿐만 아니라 민간기관도 적용대상인지 (긍정)

「개인정보 보호법」은 공공기관은 물론, 민간기관도 그 **적용대상**으로 한다. [22-2]

507 개인정보보호법상 가명처리는 추가정보 없이 특정개인을 식별할 수 없는 정보인지 (긍정)

「개인정보 보호법」상 "가명처리"란 **개인정보의 일부를 삭제**하거나 일부 또는 전부를 **대체하는** 등의 방법으로 추가 **정보가 없이**는 특정 **개인**을 알아볼 수 없도록 **처리**하는 것을 말한다.

[22-2]

508 정보주체 동의없이 수집목적과 합리적 관련범위에서 개인정보의 추가이용이 가능한지 (긍정)

「개인정보 보호법」상 **개인정보처리자**는 정보주체의 동의가 없더라도 당초 **수집 목적과 합**리적으로 관련된 **범위**에서 **법령상의 기준**에 따른다면 개인정보를 추가적으로 이용할 수 있다.

[22-2]

509 통계과학 연구목적- 동의없는 가명처리 가능 but 특정개인 알아보기 위한 가명정보 처리 가능한지 (부정)

「개인정보 보호법」에 의하면 **통계작성 및 과학적 연구**를 위하여 **정보주체의 동의 없이 가명정보를 처리**할 수 있으나, 이 경우에도 **특정 개인**을 알아보기 위한 **목적**으로 **가명정보를 처리할 수는 없다.**

[22-2]

해커스변호사
law.Hackers.com

해커스 **변호사**
행정법 선택형 정지문 핸드북

제3편

행정구제법

510 부작위로 인한 국가배상과 작위의무 (형식적 의미 법령 · 조리상 작위의무)

공무원의 부작위로 인한 국가배상책임을 인정하기 위한 조건인 '**법령에 위반하여**'라고 함은 엄격하게 형식적 의미의 법령에 **명시적으로 공무원의 작위의무**가 정하여져 있음에도 이를 위반하는 경우만을 의미하는 것은 아니고, 인권존중 · **권력남용금지** · **신의성실과** 같이 공무원으로서 마땅히 지켜야 할 준칙이나 규범을 지키지 아니하고 위반한 경우를 포함하여 **널리 그 행위가** 객관적인 정당성을 **결여**하고 있는 경우도 포함한다. [20 · 14 변시, 22 지방7급]

511 산업기술혁신촉진법령상 인증신제품 구매의무 불이행과 국가배상 (부정/사익보호X)

산업기술혁신 촉진법령에 따른 중앙행정기관과 지방자치단체 등의 인증신제품 구매의무는 공공 일반의 전체적인 이익을 **도모하기 위한 것**으로 봄이 타당하고, **신제품 인증을 받은 자의 재산상 이익은** 법령이 보호하고자 하는 이익으로 보기는 **어려**우므로, 지방자치단체가 위 법령에서 정한 **인증신제품 구매의무를 위반**하였다고 하더라도, 이를 이유로 신제품 인증을 받은 자에 대하여 국가배상책임을 **지는 것은 아니다.** [17 변시]

512 국가배상법상 집무집행에 비권력적 사실행위 포함되는지 (긍정/사경제주체X)

국가배상청구의 요건인 '공무원의 직무'에는 국가나 지방자치단체의 권력적 작용뿐만 아니라 비권력적 작용도 포함되지만, **단순한 사경제주체로서 하는 작용은** 포함되지 않는다. [17 변시]

513 국가배상청구권과 직무집행의 판단 (외형이론-공무원 주관적 의사X/피해자 인식X)

행위 자체의 외관을 객관적으로 관찰하여 공무원의 **직무행위**로 보여질 때에는 비록 그것이 실질적으로 직무행위이거나 아니거나 또는 **행위자의 주관적 의사에** 관계없이 그 행위는 공무원의 직무집행행위로 볼 것이요 이러한 행위가 실질적으로 공무집행행위가 아니라는 사정을 피해자가 알았다 **하더라도** 그것을 "직무를 행함에 당하여"라고 단정하는데 **아무런 영향을 미치는 것이 아니다.** [17 변시, 19-3]

514 국가의 공무원에 대한 구상권 인정 (신의칙상 제한可/권리남용 원인- 적극적 주도)

국가배상청구권의 소멸시효기간이 지났으나, **국가가 소멸시효완성을 주장**하는 것이 **신의성실의 원칙에 반하는 권리남용**으로 허용될 수 없어 **배상책임을 이행**한 경우에는, 그 **소멸시효 완성 주장**이 권리남용에 해당하게 된 원인행위와 관련하여 해당 **공무원이 그 원인이 되는 행위를 적극적으로 주도**하였다는 등의 특별한 사정이 없는 한, 국가의 **해당 공무원에 대한 구상권행사는** 신의칙상 **허용되지 않는다.** [17 변시]

515 건축주 귀책사유로 토지사용권 상실- 토지소유자의 건축허가 철회신청권 (긍정)

건축주가 토지 소유자로부터 토지사용승낙서를 받아 그 토지 위에 건축물을 건축하는 대물적(對物的) 성질의 **건축허가**를 받았다가 착공에 앞서 건축주의 귀책사유로 해당 **토지를 사용할 권리를 상실한** 경우, 건축허가의 존재로 말미암아 토지에 대한 소유권 행사에 지장을 받을 수 있는 토지 소유자로서는 건축허가의 **철회를 신청할 수 있다**고 보아야 한다. 따라서 토지 소유자의 위와 같은 신청을 거부한 행위는 항고소송의 대상이 된다.

[20 변시, 21-2]

516 손해배상한 경과실 공무원의 국가에 대한 구상권 (긍정/국가-자기출연 없이 면책)

국가에게 국가배상책임이 있는 경우에, 경과실이 있는 **공무원이** 피해자에 대하여 **손해배상책임을 부담하지 아니함에도** 피해자에게 손해를 배상하였다면 경과실이 있는 그 공무원은 특별한 사정이 없는 한 **국가에 대하여 자신이 변제한 금액에 관하여 구상권을 취득한다.**

[17 변시, 21-2, 19-3]

517 공용차량 운전중 교통사고시 자배법상 운행자책임 (국가-차량소유자)

공무원이 **직무집행을 위해** 관용차를 운행한 경우 운행자는 **관용차를 소유한** 국가 또는 지방자치단체가 된다는 것이 판례의 태도이다.

518 생명 · 신체침해로 인한 국가배상청구권의 양도 · 압류 가능성 (부정)

생명 · 신체의 침해로 **인한 국가배상을** 받을 권리는 **양도하거나 압류하지 못**한다. [20 변시]

519 국배법상 공무원에 일시적 · 한정적 공무수행자 포함되는지 (긍정)

「국가배상법」 제2조 소정의 '공무원'이라 함은 「국가공무원법」이나 「지방공무원법」에 의하여 공무원으로서의 신분을 가진 자에 **국한하지 않고 널리 공무를 위탁받아** 실질적으로 공무에 종사하고 있는 **일체의 자를** 가리키고, **공무의 위탁이 일시적이고 한정적인 사항에** 관한 활동을 위한 것인 경우도 이에 **포함된다.**

[22 변시]

520 국배법상 법령위반에 널리 객관적 정당성을 결여한 경우 포함하는지 (긍정)

「국가배상법」 제2조 소정의 '법령을 위반하여'라고 함은 인권존중 · 권력남용금지 · 신의성실과 같이 공무원으로서 마땅히 지켜야 할 준칙이나 규범을 지키지 아니하고 위반한 경우를 비롯하여 **널리 그 행위가 객관적인 정당성을 결여**하고 있는 경우를 포함한다.

[22 변시]

521 국가배상청구권 성립요건에 국가의 선임 · 관리책임이 포함되는지 (부정)

판례에 의하면 **공무원의 위법한 직무집행이** 있는 경우에 국가가 당해 공무원에 대한 **선임 · 감독에** 고의 · 과실이 없더라도, 국가 등의 선임감독상 과실 여부를 불구하고 손해배상책임을 부담시켜 국민을 보호하고자 하는 입법취지상 **국가배상책임은 인정된다.** [21-1]

522 법령해석 · 적용 잘못한 경우 공무원의 과실 (원칙-긍정/예외-학설 · 판례 귀일X)

행정청이 관계 법령의 해석이 **확립되기 전**에 어느 한 견해를 **취하여** 업무를 처리한 것이 결과적으로 위법하게 되어 그 법령의 **부당집행이라는 결과**를 빚었다고 하더라도 처분 당시 그와 같은 처리방법 이상의 것을 성실한 평균적 공무원에게 기대하기 어려웠던 경우라면 특별한 사정이 없는 한 이를 두고 공무원의 과실로 **인한 것이라고 볼 수는 없다.**

[21-1]

523 국세확정 전 보전압류 후 국세 미확정된 경우 공무원 고의 · 과실 사실상 추정되는지 (긍정)

국세가 확정되기 전에 보전압류를 한 후 보전압류에 의하여 징수하려는 **국세의 전부 또는 일부가 확정되지 못하였다면** 보전압류로 인하여 **납세자가 입은 손해**에 대하여 **특별한 반증이 없는 한** 과세관청의 **담당공무원에게 고의 또는 과실이 있다고** 사실상 추정되므로, 국가는 부당한 보전압류로 인한 **손해를 배상할 책임**이 있다.

[22-3]

524 특별한 사정이 없는 한 공무원의 법령 해석 · 적용의 잘못이 과실인지 (긍정)

법령에 대한 **해석이 복잡, 미묘**하여 워낙 어렵고, 이에 대한 학설, 판례조차 귀일되어 있지 **않는** 등의 특별한 사정이 없는 한 일반적으로 공무원이 관계 법규를 알지 못하거나 필요한 지식을 갖추지 못하고 **법규의 해석을 그르쳐 행정처분**을 하였다면 그가 법률전문가가 아닌 행정직 공무원이라고 하여 **과실이 없다고는 할 수 없다.**

[21-1]

525 공무원이 공익판단을 잘못하였으나 행정 내부기준을 따른 경우 과실 (부정)

행정청에게 편의재량(공익재량, 합목적재량)이 인정되는 분야에 있어서 **관계 공무원이 공익성, 합목적성의 인정 · 판단을 잘못**하여 그 재량권의 범위를 넘어선 **행정행위**를 한 경우가 있다 하더라도 어느 행정처분을 할 것인가에 관하여 **행정청 내부에 일응의 기준을** 정해 둔 경우 그 기준에 따른 행정처분을 하였다면 이에 관여한 공무원에게 그 직무상의 과실이 있다고 할 수 **없다.**

[21-1, 22 경찰간부]

526 나름대로의 합리적 근거에 의한 경과규정 없는 행정입법과 공무원의 과실 (부정)

행정입법에 관여한 **공무원이** 입법 당시의 상황에서 **다양한 요소를 고려하여** 나름대로 합리적인 근거를 **찾아** 어느 하나의 견해에 따라 **경과규정을 두는 등**의 조치 없이 새 **법령을 그대로 시행**하거나 적용한 경우, 그와 같은 공무원의 판단이 나중에 대법원이 내린 판단과 같지 않다고 하더라도 국가배상책임의 성립요건인 **공무원의 과실**이 **있다고 할 수는 없다.**

[20 변시]

527 군대내 자살사고-상급자는 자살예방의무 명문규정 없어도 위법 · 과실 인정되는지 (긍정)

자살우려자 식별과 신상파악 · 관리 · 처리의 책임이 있는 관계자는 **자살 등의 사고를 미리 방지**하고 장병의 신체적 · 정신적 건강을 회복할 수 있도록 할 **의무가 있으므로**, 군대 내에서 장병의 자살을 예방할 의무**에 관한 명시적인 법률 및 구체적인 규정이 없는 경우**

에도 **예견가능성·회피가능성**이 있었던 **자살 사고에 대하여** 지휘관 등 상급자에게 자살 장병에 대한 직무상 의무위반 및 과실을 **인정할 수 있다.** [22-3]

528 일시적으로 행정절차에 참여할 권리침해- 곧바로 국가등의 배상의무 인정되는지 (부정)

행정절차는 그 자체가 독립적으로 의미를 가지는 것이라기보다는 행정의 공정성과 적정성을 보장하는 **공법적 수단으로서의 의미**가 크므로, 관련 행정처분의 성립이나 무효·취소 여부 등을 따지지 않은 채 주민들이 일시적으로 행정절차에 참여할 권리를 침해받았다는 **사정만으로 곧바로** 국가나 지방자치단체가 주민들에게 **정신적 손해에 대한 배상의무**를 부담한다고 **단정할 수 없다.** [24 변시, 23-1, 22-1]

529 위법한 성명정정으로 타인명의 주민등록 발급받아 불법 근저당 설정시- 성명정정 통보의무 위반과 손해의 인과관계 (긍정)

甲이 乙과 동일한 이름으로 개명허가를 받은 것처럼 **호적등본을 위조**하여 **주민등록상 성명을 위법하게 정정**하고, 乙 명의의 주민등록증을 발급받아 **乙의 부동산**에 관하여 근저당권설정등기를 마친 경우, **주민등록사무를 담당하는 공무원**이 위와 같은 성명정정 **사실을 甲의 본적지 관할관청에 통보하지 아니한 직무상 의무위배**행위와 **乙이 입은 손해** 사이에 상당인과관계가 **인정**된다. [23 변시]

530 금융위원회법이 금융상품 투자자 개인이익의 직접적 보호취지 있는지 (부정/국배X)

금융감독원 및 그 직원들의 직무집행이 위법하여 **저축은행의 후순위사채에 투자한 투자자들**이 손해를 입은 경우, 금융감독원에 금융기관에 대한 검사감독의무를 부과한 **근거법령의 목적**이 금융상품에 투자한 투자자 개인의 이익을 **직접 보호**하기 위한 것이라고 할 수 **없으므로** 국가배상을 청구할 수 없다. [22-3]

531 공무원의 개별공시지가 결정이 현저히 불합리한 경우 지자체의 국가배상책임 인정 여부 (긍정)

개별공시지가 **산정업무 담당공무원**이 **직무상 의무에 위반**하여 현저하게 **불합리한 개별공시지가가 결정**되도록 함으로써 **국민 개개인의 재산권을 침해**한 경우, 그 손해에 대하여 **상당인과관계 있는 범위 내**에서 그 **담당공무원이 소속된** 지방자치단체가 「**국가배상법**」상 배상책임을 진다. [23 변시]

532 재판의 불복절차 있음에도 스스로 시정을 구하지 않은 경우 국가배상 성립되는지 (부정)

재판에 대하여 따로 불복절차 또는 시정절차가 마련되어 있는 경우에는, 불복에 의한 시정을 구할 수 없었던 것 자체가 공무원의 귀책사유로 인한 것이라는 등의 **특별한 사정이 없는 한, 스스로 시정을 구하지 아니한 결과** 권리 내지 이익을 회복하지 못한 사람은 **원칙적으로 국가배상에 의한 권리구제**를 받을 수 **없다.** [23 변시]

533 훈련장소 이동 중 군용차량의 사고시 국가배상 인정되는지 (긍정/직무집행O)

군인이 전투 · 훈련 중에 사고를 낸 것이 아니라 훈련장소로의 이동을 위해 군용차량을 운전하다 사고가 발생한 경우 훈련장소로의 이동을 하는 것도 전투 · 훈련 등 직무집행이라고 볼 수 있으므로 이 사고로 다쳐 손해를 입은 **다른 군인**은 다른 법령에 **따라 재해보상금 등의 보상을 받은 경우**에 국가배상청구를 할 수 **없다.**

[19-2]

534 이중배상금지원칙 종합1 (사례형)

> **운전병인 군인 甲은 전투훈련 중 같은 부대 소속 군인 丙을 태우고 군용차량을 운전하여 훈련지로 이동하다가 민간인 乙이 운전하던 차량과 쌍방과실로 충돌**하였고, 이에 인해 **군인 丙이 사망**하였다. 이 경우 손해배상책임 및 구상권에 관한 설명 중 **옳지 않은 것은?** (단, 자동차손해보험과 관련된 법적 책임은 고려하지 않음)
>
> [12 변시]

ㄱ. 유족이 다른 법령에 따른 유족연금등 보상받은 경우 국가배상 (부정)

현행법상 丙의 유족이 **다른 법령에 따라** 유족연금 등 보상을 **받은 경우**에는 국가배상청구를 할 수 **없**다.

ㄴ. 가해공무원의 대외적 책임– 민사상 손해배상책임 인정 여부 (절충설/고의 · 중과실O)

대법원은 甲이 고의 · 중과실이 **있는 경우에만** 丙의 유족에 대한 손해배상책임을 **부담**하고, **甲에게** 경과실만 인정되는 경우에는 丙의 유족에 대한 **손해배상책임을** 부담하지 않는다고 보았다.

ㄷ. 공동불법행위자 민간인은 자신 부담부분만 배상책임 있는지 (긍정)

대법원은 공동불법행위의 일반적인 경우와 달리 乙은 **자신의 부담부분만을** 丙의 **유족에게** 배상하면 된다고 하였다.

ㄹ. 대법– 전액변제한 민간인의 국가에 대한 구상권 인정 여부 (부정)

대법원은 만일 乙이 손해배상액 전부를 丙의 유족에게 배상한 경우에는 **자신의 귀책부분을** 넘는 금액에 대해 국가에 구상청구를 할 수 **없**다고 하였다.

535 이중배상금지원칙 종합2 (사례형)

다음 사례에서 甲, 乙, 丙의 권리구제에 관한 설명 중 **옳지 않은** 것은? [15 변시]

- 군인 甲은 영외작업 후 **부대복귀 중 작업병의 차출을 둘러싸고 언쟁**을 하다가 소속부대 선임하사 A로부터 **구타당하여 부상**을 입었다.
- 乙은 경찰청 소속의 의무경찰대원으로서 순찰업무를 수행하기 위하여 **동료 의무경찰대원 B가** 운전하던 오토바이 뒷좌석에 타고 가던 중 B의 오토바이와 민간인 C가 운전하던 트럭이 **쌍방의 과실로 충돌**하는 사고가 발생하여 **상해를** 입었다. 한편, C가 운전하던 트럭의 보험자인 D보험회사가 상해를 입은 의무경찰대원 乙의 손해를 전부 배상하였다.
- 주민자치센터에 근무하는 **사회복무요원(구 공익근무요원) 丙은** 공무수행 중 차량전복 사고로 **상해를 입었다.**

ㄱ. 다른 법률에 의한 별도의 보상을 받을 수 없는 경우 이중배상금지원칙 적용 (부정)

甲은 「군인연금법」 또는 「국가유공자 등 예우 및 지원에 관한 법률」에 의하여 **별도의 보상을 받을 수 없는 경우**에는 「국가배상법」**에 따른 배상을 청구할 수 있다.** [19-2]

ㄴ. 순찰중인 의무경찰대원이 직무집행 중인 경찰공무원인지 (긍정)

乙은 「국가배상법」상 **직무집행 중인 경찰공무원에 해당**한다.

ㄷ. 헌재- 전액변제한 공동불법행위자 민간인의 구상권 부정의 위헌성 (긍정)

헌법재판소는 D가 C의 귀책부분을 넘는 B의 부담부분에 관하여 국가를 상대로 **구상권을 행사하는 것이 부인되는 경우**, 이는 헌법상 평등원칙, 재산권보장규정 및 헌법 제37조 제2항 등의 헌법규정에 반한다고 보았다. [19-2]

ㄹ. 공익근무요원이 손해배상청구가 제한되는 군인 등에 해당하는지 (부정)

丙은 「국가배상법」상 **손해배상청구가 제한되는 군인 등에 해당하지** 않는다.

536 국가배상법상 이중배상금지원칙의 적용요건- 실제 보상수령 여부 (부정/행사가능성O)

「**국가배상법」 제2조 제1항 단서에서 열거한** 군인 등이 다른 법령에 규정된 요건에 해당되어 보상을 받을 권리가 **발생한 경우**에는 실제로 권리를 행사하지 **아니하였더라도** 보상금 등을 지급받을 수 있는 경우에는 국가배상법 제2조 제1항 단서에 따라 국가를 상대로 **국가배상을 청구할 수 없다.**

537 국가배상법상 조리에 의한 작위의무 (긍정/초법규적·일차적 보호의무)

국가가 초법규적 · 일차적으로 위험배제에 나서지 아니하면 국민의 생명 · 신체 · 재산 등을 보호할 수 없는 경우 그 위험을 배제할 공무원의 작위의무가 인정되며, 그러한 **작위의무 위반도** 「국가배상법」 제2조 제1항의 법령위반에 해당한다. [16 변시]

538 절박·중대 위험상태 아닌 경우 법령상 직무집행이 손해방지 부작위로 위법한지 (부정)

국민의 생명·신체·재산 등에 대하여 절박하고 중대한 위험상태가 발생하였거나 발생할 상당한 우려가 있는 경우가 아닌 한, 원칙적으로 **공무원이 관련 법령에서 정하여진 대로 직무를 수행**하였다면 **손해방지조치를 제대로 이행하지 않은 부작위**를 가지고 '고의 또는 과실로 법령에 위반'하였다고 **할 수는 없다.**

[20 변시]

539 공무원이 법령상 요건·절차 준수했으나 개인의 권리침해시 국가배상법상 위법한지 (부정)

공무원의 직무집행이 법령이 정한 **요건과 절차**에 따라 이루어진 것이라면, **그 과정에서** 개인의 권리가 침해되는 일이 생긴다고 하더라도 **특별한 사정이 없는 한**「국가배상법」상 **위법성이 인정된다고 할 수 없다.**

[23 변시, 21-2]

540 사실상 전공의 수련경력의 기득권을 인정하는 경과규정 제정의무가 있는지 (부정)

법령의 위임에도 불구하고 보건복지부장관이 치과전문의제도의 실시를 위하여 필요한 시행규칙의 개정 등 절차를 마련하지 않은 **입법부작위가 위헌**이라는 헌법재판소 결정의 기속력이 곧바로 보건복지부장관이 **사실상 전공의 수련과정을 수료한** 치과의사들에게 **그 수련경력에 대한 기득권을 인정하는 경과조치 마련에 대하여까지 미치는 것은 아니므로** 행정입법 의무를 전제로 한 입법부작위에 의한 **국가배상책임**은 인정되지 **않는다.**

[22 국회8급]

541 법령이 국민 개개인의 이익 보호취지 없어도 법령위반에 따른 국배법상 배상책임 성립하는지 (부정)

공무원이 직무를 수행하면서 근거되는 법령의 규정에 따라 **구체적으로 의무를** 부여받았어도 그것이 직접 국민 개개인의 이익을 위한 것이 **아니라** 전체적으로 **공공 일반의 이익을** 도모하기 위한 것이라면 **그 의무를 위반**하여 국민에게 손해를 가하여도 **국가 또는 지방자치단체는** 배상책임을 **부담하지 아니**한다.

[22·16 변시]

542 위법한 행정계획에 대한 국가배상 인정되는지 (긍정/직무집행O)

행정계획은 장래에 대한 예측을 전제로 하여 수립되고, 본질상 사정변경에 따라 변경되거나 폐지될 가능성을 내포하고 있으나 위법한 계획의 **변경 또는 폐지**로 인하여 **손해**를 받은 자가 「국가배상법」 제2조의 **요건을 충족**하는 경우에는 국가배상이 **인정**될 수 있다.

543 공무원 전보인사가 법령상 기준위배·인사권 부적절 행사만으로 불법행위인지 (부정)

공무원에 대한 전보인사가 법령이 정한 **기준과 원칙에 위배**되거나 **인사권을** 다소 부적절하게 행사한 것으로 볼 여지가 있다 하더라도 **그러한 사유만으로** 그 전보인사가 당연히 **불법행위를 구성한다고 볼 수는 없다.**

[22 변시]

544 재판작용에 대한 국가배상책임 (제한긍정/법관-위법 · 부당목적+권한 명백위반)

법관의 재판에 **법령의 규정을 따르지 아니한 잘못**이 있다하더라도 이로써 바로「국가배상법」제2조 제1항의 법령위반이 되는 것은 아니며, 국가배상책임이 성립하기 위해서는 당해 법관이 위법 또는 부당한 목적을 가지고 재판을 하는 등 **법관이 그에게 부여된 권한의 취지에 명백히 어긋나게 이를 행사하였다고** 인정할 만한 특별한 사정이 있어야 한다.

[16 변시]

545 헌법재판소 잘못된 각하결정에 국가배상책임 인정되는지 (긍정/기각 분명해도)

헌법재판소 **재판관이** 헌법소원심판의 청구기간을 잘못 산정하여 각하결정을 한 경우, 본안판단을 하였더라도 **어차피 청구가 기각되었을 것이라는 사정이 있는 경우라도 국가배상책임이 인정**된다.

[16 변시]

546 국회의 입법행위와 국가배상책임 인정 여부 (제한적 긍정/헌법문언-명백히 위배)

국회의원의 입법행위는 그 입법 내용이 헌법의 문언에 명백히 위배됨에도 불구하고 국회가 굳이 당해 입법을 한 것과 같은 **특수한 경우가 아닌 한**「국가배상법」제2조 제1항 소정의 위법행위에 **해당한다고 볼 수 없다.**

[23 · 16 변시]

547 법령에 사익보호성이 없는 경우 국가배상 인정되는지 (부정)

공무원이 직무를 수행하면서 근거되는 **법령의 규정**에 따라 구체적으로 의무를 부여받았어도 그것이 **직접 국민 개개인의 이익을 위한 것이 아니라** 전체적으로 공공 일반의 이익을 도모하기 위한 것이라면 그 의무를 위반하여 국민에게 손해를 가하여도 국가 또는 지방자치단체는 배상책임을 부담하지 **아니한다.**

[22 변시]

548 가해공무원의 대외적 배상책임 인정 여부 (절충설/고의 · 중과실)

공무원이 직무수행 중 불법행위로 타인에게 손해를 입힌 경우에 국가 등이 국가배상책임을 부담한 외에 공무원 개인도 고의 또는 중과실이 있는 경우에는 불법행위로 인한 손해배상책임을 진다.

549 항고소송의 인용판결의 기판력이 국가배상청구소송에 미치는지 (긍정/국배-위법넓음)

국가배상법상 위법을 **항고소송의 위법보다** 넓은 개념으로 보는 견해에 의하면 취소소송의 판결 중에서 인용판결의 기판력은 국가배상소송에 영향을 미치지만, 기각판결의 기판력은 국가배상 소송에 영향을 미치지 않는다.

[13 서울7급]

550 항고소송의 인용판결시 공무원의 과실 인정되는지 (부정/취소판결만으로X)

어떠한 행정처분이 항고소송에서 **위법한 것으로서 취소**되었다면 이로써 당해 행정처분은 공무원의 고의 또는 과실에 의한 불법행위를 구성한다고 단정할 수 **없다.**

[18 변시]

551 불가쟁력이 발생한 처분에 대한 국가배상청구소송 제기가능한지 (긍정/행정쟁송만X)

행정처분에 대해 제소기간이 도과하여 **불가쟁력이 발생한 경우에도**, 행정처분의 위법을 이유로 국가배상청구소송을 제기할 수 있다.

[22 변시]

552 하천이 계획홍수위 충족시 통상의 안정성 인정되는지 (긍정)

관리청이 「하천법」등 관련규정에 의해 책정한 하천정비기본계획 등에 따라 개수를 완료한 하천 또는 아직 개수중이라 하더라도 개수를 완료한 부분에 있어서는, 위 하천정비기본계획 등에서 정한 **계획홍수량 및 계획홍수위를 충족**하여 하천이 관리되고 있다면 당초부터 계획홍수량 또는 계획홍수위를 잘못 책정하였다거나 그 후 이를 시급히 변경해야 할 사정이 생겼음에도 불구하고 이를 해태하였다는 등의 **특별한 사정이 없는 한**, 그 하천은 용도에 따라 **통상 갖추어야 할 안전성을 갖추고 있다**고 보아야 한다.

[12 사복9급]

553 경찰관이 필요한 조치 취하지 않은 불행사가 직무상 의무위반인지 (현저히 불합리)

경찰관에게 권한을 부여한 법규의 취지와 목적에 비추어 볼 때 구체적인 사정에 따라 **경찰관이 그 권한을 행사하여 필요한 조치를 취하지 아니하는 것이 현저하게 불합리하다고 인정**되는 경우에는 **권한의 불행사는 직무상의 의무를 위반한 것이 되어** 위법하게 된다.

[16 변시]

554 기관위임사무에 대한 위임청이 속한 행정주체의 배상책임 (긍정/사무주체)

판례는 **지방자치단체장간의** 기관위임이 있을 때 위임받은 하위 지방자치단체 소속공무원이 위임 사무를 처리하면서 고의로 타인에게 손해를 가한 경우에는 **상위 지방자치단체도 손해배상책임을 부담**한다.

[11 국가7급]

555 甲은 변호사 개업활동을 해 오던 중 형사범죄로 선고유예 판결이 확정되어 대한변호사협회로부터 **변호사등록이 취소**되었다. 이후 「변호사법」에서 정한 선고유예 판결에 따른 **2년의 변호사등록 결격기간이 지나자**, 甲은 이 선고유예 판결의 확정증명원만 첨부하고 다른 범죄경력조회서는 첨부하지 않은 채 **다시 변호사등록신청**을 하였다. 서울지방변호사회는 "甲에 대한 선고유예 판결이 2년이 경과하여 등록거부사유가 없으므로 **등록을 함이 타당하다.**"는 의견서를 첨부하여 대한변호사협회에 송부하였다. 그러나 대한변호사협회장 乙은 甲에게 「변호사법」에서 정한 등록거부사유가 있다는 전제 하에 등록심사위원회에 甲에 대한 **변호사등록 여부를 안건으로 회부**하였고, 등록심사위원회는 甲이 **등록거부사유에 해당**하는지 여부를 심의하였으나 위 선고유예 확정판결 이외에 다른 사유를 확인하지 못하였음에도 **별다른 이유 없이 2개월간 등록을 지연**하였다. 이에 甲은 변호사등록이 **2개월간 지연**되었음을 이유로 **손해배상소송**을 제기하고자 한다. 이에 관한 설명으로 **옳지 않은 것은?**

[22-2]

ㄱ. 대한변협은 공법인으로서 위탁받은 사무와 관련하여 행정주체로서 배상책임 있는지 (긍정)

대한변호사협회는 **공법인으로서** 위탁받은 **공행정사무에** 관한 **행정주체의 지위에서** **배상책임을 부담**한다.

ㄴ. 공법인의 피용인은 국배법 2조의 공무원이므로 고의·중과실 경우에만 배상책임 있는지 (긍정)

공법인의 피용인은 실질적인 의미에서 공무를 수행한 사람으로서 「국가배상법」 제2조에서 정한 공무원에 해당하므로 **고의 또는 중과실**이 있는 경우 **배상책임을 부담**한다.

ㄷ. 공무원의 중과실이란 약간의 주의도 기울이지 않은 현저한 주의의무 위반 상태인지 (긍정)

공무원의 중과실이란 공무원에게 통상 요구되는 정도의 상당한 주의를 하지 않더라도 약간의 주의를 한다면 손쉽게 **위법·유해한 결과를 예견**할 수 있는 경우임에도 만연히 **이를 간과한 경우와** 같이, 거의 **고의에 가까운** 현저한 주의를 결여한 상태를 의미한다.

ㄹ. 대한변협 회장은 공법인의 피용인으로서, 경과실의 경우에 개인 배상책임 부담하는지 (부정)

乙은 대한변호사협회장으로서 서울지방변호사회의 **의견을 임의로 무시한** 경과실이 인정되면, 「국가배상법」 제2조에서 정한 공무원에 해당하므로 경과실 공무원의 면책 법리에 따라 甲에 대한 개인적 배상책임을 부담하지 **않는다.**

556 공무원증·재직증명서 담당공무원의 공무원증 위조와 직무집행 (긍정/외형이론)

세관 공무원들의 공무원증 및 재직증명서 발급업무를 하는 공무원이 세관의 다른 공무원의 공무원증 등을 위조하는 행위는 외관상 직무집행으로 보여지므로, 국가배상법 제2조 제1항 소정의 '공무원이 직무를 집행하면서'에 해당하는 **직무행위로 인정된다.** [18 변시]

557 국가배상법 제5조 영조물 설치·관리상 하자 종합

「국가배상법」 제5조의 배상책임에 관한 설명 중 옳은 것은? [18·13 변시]

ㄱ. 사실상 관리하는 국유재산·공유재산 포함 여부 (긍정)

'공공의 영조물'이란 국가 또는 지방자치단체에 의하여 특정 **공공의 목적**에 공여된 유체물 및 물적 설비 등을 말하며, 국가 또는 지방자치단체가 소유권, 임차권 그 밖의 권한에 기하여 관리하고 있는 경우뿐만 아니라 **사실상의 관리를** 하고 있는 경우도 포함한다. [21-2]

ㄴ. 담배피던 고교 3학년의 난간실족사 사건과 국가배상 인정 여부 (부정)

고등학교 3학년 학생이 교사의 단속을 피해 담배를 **피우기 위하여** 3층 건물 화장실 밖의 학생들이 출입할 수 없는 난간을 지나다가 실족하여 사망한 경우 학교시설의 **설치·관리상의 하자가 없다.**

ㄷ. 김포공항 소음사건에서 이용상 하자와 수인한도론이 적용되는지 (긍정)

공항에서 발생하는 소음 등으로 인근주민들이 피해를 입었다면 **사회통념상 수인한도를 넘는지 여부**를 포함하여 **국가배상책임을 판단해야** 한다.

ㄹ. 편도2차로 돌멩이 방치사건에서 도로의 관리 · 보존상 하자 (긍정/관리가능성-기준)

편도 2차로 도로의 1차로 상에 교통사고의 원인이 될 수 있는 크기의 돌멩이가 방치되어 있었고 이로 인하여 사고가 발생하였다면, 도로의 점유 · 관리자가 그에 대한 관리 가능 **성이 없다는 입증을 하지 못하는 한** 도로의 관리 · 보존상의 **하자에 해당**한다.

ㅁ. 공용개시 없이 사실상 도로로 사용되는 경우 국배법 5조 적용되는지 (부정/공물)

「국가배상법」 제5조의 **공공의 영조물**이란 국 · 공유나 사유 여부를 불문하나 행정주체에 의하여 공적목적에 제공된 유체물 또는 물적 설비를 의미하므로, **사실상 도로로 사용**되고 있었더라도 행정주체에 의하여 노선인정의 공고 기타 공용개시가 없었다면 「국가배상법」 제5조의 영조물에 **해당하지 않는다.**

ㅂ. 헌법에 영조물 설치 · 관리상 하자의 배상책임 근거가 있는지 (부정/공무원 불법행위만)

헌법은 공무원의 직무상 불법행위로 인한 국가배상만 규정하고 있을 뿐이고 영조물의 설치 · 관리의 하자로 인한 국가배상에 대해서는 **규정하고 있지 않다.**

558 옹벽시설공사 미완성 · 시행과정에서 구덩이에 행인추락시 영조물책임 여부 (부정)

지방자치단체가 자연상태의 언덕이 붕괴할 위험이 있어 붕괴위험지구로 지정하여 공무원을 관리책임자로 지정하고 옹벽을 설치하기로 하였으나, 아직 옹벽시설공사가 완성되지 않은 채 공사시행과정에서 파놓은 구덩이에 **행인이 추락**한 사고에 대해 영조물책임을 물을 수 **없다.**

[22-1, 20-1]

559 국가배상법 5조 영조물 설치 · 관리상 하자의 의미 (예견可+회피可)

영조물이 완전무결한 상태에 있지 않고 기능상 어떠한 결함이 있더라도 객관적으로 보아 시간적, 장소적으로 그 기능상 결함으로 인한 손해발생의 예견가능성, 회피가능성이 **없**다면 본조의 책임이 **인정되지 않는다.**

[13 변시]

560 가변차로 신호등 오작동 사고시 당시 기술수준상 예견가능성 없다고 단정할 수 있는지 (부정)

가변차로에 설치된 두 개의 신호등이 서로 **모순되는 신호**가 들어오는 오작동으로 인하여 사고가 발생한 경우, 적정전압보다 낮은 저전압이 원인이 되어 발생하였고 그 고장은 **당시 기술수준상 부득이**한 것이라도 손해발생의 예견가능성이나 **회피가능성이 없어** 「국가배상법상」상 **면책사유**가 될 수 있다고 **단정할 수 없다.**

[22-1, 20-1]

561 설치·관리상 하자에 재정사정이 절대적 요건인지 (부정)

영조물 설치의 하자 유무는 객관적 견지에서 본 안전성의 문제이고 그 설치자의 **재정사정이나 영조물의 사용목적에 의한 사정**은 안전성을 결정지을 절대적 요건에는 **해당하지 않는다.**

[13 변시]

562 국가배상법 제6조 제1항 비용부담자도 배상책임이 있는지 (긍정)

공공의 영조물의 설치·관리를 맡은 자뿐만 아니라 그 **비용부담자도 본조의 배상책임**을 진다.

[13 변시]

563 영조물 설치관리자와 비용부담자 다른 경우 전자에게 우선 청구해야 하는지(부정)

영조물의 설치·관리자와 비용부담자가 **다른 경우**에 피해자가 **설치·관리자를 상대로 먼저 배상청구를 하여야 하는 것은 아니다.**

564 영조물 설치·관리상 책임에 점유자 면책규정이 있는지 (부정/민법 758조-준용X)

「**국가배상법**」상 **영조물의 설치·관리상의 하자**로 인한 책임은 **무과실책임**이고 나아가「**민법**」제758조 소정의 공작물의 점유자의 책임과는 달리 면책사유도 **규정되어 있지 않으므로,** 국가 또는 지방자치단체는 영조물의 설치·관리상의 하자로 인하여 타인에게 손해를 가한 경우에 그 손해의 방지에 필요한 **주의를 해태하지 아니하였다 하여 면책을 주장할 수 없다.**

[22-1]

565 자연재해·제3자 행위가 손해의 공동원인인 경우 영조물책임이 부정되는지 (부정)

영조물의 설치·관리상의 하자 외에 **다른 자연적 사실이나 제3자의 행위 또는 피해자의 행위와 경합하여 손해가 발생**하더라도 **영조물의 설치·관리상의 하자가** 공동원인의 하나가 되는 이상 그 손해는 **영조물의 설치·관리상의 하자에 의하여 발생**한 것이라고 본다.

[22-1]

566 국도상 쇠파이프 사고발생시 도로의 설치·관리상 하자 (부정/예측·회피X)

국도상에 떨어진 쇠파이프로 인한 사고발생시 사고발생 직전 순찰차량이 사고현장을 지나갔으나 발견하지 못한 경우, 순찰간격을 더 짧게 하여 순찰을 하여 **낙하물을 제거하는 것**은 현실적으로 불가능하므로 도로 보존상 **하자가 있다고 할 수 없다.**

567 적색교통신호기 전구단선에 예견·회피가능성 없는 경우 설치·관리상 하자 (부정)

적색교통신호기의 전구가 단선되어 발생한 사고의 경우 설치관리자가 그 영조물의 위험성에 비례하여 사회통념상 일반적으로 요구되는 정도의 **방호조치의무를 다하였는지 여부**를 그 기준으로 삼아야 할 것이므로, 손해발생의 예견가능성과 회피가능성이 없는 경우에는 영조물의 설치·관리상의 하자가 부인된다. 다만 **사안의 경우는 관리상 하자가 인정**된다.

568 매향리 사격장 소음과 설치·관리상 하자 여부 (긍정/기능상 하자)

사격장의 경우 기능상 소음이 발생할 수밖에 없으므로, 물적 시설 그 자체에 있는 물리적·외형적 흠결이나 불비로 인하여 그 이용자에게 위해를 끼칠 위험성이 있는 경우가 아니더라도, 설령 그 소음이 수인한도를 넘는 경우에는 이용상 하자(기능상 하자)가 인정된다.

569 국가배상법상 정신적 고통에 대한 위자료청구권 인정되는지 (긍정)

「국가배상법」상 영조물의 설치·관리상의 하자로 인하여 손해가 발생한 경우라 함은 재산상의 손해를 의미하며, 법률의 해석상 피해자의 위자료청구권이 반드시 배제되는 것은 아니다.

[19-1]

570 설치·관리상 하자 관련 주의의무 해태의 주장·입증책임 (피고/공물관리청)

고속도로의 관리상 하자를 판단할 때 고속도로의 점유관리자가 손해의 방지에 필요한 주의를 해태하지 아니하였다는 점은 피고인 공물의 관리청이 주장·입증 책임을 진다.

571 50년 발생빈도 최대강우량과 불가항력 인정 여부 (부정)

집중호우로 제방도로가 유실되면서 보행자가 강물에 휩쓸려 익사한 경우, 사고 당일의 집중호우가 50년 빈도의 최대강우량에 해당한다는 사실만으로 불가항력에 기인한 것으로 볼 수 없다.

572 교차로 진행방향 신호기 고장과 설치·관리상 하자 여부 (부정/예측X)

교차로의 진행방향신호기 고장으로 정지신호가 꺼져있는 상태에서 그대로 진행하다가 다른 방향의 진행신호에 따라 교차로에 진입한 차량과 충돌한 경우, 신호기의 기능상 결함이 있었다는 사정만으로는 신호기의 설치관리상의 하자를 인정할 수 없다.

573 국가배상법 5조·2조는 동시성립하여 경합- 어느 것에 근거해도 배상청구 가능한지 (긍정)

「국가배상법」 제5조 영조물의 설치 및 관리하자를 이유로 한 국가배상청구와 「국가배상법」 제2조에 따른 국가배상청구를 동시에 할 수 있으며 양 책임은 경합되며 둘 중 어느 것에 근거하더라도 손해배상청구가 가능하다.

[23-3]

574 단체장 교통신호기 지방경찰청장 위임시 배상책임자 (지자체-5조①/국가-6조①)

지방자치단체장으로부터 교통신호기의 관리권한을 위임받은 기관 소속의 공무원이 위임사무 처리에 있어 고의 또는 과실로 타인에게 손해를 가하였거나 위임사무로 설치·관리하는 영조물의 하자로 타인에게 손해를 발생하게 한 경우에는 권한을 위임한 관청이 소속된 지방자치단체가 「국가배상법」 제2조 또는 제5조에 의한 배상책임을 부담한다.

[22-1, 21-3]

575 국가배상법 7조 상호보증과 조약체결·실제배상 사례 필요한지 (부정/기대가능)

「**국가배상법**」 제7조가 정하는 상호보증은 반드시 **당사국과의 조약이 체결되어 있을 필요는 없으며**, 당해 외국에서 구체적으로 우리나라 국민에게 **국가배상청구를** 인정한 사례가 없더라도 실제로 국가배상이 인정될 것이라고 기대할 수 있는 **상태이면 충분**하다.

[20 변시, 21-2]

576

「**국가배상법**」 제5조와 관련된 다음의 사례에 관한 설명 중 옳은 것은? [19-2]

甲은 편도 2차선의 도로를 승용차를 운전하여 가다가 반대방향 도로 1차선에 떨어져 있던 길이 120cm, 직경 2cm 크기의 U자형 쇠파이프가 번호 미상 승용차 뒤 타이어에 튕기어 甲의 승용차 앞 유리창을 뚫고 들어오는 바람에 사망하였다.
위 도로는 A광역시장이 법령에 근거하여 B구청장에게 그 관리권한을 위임한 도로이다.

ㄱ. 국가배상법상 배상심의회 배상심의절차가 필요적인지 (부정/임의적)

甲의 유족이 **손해배상 소송을** 제기하기 위해서 「국가배상법」에 따라 배상심의회에 배상 신청절차를 **반드시 거쳐야 하는 것은 아니다.**

577 국배법상 배상받은 이유로 국가유공자법상 보훈급여 지급거부 가능성 (부정)

전투·훈련 등 직무집행과 관련하여 공상을 입은 **군인이** 먼저 「**국가배상법**」**에 따라 손해 배상금을 지급받은** 다음 「**국가유공법**」이 정한 보상금 등 **보훈급여금의 지급을 청구**하는 경우, 「**국가배상법**」**에 따라 손해배상을 받았다는 사정을 들어** 보상금 등 **보훈급여금의 지급을 거부할 수 없다.**

[21-2, 20-3]

78 경찰이 공무원연금법상 공무상 요양비를 지급받은 것이 이중배상금지 대상인지 (부정)

경찰공무원인 피해자가 구 「**공무원연금법**」에 따라 공무상 요양비를 지급받는 것은 「**국가 배상법**」 제2조 제1항 단서에서 정한 '**다른 법령의 규정**'에 따라 **보상을 지급**받는 것에 해당하지 **않는다.**

[20-3, 23 국가9급, 23 경찰간부]

79 국가유공자법이 국가배상법 2조 1항 단서(이중배상금지) 해당하는지 (긍정)

「**국가유공자 등 예우 및 지원에 관한 법률**」은 「**국가배상법**」 제2조 제1항 단서의 '**다른 법령**'에 해당할 수 있다.

[20-3]

80 국가에 대한 국가배상청구권 소멸시효에 국가재정법 적용되는지 (긍정/5년)

국가배상청구권은 피해자나 그 법정대리인이 그 **손해 및 가해자를 안 경우**에는 「민법」 제766조 제1항에 따라 **안 날로부터 3년간** 행사하지 않으면 소멸하나, 피해자나 그 법정대리인이 그 손해 및 가해자를 **알지 못한 경우**에는 국가재정법 **제96조 제2항**에 따라 5년간 행사하지 않으면 **시효로 소멸한다.**

[21-3]

제2장 | 행정상 손실보상

581 이른바 분리이론이 존속보장에 중점인지 (긍정/재산권 자체)

이른바 '분리이론'은 재산권의 가치보장보다는 **존속보장을 강화**하려는 입장에서 접근하는 견해이다.　　　　　　　　　　　　　　　　　　　　　　　　　　　　　　[15 변시]

582 하천법상 손실보상청구권의 쟁송방법 (당사자소송/공법상 권리)

대법원은 「하천법」 부칙(1984. 12. 31.) 제2조 제1항과 「법률 제3782호 하천법 중 개정법률 부칙 제2조의 규정에 의한 보상청구권의 소멸시효가 만료된 하천구역 편입토지 보상에 관한 특별조치법」 제2조 제1항의 규정에 의한 **손실보상청구권의 확인을 구하는 소송을 당사자소송으로** 보았다.　　　　　　　　　　　　　　　　　　　　　　　　[15 · 13 변시, 21-2]

583 국가의 점유취득시효 완성 후 등기 전 손실보상청구권 행사가능성 (긍정)

토지에 대한 국가의 점유취득시효가 완성되었으나 그에 따른 **등기가 마쳐지지 않은 상태에서 그 토지가 하천구역에 편입되어 국가의 소유로** 된 경우, 그 토지의 소유자는 국가에 대하여 「하천편입토지 보상 등에 관한 특별조치법」에 따른 **손실보상청구권을 행사할 수 있다.**

584 농업손실 보상청구권은 공권이므로 민사소송이 아닌 행정소송의 대상인지 (긍정)

판례는 「공익사업을 위한 토지 등의 취득 및 보상에 관한 법률」에 따른 농업손실**에 대한 보상청구권은 공권으로** 보고 **공익사업 주체를 상대로** 한 행정소송에 의해 행사해야 한다고 하였다.　　　　　　　　　　　　　　　　　　　　　　　　　　　　　[22 경찰간부]

585 사업시행지 밖의 간접손실 인정되는지 (제한긍정/관련규정 유추적용)

대법원 판례에 의하면 공공사업의 시행으로 **사업시행지 밖에서 발생한** 간접손실은 손실 발생을 쉽게 예견할 수 있고 **손실 범위도 구체적으로 특정할 수** 있는 경우라면, 그 손실의 보상에 관하여 관련규정을 유추적용할 수 있으므로 **손실보상의 대상**이 된다. [15 변시]

586 '물의 사용권'의 정당한 보상액에 어업권 손실보상규정 유추적용 가능성 (긍정)

손실보상액 산정의 기준이나 방법에 관하여 구체적인 법령의 규정이 없는 경우에는, 그 **성질상 유사한** 물건 또는 권리 등에 대한 관련 법령상의 손실보상액 산정의 기준이나 방법에 관한 **규정을 유추적용할 수** 있으므로, 하천수 사용권에 대한 '물의 사용에 관한 권리'로서의 정당한 보상금액은 **어업권**이 취소되거나 어업면허의 유효기간 연장이 허가되지 않은 경우의 **손실보상액 산정 방법과 기준을 유추적용**하여 산정할 수 있다.　　　[20 변시]

587 헌법 23조③ 정당보상의 의미 (완전보상)/ 개발이익 포함 여부 (부정)

헌법 제23조 제3항에서 규정한 **"정당한 보상"**이란 원칙적으로 피수용재산의 객관적인 재산가치를 완전하게 보상하여야 한다는 완전보상을 뜻하는 것이지만, 공익사업의 시행으로 인한 **개발이익은** 완전보상의 범위에 포함되는 피수용토지의 객관적 가치 내지 피수용자의 **손실이라고 볼 수 없다.**　　　　　　　　　　　　　　　　　　[22 · 12 변시]

588 표준지공시지가에 의한 손실보상액산정의 합헌성 (긍정/개별공시지가X)

토지수용으로 인한 손실보상액을 공시지가를 기준으로 산정하되 **개별공시지가가 아닌** 표준지공시지가를 기준으로 하는 것은 헌법 제23조 제3항이 규정한 **정당보상의 원칙에 위배되지 않는다.**　　　　　　　　　　　　　　　　　　　　　　　[12 변시]

589 해당 공익사업시행으로 인한 개발이익 배제가 위헌인지 (부정/합헌)

해당 공익사업의 시행으로 발생한 개발이익은 사업시행자의 투자에 의한 것으로서 피수용자인 토지소유자의 노력이나 자본에 의하여 발생하는 것이 아니고, 피수용토지가 수용 당시 갖는 객관적 가치에 포함된다고 볼 수도 없어 이러한 **개발이익을 배제하고 손실보상액을 산정**하더라도 정당 보상의 **원리에 어긋나는 것이 아니**라는 것이 헌법재판소의 입장이다.　　　　　　　　　　　　　　　　　　　　　　　　　[21-2, 19-2]

590 무허가건물에서 영업을 영업보상에서 제외한 것이 정당보상에 위배되는지 (부정)

손실보상의 대상이 되는 '**영업**'의 개념에 '**적법한 장소에서 운영될 것**'이라는 요소를 포함한 규칙을 적용하여, 무허가건축물**에서의 영업**을 「공익사업을 위한 토지 등의 취득 및 보상에 관한 법률」상 보상의 대상에서 제외한 것은 **정당한 보상**의 원칙에 **위배되지 아니**한다.　　　　　　　　　　　　　　　　　　　　　　　　　　　[21-3]

591 잔여지 가격감소시 종래목적으로 사용가능해도 잔여지 손실보상 가능한지 (긍정)

사업시행자가 동일한 토지소유자에 속하는 일단의 **토지 일부를 취득**함으로 인하여 잔여지의 가격이 감소하거나 그 밖의 손실이 있을 때 등에는 잔여지를 종래의 목적으로 사용하는 것이 **가능한 경우라도** 잔여지 손실보상의 대상이 되며, 잔여지를 **종래의 목적**에 사용하는 것이 **불가능**하거나 **현저히 곤란한 경우이어야만** 잔여지 손실보상청구를 할 수 있는 것이 **아니다.**　　　　　　　　　　　　　　　　　　　　　　　　　　[21-3, 20-3]

592 손실보상은 장래 이용가능성, 거래용이성 등 사용가치 및 교환가치 하락을 포함하는지 (긍정)

보상되어야 할 손실에는 수용재결 당시의 **현실적 이용상황의 변경** 외 장래의 이용 가능성이나 **거래의 용이성** 등에 의한 **사용가치 및 교환가치상의 하락 등도 포함**된다.　　[22 경찰간부]

593 잔여 영업시설 손실보상에 '시설 새로설치'·'보수 필요'한 경우도 포함되는지 (긍정)

잔여 영업시설 손실보상의 요건인 '공익사업에 영업시설의 일부가 편입됨으로 인하여 잔여시설에 그 시설을 새로이 설치하거나 잔여시설을 보수하지 아니하고는 그 영업을 계속할 수 없는 경우'란, 잔여 영업시설에 시설을 새로이 설치하거나 잔여 영업시설을 보수하지 아니하고는 그 **영업이 전부 불가능**하거나 곤란하게 되는 경우만을 의미하는 것이 아니라, 공익사업에 영업시설 일부가 편입됨으로써 잔여 영업시설의 운영에 일정한 지장이 초래되고, 이에 따라 **종전처럼** 정상적인 영업을 계속하기 위해서는 잔여 영업시설에 시설을 **새로 설치**하거나 잔여 영업시설을 보수할 필요가 있는 경우도 **포함**된다.　　　　[20-3]

594 잔여 건축물 가격감소시 토지보상법상 재결절차 없이 손실보상청구 가능한지 (부정)

건축물의 일부가 공익사업에 편입됨으로 인하여 **잔여 건축물의 가격감소** 손실이 발생한 경우에 토지보상법에 규정된 재결절차를 거치지 않은 채 **곧바로** 사업시행자를 상대로 손실보상을 청구하는 것은 허용되지 **않는다.**　　　　[21 변시]

595 해당 공익사업과 무관한 다른 사업의 개발이익 포함 여부 (긍정/사업고시일 후 포함)

수용 대상 토지의 보상액을 산정함에 있어서 해당 공익사업과 무관한 **다른 사업**의 시행으로 인한 개발이익을 포함하여 **보상금을 산정**하여야 하고, 그 개발이익이 **해당 공익사업의 사업인정 고시일 후에 발생**한 경우에도 마찬가지이다.　　　　[19-2]

596 손실보상청구권 행사할 수 없는 경우- 환경피해에 손해배상청구 가능한지 (긍정/별개 청구권)

공익사업으로 인한 환경피해의 경우, 그로 인한 **손실보상과 손해배상은** 별개의 청구권이므로 **손실보상 청구기간이 도과**하여 손실보상청구권을 더 이상 **행사할 수 없는** 경우에도 손**해배상의 요건이 충족**되는 이상 **여전히** 손해배상청구는 가능하다.　　　　[23-2, 20-2]

597 휴업 손실보상에 공익사업으로 설치된 시설사용으로 인해 휴업 불가피한 경우는 제외되는지 (부정)

공익사업시행지구 밖의 영업손실에 대한 보상은 공익사업의 시행 또는 시행 당시 발생한 **사유로 휴업이 불가피**한 경우만을 의미하는 것이 아니라, 공익사업의 시행으로 설치되는 시설의 사용 등에 기인하여 휴업이 불가피한 **경우도 포함**된다.　　　　[20-2]

598 잔여 영업시설 손실보상과 잔여지·잔여건축물 손실보상의 입법목적 동일성 (긍정)

잔여 영업시설 손실보상은 토지보상법령에 따른 잔여지 손실보상, **잔여건축물** 손실보상 등과 비교하여 볼 때 그 입법 목적이 동일하므로, 각 손실보상의 요건을 해석할 때에는 그 보상 목적물의 **종류가 다르다는 특성**을 고려하되 입법 목적 및 헌법상 정당보상의 관점에서 서로 **궤를 같이하여야** 한다.　　　　[20-3]

599 토지수용보상금 증감청구소송의 당사자 (사업시행자/토지소유자 등)

토지수용 보상금의 증감에 관한 행정소송에 있어서, 그 소송을 제기하는 자가 **토지소유자 또는 관계인일 때에는 사업시행자를 피고**로 한다.　　　　　　　　　[22 · 12 변시]

600 손실보상금 채권압류 · 추심명령- 추심채권자가 보상금증액 소제기 가능한지 (부정/토지소유자만 可)

토지소유자의 사업시행자에 대한 손실보상금 **채권**에 관하여 압류 및 추심명령이 있더라도, 추심채권자가 **보상금 증액 청구의 소를 제기**할 수 **없다.**　　　　　[23-3]

601 세입자에 대한 주거이전비 · 이사비의 법적 성질 (사회보장적 차원)

대법원은, 공익사업을 위한 토지 등의 취득 및 보상에 관한 법령상 공익사업의 시행에 따라 이주하는 주거용 건축물의 세입자에게 지급하는 **주거이전비와 이사비는** 사회보장적 차원에서 지급하는 금원의 성격을 갖는다고 본다.　　　　　　　　[12 변시]

602 법률상 이주대책대상자에서 세입자 제외가 합헌인지 (긍정/입법자-입법재량)

이주대책 실시 **여부는** 입법자의 **입법정책적** 재량의 영역에 속하므로 법률상 **이주대책의 대상자에서** 세입자를 제외하고 있는 것이 세입자의 재산권을 침해하여 **위헌이라고는 할 수 없다.**　　　　　　　　　　　　　　　　　　　[20 · 13 변시]

603 사업시행자는 법정 이주대책대상자 포함-이해관계인까지 넓혀 이주대책수립 가능한지 (긍정)

사업시행자는 해당 공익사업의 성격 등 제반 사정을 고려하여 법이 정한 이주대책대상자를 포함하여 그 밖의 **이해관계인에게까지 대상자를 넓혀** 이주대책 수립 등을 시행할 수 있다.　　　　　　　　　　　　　　　　　　　　[23 변시]

604 이주대책 선정자가 택지분양신청 안했어도 분양공급조건의 무효확인을 구할 법률상 이익 있는지 (긍정/법적불안-해소)

이주대책대상자로 선정된 자는 비록 아직 이주택지에 대한 분양예정통보 및 분양공고에 따른 택지분양신청을 하지는 **않았다고** 하더라도 분양예정통보 및 분양공고상의 공급조건에 강행법규 위반의 점이 있어 분양계약의 체결에 응하지 못하고 있다면 **법적 불안정을 해소**하기 위하여 위 **공급조건의 무효확인을 구할 법적 이익**이 있다.

605 사업시행자의 협의취득이 승계취득인지 (긍정/사법상 계약-승계취득 · 재결-원시취득)

공공사업의 시행자가 그 사업에 필요한 토지를 취득하는 경우 그것이 협의에 의한 취득이고「공익사업을 위한 토지 등의 취득 및 보상에 관한 법률」상의 **협의 성립의 확인이 없는 이상, 그 취득행위는 어디까지나 사경제 주체로서 행하는 사법상의 취득으로서 승계취득**한 것으로 보아야 할 것이고, 재결에 의한 취득과 같이 **원시취득한 것으로 볼 수는 없다.**　　　　　　　　　　　　　　　　　　[14 변시, 23-2, 19-3]

606 협의취득 · 수용토지의 제3자 처분이 환매권 요건을 충족하는지 (긍정/사업필요X)

공익사업을 위해 **협의취득하거나 수용한 토지**가 제3자에게 처분된 경우에는 특별한 사정이 없는 한 그 토지는 **당해 공익사업에는 필요 없게 된 것**이라고 보아야 한다.　[14 변시]

607 국가등이 수용주체가 되는 경우 공공필요의 판단이 다른지 (부정/민간기업-차이X)

국가 등의 공적 기관이 직접 수용의 주체가 되는 것이든 그러한 공적 기관의 최종적인 허부판단과 승인결정 하에 민간기업**이 수용의 주체가 되는 것이든**, 양자 사이에 **공공필요에 대한 판단과 수용의 범위**에 있어서 본질적인 차이가 있는 것은 아니다.　[22 · 17 변시]

608 재결절차 없는 손실보상청구 허용되는지 (부정/수용재결-수용결정+보상금결정)

「공익사업을 위한 토지 등의 취득 및 보상에 관한 법률」상 **토지소유자가 사업시행자로부터 잔여지 가격감소로 인한 손실보상**을 받고자 하는 경우 토지수용위원회의 재결절차를 거치지 않은 채 곧바로 사업시행자를 상대로 손실보상을 청구하는 것은 허용되지 아니 한다.
[17 변시]

609 피해자가 수용재결 신청없이 당사자소송으로 손실보상청구 가능한지 (부정)

「공익사업을 위한 토지 등의 취득 및 보상에 관한 법률」상 공익사업 시행으로 영업손실이 발생하였음에도 **사업시행자가 재결을 신청하지 않는 경우**에는 피해자는 '정당한 보상'을 받기 위하여 **사업시행자를 상대**로 공법상 당사자소송으로 손실보상금의 지급을 청구할 수 없다.
[22 변시]

610 개발제한구역지정으로 종래목적으로 사용하지 못하는 경우 손실보상 (긍정)

개발제한구역 지정으로 인하여 토지를 종래의 목적으로도 사용할 수 없거나 또는 **더 이상 법적으로 허용된 토지이용의 방법이 없기** 때문에 실질적으로 토지의 사용 · 수익의 길이 없는 경우에는 **토지소유자가 수인해야 하는** 사회적 제약의 한계를 넘는 것으로 보아야 한다.
[17 변시]

611 사업시행자 3년이상 사용한 토지의 수용청구 기각재결 불복방법 (보상금증감청구)

「공익사업을 위한 토지 등의 취득 및 보상에 관한 법률」상 **사업시행자가 3년 이상 사용한 토지**에 대해 해당 토지소유자가 **지방토지수용위원회에 수용청구**를 하였으나 받아들여지지 않은 경우, 이에 불복하여 소송을 제기하고자 하는 **토지소유자는 사업시행자를 상대로 '보상금의 증감에 관한 소송'을 제기하여야** 한다.
[17 변시]

612 잔여지수용청구 기각재결에 대한 불복방법 (보상금증감청구소송)

잔여지수용청구가 정당함에도 불구하고 관할 토지수용위원회가 잔여지수용거부재결을 한 경우, 토지소유자는 토지보상법 제85조 제2항에 규정되어 있는 '보상금의 증감에 관한 소송'을 통해 다투어야 한다는 것이 판례의 입장이다.

613 토지보상법상 세입자의 주거이전비 보상청구권의 소송형태 (당사자소송/공권)

「공익사업을 위한 토지 등의 취득 및 보상에 관한 법률」상 **주거용 건축물** 세입자의 주거이전비 보상청구권은 **공법상의 권리**이고, 주거이전비 보상청구소송은 공법상 법률관계를 대상으로 하는 행정소송(당사자소송)에 의하여야 한다.   [17 변시, 20-1]

614 토지보상법상 이주대책 수립의무가 합의로 배제 가능한지 (부정/강행규정)

「공익사업을 위한 토지 등의 취득 및 보상에 관한 법률」상 사업시행자의 **이주대책수립의무에 관한 규정은 강행규정**이므로, 사업시행자는 공익사업의 시행으로 인하여 주거용 건축물을 제공함에 따라 생활의 근거를 상실하게 되는 자와의 **합의**로 이주대책 수립의무에 관한 당해 조항의 적용을 **배제할 수 없다.**   [20 변시]

615 이주대책대상자의 수분양권 발생시기 (확인·결정시)

이주자의 수분양권은 **이주자가** 이주대책에서 정한 절차에 따라 사업시행자에게 이주대책대상자 **선정신청**을 하고 **사업시행자가** 이를 받아들여 이주대책대상자로 **확인·결정**하여야만 **비로소 구체적으로 발생**하게 된다.   [20·12 변시, 21-3, 20-1]

616 이주대책대상자 선정거부에 대한 항고소송 가능한지 (긍정/신청권O)

사업시행자 스스로 공익사업의 원활한 시행을 위하여 생활대책을 수립·실시할 수 있도록 하는 내부규정을 두고 이에 따라 **생활대책대상자 선정기준을 마련하여 생활대책을 수립·실시**하는 경우, 이러한 생활대책 역시 **헌법 제23조 제3항에 따른 정당한 보상**에 포함되는 것으로 **생활대책대상자 선정기준에 해당하는** 자는 사업시행자에게 생활대책대상자 선정 여부의 확인·결정을 신청할 수 있는 권리를 가지는 것이어서 자신을 생활대책대상자에서 **제외하거나 선정을 거부한 행위**에 대해 사업시행자를 상대로 **항고소송을 제기할 수 있다.**   [20 변시]

617 이주자의 희망과 달리 더 이익인 내용의 이주대책대상자로 선정되지 않은 경우 처분인지 (긍정)

사업시행자가 하는 이주대책의 종류가 달라 **보장내용에 차등**이 있는 경우, **이주자의 희망에도 불구**하고 사업시행자가 더 이익이 되는 내용의 이주대책대상자로 선정하지 **않았다면**, 이러한 행위는 **항고소송의 대상**이 되는 처분에 해당한다.   [23-2]

618 사업시행자의 확인·결정 전 당사자소송으로 수분양권 확인이 가능한지 (부정)

이주대책상의 수분양권이 있다고 주장하는 자는 사업시행자가 이주대책대상자 선정 신청에 대하여 아무런 응답을 하지 않는 **경우에** 사업시행자를 상대로 **민사소송이나 공법상 당사자소송**을 제기하여 수분양권의 확인 등을 **구할 수 없다.**   [19-3]

619 재결신청 지연가산금은 재결신청 지연의 제재와 토지소유자등 손해전보의 성격 겸유하는지 (긍정)

재결신청 지연가산금은 사업시행자가 **정해진 기간 내에 재결신청을 하지 않고 지연**한 데 대한 제재와 토지소유자 등의 손해에 대한 보전이라는 성격을 **아울러** 가진다. [23-3]

620 수용재결 불복시 행정소송법 20조 제소기간 적용되는지 (부정/토지보상법-90 · 60일)

사업시행자, 토지소유자 또는 관계인은 수용재결에 불복할 때에는 **재결서를 받은 때부터 90일 이내**에, 이의신청을 거쳤을 때에는 **이의신청에 대한 재결서를 받은 날부터 60일 이내**에 각각 행정소송을 제기할 수 있다.

621 토지보상법상 손실보상액 산정시기 (협의취득시-협의당시 · 수용재결시-재결당시)

「공익사업을 위한 토지 등의 취득 및 보상에 관한 법률」상 보상액의 산정은 협의에 의한 경우에는 **협의성립 당시의 가격**을, 재결에 의한 경우에는 **수용 또는 사용의 재결 당시의 가격을 기준**으로 한다. [14 사복9급]

622 공유수면매립법상 손실보상청구권 발생요건 (실질적 · 현실적 피해발생)

공유수면 매립면허의 고시가 있다고 하여 반드시 그 사업이 시행되고 그로 인하여 **손실이 발생한다고 할 수 없고**, 매립면허 고시 이후 매립공사가 실행되어 어업권자에게 실질적이고 현실적인 피해가 발생한 **경우에만** 「공유수면 관리 및 매립에 관한 법률」에서 정하는 손실보상청구권이 발생한다. [19 변시]

623 토지보상법상 사업시행자만 수용재결신청 가능한지 (긍정/토지소유자-신청청구만)

공익사업을 위한 토지 등의 취득 및 손실보상에 관한 법률에 따를 경우, 피수용자는 수용재결을 신청할 수 없고 사업인정고시가 있은 후 협의가 성립되지 아니한 때에는 **토지소유자 및 관계인은 서면으로 사업시행자에게 재결을 신청할 것을 청구할 수 있다.** [14 국회8급]

624 사업시행자는 사업인정 이후에도 토지소유자의 협의요구에 응할 의무가 있는지 (긍정)

「토지보상법」에 따르면, **사업인정 이전에 임의협의 절차**를 거쳤으나 협의가 **성립되지 아니하여 사업인정을 받은 사업시행자**는 토지소유자가 협의를 요구할 때에는 협의하여야 한다. [22 경찰간부]

625 사업인정으로 수용목적물의 범위확정- 권리자에 대항력 발생하는 공법상 권리인지 (긍정)

사업인정이 있으면 **수용할 목적물의 범위가 확정**되고 목적물에 관한 현재 및 장래의 **권리자에게 대항할 수 있는 일종의 공법상의 권리로서의 효력이 발생**한다. [20-3]

626 회원제골프장 수용권창설의 도시계획시설사업 실시계획인가의 적법성 (부정/공공성X)

도시계획시설결정은 **일반인의 이용**에 제공하기 위하여 설치하는 골프장에 관하여 한 것이라고 인정되는 **범위 내에서만 적법**하므로, 회원제 골프장에 대하여 수용권을 부여하기 위한 도시계획시설사업 실시계획인가는 도시계획시설결정의 **적법성이 인정되는 범주를 벗어났으므로** 위법하다.

627 토지수용위원회가 사업시행 불가능해지는 기각재결이 가능한지 (부정/사업인정-구속)

토지수용위원회는 수용재결신청에 대한 기각결정으로 당해 **공익사업의** 시행이 불가능해지는 경우에는 사업의 공익성이 없다고 판단하여 **수용재결신청을 기각할 수 없다.** [14 국가7급]

628 토지보상법상 보상액 산정시기 (수용재결시-재결당시 가격기준/가격변동-고려X)

토지수용으로 인한 손실보상액은 **당해 공공사업의 시행을 직접 목적**으로 하는 계획의 승인·고시로 인한 **가격변동을 고려함이 없이** 수용재결 당시의 가격을 **기준**으로 하여 정하여야 한다. [14 국가7급]

629 잔여건물에 대한 보상청구 가능한지 (긍정/잔여건물 가치하락-감가보상O)

건물의 **일부만 수용되어 잔여부분을 보수하여 사용할 수 있는** 경우 그 건물 전체의 가격에서 수용된 부분의 비율에 해당하는 금액과 건물 보수비를 손실보상액으로 평가하여 보상하고, **잔여건물에 대하여 보수만으로 보전될 수 없는 가치하락**이 있는 경우에는 **잔여건물의 가치하락에 대한** 감가보상이 **인정**된다. [14 국가7급]

630 사업시행자의 수행의사·능력 상실 후 수용권 행사가 수용권 남용인지 (긍정)

공익사업의 시행자가 해당 **공익사업을 수행할** 의사와 능력을 상실하였음에도 **사업인정에 기하여 수용권을 행사**하는 것은 수용권의 남용에 해당한다. [23 변시]

631 사업시행자의 공익사업 수행의사·수행능력이 사업인정의 요건인지 (긍정)

사업시행자가 해당 **공익사업을 수행할** 의사와 능력이 있어야 한다는 것은 사업인정의 요건에 해당한다. [21 국가7급]

632 문화적·학술적 가치가 손실보상의 대상인지 (부정/재산권만)

문화적, 학술적 가치는 특별한 사정이 없는 한 그 토지의 부동산으로서의 경제적, 재산적 가치를 높여 주는 것이 아니므로 손실보상의 **대상이 될 수 없다.** [19-1]

633 잔여지 수용청구권의 성립요건 (잔여지 이용불능·많은비용 소요-포함)

잔여지가 이용은 **가능하지만 그 이용에 많은 비용이 소요**되는 경우에는 잔여지수용을 **청구할 수 있다.** [22-3, 21-3, 20-3]

634 잔여지수용청구권의 법적 성질 (형성권/행사-수용효과)

(구) 「토지수용법」에 의한 잔여지수용청구권은 그 요건을 구비한 때에는 **청구에 의해 수용의 효과가** 발생하는 형성권적 성질을 가진다.

[11 국가7급]

635 잔여지수용청구은 공사완료일까지 행사해야 하고, 기간도과시 권리가 소멸하는지 (긍정)

토지소유자는 잔여지수용청구를 해당 사업의 공사완료일까지 하여야 하며, 그 기간을 도과한 경우 토지소유자의 **잔여지수용청구권은** 소멸한다.

[22-3]

636 토지수용위의 손실보상 범위가 신청범위에 구속되는지 (부정/신청불문-증액재결 可)

토지수용위원회는 손실보상의 신청범위와 관계없이 **손실보상의 증액재결을 할 수 있다.**

[11 국가9급]

637 사업인정의 법적성질이 형성행위인지 (긍정/확인적 행위X)

사업인정은 특정한 사업이 공용수용을 할 만한 **공익사업에 해당함을 인정**하는 국가의 행위로서 그 성질은 확인행위가 아니라 형성행위이다.

[10 국회8급]

638 사업인정과 수용재결의 하자승계 인정되는지 (부정/별개)

사업인정과 수용재결은 별개의 법률효과를 위하여 이루어지는 일련의 행정처분이므로, 사업인정이 당연무효라고 볼 만한 특단의 사정이 없다면 그 위법을 수용재결 취소소송에서 **수용재결의 위법사유로 주장할 수 없다.**

[22 · 15 변시, 21-2]

639 피수용자의 명도 · 인도의무 불이행시 대집행 가능한지 (부정/점유이전 수반)

피수용자가 명도 또는 인도의 의무를 이행하지 않을 때 행정대집행법에 의한 대집행은 불가능하다.

[12 국회8급]

640 토지보상법상 협의취득시 약속한 철거의무를 불이행하면 대집행 가능한지 (부정/사법상 의무)

「토지보상법」에 의한 협의취득시 건물소유자가 매매대상 건물에 대한 **철거의무를 부담하겠다는** 취지의 약정을 하였다 하더라도, 이러한 철거의무는 「행정대집행법」에 의한 대집행의 **대상이 될 수 없다.**

[23 변시, 22 경찰간부]

641 토지수용위원회의 보상항목에 대한 잘못된 재결에 보상금증감소송 가능한지 (긍정)

어떤 보상항목이 토지보상법령상 손실보상대상에 해당함에도 관할 **토지수용위원회**가 사실을 오인하거나 법리를 오해함으로써 **손실보상대상에 해당하지 않는다고 잘못된 내용의 재결을** 한 경우, **피보상자**는 관할 토지수용위원회를 상대로 그 재결에 대한 취소소송을 제기할 것이 아니라, **사업시행자를 상태로** 토지보상법령에 따른 보상금증감소송을 제기하여야 한다.

[21-3, 20-3]

642 영업손실보상의 경우 '전체적으로 단일한 시설 일체로서의 영업' 자체가 보상항목인지 (긍정)

편입토지·물건 보상, 지장물 보상, 잔여 토지·건축물 손실보상 또는 수용청구의 경우에는 **원칙적으로** 개별 물건에 따라 하나의 보상항목이 되지만, 잔여 영업시설 손실보상을 포함하는 영업손실보상의 경우에는 '**전체적으로** 단일한 시설 일체로서의 영업' 자체가 **보상항목**이 되고, **세부 영업시설**이나 공사비용, 휴업기간 등은 영업손실보상금 산정에서 **고려하는 요소**에 불과하다. [21 변시]

643 하나의 재결에서 피보상자별 여러 심리·판단한 경우 반드시 재결전부 불복해야 하는지 (부정/개별불복 可)

하나의 재결에서 피보상자별로 여러 가지의 토지, 물건, 권리 또는 영업의 손실에 관하여 심리·판단이 이루어졌을 때, **피보상자** 또는 사업시행자가 반드시 재결 전부에 관하여 불복하여야 하는 것은 **아니다.** [21 변시]

644 보상금증감소송에서 보상항목의 과다·과소항목을 합산할 수 있는지 (긍정)

보상금증감소송에서 법원이 구체적인 불복신청이 있는 보상항목들에 관해서 감정을 실시하는 등 심리한 결과, 재결에서 정한 보상액이 일부 보상항목의 경우 과소하고 다른 보상항목의 경우 과다한 것으로 판명되었다면, 법원은 **보상항목 상호 간의 유용을 허용**하여 **항목별로** 과다 부분과 과소 부분을 합산하여 보상금의 합계액을 **정당한 보상금으로 결정**할 수 있다. [21-3]

645 공익사업변환에 사업시행자 동일성이 필요한지 (부정)

판례에 의하면 **공익사업의 변경 전과 변경 후의** 사업주체가 동일한 경우에만 공익사업의 변환이 허용되는 것은 **아니다.** [10 지방7급]

646 공익사업변환에 모든 공익사업이 포함되는지 (부정/4조 1호~5호 제한)

공익사업변환제도에서 **변환되는 새로운 사업**에는 「공익사업을 위한 토지 등의 취득 및 보상에 관한 법률」에 의하여 토지 등을 취득 또는 사용할 수 있는 모든 공익사업이 **해당하는 것은 아니다.**

환매권의 법적성질이 사권인지 (긍정/대법-법률상 권리·헌재-재산권 포함)

헌법재판소는 **공용수용된 토지에 대한 환매권을 헌법상** 재산권의 내용에 **포함되는** 권리로 보지만, 대법원은 법률에 **의해서만 인정되는 권리**로 보고 있다.

648 무효등확인심판에 사정재결 가능한지 (부정)

무효등확인심판은 심판청구기간의 **제한**이 없고, 사정재결도 인정되지 **아니**한다.　[12 변시]

649 공무원 인사관계 법령에 따른 처분에 행정기본법상 이의신청 적용되는지 (부정)

공무원 인사 **관계 법령에 따른 징계** 등 처분에 관한 사항에는 「행정기본법」상 이의신청 **규정**이 적용되지 **않는다.**　[22 경찰간부]

650 행정심판 종합문제 (사례형)

> 甲은 2020. 1. 29. 질병관리본부(보건복지부 소속 행정기관)에 **예방접종 피해신청**을 하였고, 질병관리본부장은 2020. 3. 27. 피해보상 **기각결정**을 하였다(이 기각결정은 2020. 4. 10. 甲에게 송달되었다). 감염병의 예방 및 관리에 관한 법령(이하 '**감염병관리법령**')에는 피해보상 기각결정에 대해 **이의신청**을 할 수 있다는 규정이 없지만 甲은 2020. 7. 17. 이의신청을 하였고, 질병관리본부장은 다시 심의한 후 2020. 9. 29. 이의신청을 기각하였다(이 기각결정은 2020. 10. 16. 甲에게 송달되었다). 甲이 **행정심판**을 청구하고자 하는 경우에 관한 설명으로 옳지 않은 것은?　[20-3]

ㄱ. 행정심판청구서를 위원회 또는 피청구인에도 제출 가능한지 (긍정/23조①)

행정심판에 대한 **관할**은 중앙행정심판위원회에 있지만, 행정심판청구서를 질병관리본부장에게 제출하여도 무방하다.

ㄴ. 20.3.27. 피해보상 기각결정(4.10. 송달)을 대상으로 20.7.3. 취소심판 제기의 적법성 (긍정)

질병관리본부장이 2020. 3. 27. 甲에게 한 피해보상 기각결정을 대상으로 하여 2020. 7. 3. **취소심판을 제기**한 경우, 그 취소심판청구는 **청구기간**을 도과하지 않아 **적법**하다.

ㄷ. 질병관리본부장에게 보상권한이 위임된 경우 질병관리본부장이 피청구인인지 (긍정)

예방접종 등에 따른 피해의 국가보상에 관한 보건복지부**장관의 권한**이 감염병관리법령에 따라 질병관리본부장에게 위임된 경우, 행정심판청구의 피청구인 적격자는 **질병관리본부장**이다.

651 행정심판법상 위원회의 직접처분이 가능한지 (긍정/50조)

행정심판위원회는 당사자의 **신청을 거부하거나** 부작위로 **방치한** 처분의 이행을 명하는 재결이 있었음에도 당해 행정청이 **재결의 취지에 따른** 처분을 하지 아니하는 때에는 **당사자의 신청**에 의하여 **시정을 명**하고 불이행시 직접 당해 처분을 행할 수도 있다.　[12 변시]

652 도로점용허가 신청에 대한 행정청의 부작위 종합문제 (사례형)

> 甲은 자신의 영업소 인근 도로에 광고물을 설치하기 위해 관할 도로관리청인 A시장에게 **도로점용허가를 신청**하였으나 A시장은 신청 후 **상당한 기간이 경과**하였음에도 아무런 **조치를 취하고 있지 않다.** 이에 관한 설명 중 **옳은 것은?**

ㄱ. 의무이행심판의 이행명령재결 불이행과 간접강제 신청 (긍정/50조의2)

甲이 청구한 의무이행심판에 대하여 처분의 이행을 명하는 재결이 있음에도 불구하고 A시장이 재결의 취지에 따른 **처분을 하지 않는 경우,** 甲은 관할 행정심판위원회에 **간접강제를 신청할 수 있다.**

ㄴ. 부작위위법확인소송의 위법판단의 기준시 (판결시/부작위-위법성)

甲이 제기한 부작위위법확인소송에서 A시장의 부작위가 위법한지 여부는 甲의 허가신청 시가 기준이 아니라 **판결시(사실심변론종결시)**가 된다.

653 행정심판에서 당사자 아닌 자를 선정대표자로 선정하면 행정심판의 당사자가 되는지 (부정/선정무효)

행정심판 절차에서 청구인들이 당사자가 아닌 사람을 선정대표자로 **선정**한 바 있더라도 당사자가 아닌 사람에 대한 **선정행위**는 그 **효력을 갖는 것은 아니**어서 그 **선정된 사람**이 위 행정심판 절차의 당사자가 되는 것은 **아니**다. [23-1]

654 심판대상인 권리의 양수자에게 청구인 지위승계 가능한지 (긍정/16조)

심판청구의 대상과 관계되는 권리나 이익을 양수한 자는 행정심판위원회의 **허가를 받아 청구인의 지위를** 승계할 수 있고, 위 위원회가 이를 허가하지 않으면 이의신청을 **할 수 있다.** [12 변시]

655 국가유공자 예우에 관한 법률상 국가유공자 등록신청 거부사건

> 이의신청에 관한 설명 중 옳지 않은 것은? [20 변시]

ㄱ. 국가유공자 등록신청 거부처분의 이의신청 기각결정이 별도로 항고소송 대상인지 (부정)

「국가유공자 등 예우 및 지원에 관한 법률」은 국가유공자 등록신청을 거부한 경우 신청대상자가 이의신청을 **제기할 수 있도록** 규정하고 있는데, 행정청이 그 **이의신청을 받아들이지** 아니하는 내용의 결정을 한 경우 그 결정은 원결정과 별개로 항고소송의 대상이 **되지 않는다.**

ㄴ. 과세처분 이의신청 결정에 불가변력 인정되는지 (긍정/번복불가)

「국세기본법」의 관련규정들의 취지에 비추어 볼 때 동일 사항에 관하여 특별한 사유 없이 종전 처분에 대한 취소를 번복하고 다시 종전 처분을 되풀이할 수는 없는 것이므로, **과세처분에 관한 이의신청 절차**에서 과세관청이 **과세처분을 직권으로 취소한 이상** 그 후 특별한 사유 없이 이를 번복하고 **종전 처분을 되풀이**하는 것은 **허용되지 않는다.** [17 변시]

ㄷ. 행정심판 아닌 이의신청의 표제를 '행정심판청구서' 기재시 효력 (이의신청-유효)

도로점용료 부과처분에 대한 「지방자치법」상의 이의신청은 행정심판과는 구별되는 제도 이므로, **이의신청을 제기해야 할 사람**이 처분청에 **표제를 '행정심판청구서'로 한 서류를 제출**한 경우라 할지라도 서류의 내용에 **이의신청 요건에 맞는 불복취지와 사유가 충분히 기재**되어 있다면 표제에도 불구하고 이를 처분에 대한 이의신청으로 볼 수 있다.

ㄹ. 법령규정 없는 이의신청의 기각결정이 새로운 거부처분인지 (긍정)

「감염병의 예방 및 관리에 관한 법률」상 **예방접종 피해보상 거부처분**에 대하여 법령의 규정 없이 제기한 이의신청은 **행정심판으로 볼 수 없으므로**, 그 거부처분에 대한 신청인의 **이의신청에 대해** 기각결정이 내려진 경우에는 그 기각결정을 새로운 거부처분으로 본다.

ㅁ. 개별공시지가 이의신청 후 행정심판 거친 경우 제소기간 기산점 (재결서 송달시)

개별공시지가에 대하여 「부동산 가격공시에 관한 법률」에 따른 **이의신청**을 하여 그 결과 통지를 받은 후 **다시 행정심판을 거친 경우** 행정소송의 **제소기간**은 그 행정심판 재결서 정본을 송달받은 **날부터 기산**한다.

---

656 「행정기본법」상 처분의 재심사에 관한 설명 중 옳은 것만을 모두 고른 것은? [23-2]

ㄱ. 당사자는 제재처분·행정상 강제도 처분의 취소·철회등 재심사 신청이 가능한지 (부정/제외)

당사자는 제재처분 및 **행정상 강제를 제외**한 **처분**이 행정심판, 행정소송 및 그 밖의 쟁송을 통하여 다툴 수 없게 된 경우라도 **일정한 경우**에는 해당 처분을 한 행정청에 처분을 취소·철회하거나 변경하여 줄 것을 **신청할 수 있다.**

ㄴ. 재심사 신청은 쟁송에서 당사자가 중대한 과실 없이 재심사 사유 주장 못한 경우에만 가능한지 (긍정)

재심사 신청은 해당 처분의 절차, **행정심판, 행정소송** 및 그 밖의 **쟁송에서** 당사자가 중대한 과실 없이 **재심사 사유**를 주장하지 못한 **경우에만** 할 수 있다.

ㄷ. 재심사의 신청은 재심사 사유 안날 90일·처분이 있은날 1년이내 가능한지 (부정/60일·5년)

재심사의 신청은 당사자가 **재심사 사유를 안 날**부터 60일 **이내**에 하여야 하며, **처분이 있은 날**부터 5년이 지나면 신청할 수 없다.

ㄹ. 처분의 재심사 결과 처분을 유지하는 결과는 쟁송수단으로 불복할 수 있는지 (부정)

처분의 재심사 결과 중 처분을 유지하는 결과에 대해서는 **행정심판, 행정소송** 및 그 밖의 쟁송수단을 통하여 **불복할 수 없다.**

ㅁ. 공무원 관계법령상 징계처분, 외국인 출입국·난민인정·귀화 등이 재심사 대상인지 (부정)

외국인의 난민인정에 관한 사항은 재심사**의 대상**이 되지 **않는다.**

657 이해관계 있는 제3자의 행정심판청구기간 (27조③단서-정당한 사유-180일도과 可)

행정심판의 경우 **행정처분의 직접상대방이 아닌** 제3자는 처분이 있음을 곧 알 수 없는 처지이므로 위 제3자가 행정심판 청구기간 내에 처분이 있음을 알았거나 쉽게 알 수 있었다는 **특별한 사정이 없는 한 '처분이 있었던 날부터 180일'**의 심판청구기간의 적용을 배제할 정당한 사유가 있는 **때에 해당**한다. [13 변시]

658 교원소청위원회 결정 종합문제 (사례형)

> **A국립대학교** 교원인 **甲**은 소속 대학교의 **총장으로부터 해임처분을** 받았다. **甲**은 이에 불복하여 「교원지위향상을 위한 특별법」에 따라 교원소청심사위원회에 소청심사를 청구하였으나 동 청구는 기각되었다. 이에 **甲**은 교원소청심사위원회의 결정에 불복하여 취소소송을 제기하려고 한다. 이에 관한 설명 중 옳은 것(○)과 옳지 않은 것(×)을 올바르게 조합한 것은? [16 변시]

ㄱ. 국립대 교원의 해임처분에 대한 교원소청위 결정의 법적 성질 (행정심판-재결)

교원소청심사위원회의 **결정**은 행정심판의 재결의 성격을 가진다.

ㄴ. 소청결정 취소소송에서 피고적격 (교원소청위/재결취소소송-피고-행심위)

甲이 소청심사결정의 취소를 **구하는 소송을 제기**하는 경우에는 교원소청심사위원회를 피고로 하여야 한다.

ㄷ. 소청결정 취소소송에서 원처분의 위법성 주장 가능한지 (부정/원처분주의)

소청심사결정의 취소를 **구하는 소송**에서는 원처분인 **A국립대학교 총장의 해임처분의** 하자를 주장할 수 없다.

59 국립대교수 징계처분 종합문제 (사례형)

> **甲**은 **국립대학교 교수**로 재직하던 중 같은 대학 총장 **乙**로부터 **감봉 3개월**의 징계처분을 받았다. **甲**은 A지방법원에 **징계처분취소의 소**를 제기하였으나, 위 법원은 교원소청심사위원회의 **전심절차를 거치지 아니하였다는** 이유로 이를 **각하**하였다. 이에 관한 설명 중 **옳은 것**을 모두 고른 것은? [18 변시]

ㄱ. 국립교원 교원소청심사에 사법절차 준용되는지 (긍정/특별행정심판-헌법107조③)

「국가공무원법」 및 「교육공무원법」에 따르면, 甲은 징계처분에 관하여 취소소송을 제기하기에 앞서 교원소청심사를 **필요적으로 거쳐야** 하므로, 그 **심사절차에** 사법절차가 준용**되지 않는다면** 이는 **헌법에 위반**된다.

ㄴ. 교원의 징계처분에 대한 교원소청심사가 필요적 전치인지 (긍정/교육 전문성)

교원에 대한 징계처분의 적법성을 판단함에 있어서는 교육의 자주성·전문성이 요구되므로 **법원의 재판에** 앞서 **교육전문가들의** 심사를 먼저 받아볼 필요가 있다.

ㄷ. 교원소청을 거친 후 항고소송의 대상이 남은 원처분인지 (긍정/원처분주의)

만약 甲이 징계처분의 취소를 구하는 소를 제기하기 전에 소청심사를 먼저 청구하여 **교원소청심사위원회에서** 감봉 2개월로 변경**하는 결정**을 하였다면, 甲은 감경되고 남은 원처분을 대상으로 **취소소송을 제기하여야** 한다.

ㄹ. 필요적 전심절차 흠결된 경우 그 하자치유의 시적한계 (사실심 변론종결시까지)

甲이 취소소송 제기 당시 교원소청심사위원회의 필요적 전심절차를 거치지 못하였다 하여도 사실심 변론종결시까지 그 **전심절차를 거쳤다면** 그 흠결의 하자는 치유된다.

ㅁ. 행정심판전치주의의 예외규정이 교원소청에 준용되는지 (긍정)

「행정소송법」상 인정되는 행정심판전치주의의 다양한 예외는 필요적 전심절차인 **교원소청심사에도** 특별한 규정이 없는 한 준용된다.

660 재결불복시 중앙행심위에 재심사 청구가 가능한지 (부정/51조-재청구금지)

시·도행정심판위원회의 재결에 불복**하는 경우 청구인**은 그 재결 및 같은 처분 또는 부작위에 대하여 중앙행정심판위원회에 재심을 청구할 수 **없다.**
[17·12 변시]

661 행정심판위원회의 임시처분 가능성 (긍정/31조)

행정심판위원회**는** 처분 또는 부작위가 위법·부당하다고 상당히 의심되는 경우로서 처분 또는 부작위 때문에 당사자가 받을 우려가 있는 중대한 불이익이나 당사자에게 생길 급박한 위험을 막기 위하여 **임시지위를 정하여야 할 필요**가 있는 경우에는 **직권으로 또는 당사자의 신청**에 의하여 임시처분을 **결정할 수 있다.**
[17·12 변시]

662 피청구인 경정시 행정심판 청구기간의 기준시점 (종전청구인 청구시/17조②)

피청구인을 경정**하는 결정**이 있으면 종전의 피청구인에 대한 심판청구는 취하되고, 그 경정결정시가 아닌, 종전의 피청구인**에 대한 행정심판이 청구된 때**에 새로운 피청구인**에 대한 행정심판이 청구된 것으로 본다.**
[17 변시]

663 행정청의 권한승계시 피청구인적격 (승계행정청/17조①단서)

심판청구의 대상과 관계되는 권한이 **다른 행정청에** 승계된 경우에는 권한을 승계한 행정청을 **피청구인으로** 하여야 한다.

[17 변시]

664 행정심판법상 전자정보처리조직에 제출된 전자문서는 공무원이 접수번호 부여할 때 접수되는지 (부정/접수번호 확인시)

「행정심판법」상 **전자정보처리조직**을 통해 제출된 **전자문서**는 그 문서를 **제출한 사람**이 정보통신망을 통하여 전자정보처리조직에서 제공되는 접수번호를 확인하였을 때에 전자정보처리조직에 기록된 내용으로 접수된 **것으로 본다.**

[23-3]

665 행정심판법상 집행정지 신청기간 (청구와 동시·의결시까지- 30조⑤)

집행정지 신청은 행정심판 청구와 동시에 또는 심판청구에 대하여 위원회나 소위원회의 의결이 있기 전까지 **할 수 있다.**

[17 변시]

666 재결시까지 집행정지 후 기각재결- 재결서 정본송달시 집행정지 효력소멸+처분 부활하는지 (긍정)

행정심판위원회가 행정심판 청구 사건의 재결이 있을 때까지 처분의 집행을 정지한다고 결정하였는데 **기각재결**이 내려진 경우에는 **재결서 정본**이 청구인에게 송달된 때 **재결의 효력이 발생**하므로, **그때 집행정지결정의 효력이 소멸**함과 동시에 **처분의 효력이 부활**한다.

[23-3]

667 필요적 행정심판전치주의의 예외- 심판제기 없이

다른 법률에 당해 처분에 대한 행정심판의 재결을 거치지 아니하면 취소소송을 제기할 수 없다는 규정이 있음에도 불구하고 「행정소송법」상 **행정심판을 제기함이 없이** 취소소송을 제기할 수 있는 사유에 해당하는 것을 모두 고른 것은?

[18 변시]

ㄱ. 동종사건에 이미 기각재결이 있는 경우

동종사건에 관하여 이미 행정심판의 **기각재결**이 있은 때

ㄴ. 단계적 처분 중 어느 하나 이미 재결 거친 때

서로 **내용상 관련**되는 처분 또는 같은 목적을 위하여 단계적으로 진행되는 처분 중 **어느 하나가** 이미 행정심판의 재결을 거친 때

ㄷ. 행정청이 사변종 후에 처분변경

행정청이 **사실심의** 변론종결 후 소송의 대상인 처분을 변경하여 당해 **변경된 처분에 관하여 소를 제기**하는 때

ㄹ. 행정청이 행정심판 거칠 필요 없다고 잘못 알린 경우

처분을 행한 행정청이 **행정심판을 거칠 필요가 없다**고 **잘못 알린** 때

668 중대한 손해예방 필요시 필요적 행정심판전치주의 예외 (청구는 필요/재결 없이)

행정심판전치주의가 적용되는 경우라도 처분의 집행 또는 절차의 속행으로 생길 **중대한 손해를 예방**하여야 할 필요가 있는 때에는 **행정심판을** 청구는 해야 **하지만**, 재결을 거치지 **아니하고 행정소송을** 제기할 수 있다.

669 거부처분취소재결의 재처분의무 불이행시 간접강제 가능한지 (긍정/50조의2)

행정청이 거부처분취소재결**에 따른 처분을 하지 않는** 때에는 청구인은 **행정심판위원회에** 간접강제를 **신청**할 수 있다.

670 행정심판청구의 불고지의 경우 심판청구기간 (180일)

심판청구기간을 고지하지 아니한 경우에는 처분이 있었던 날로부터 180일 **이내에 심판청구**를 할 수 있다.

671 불특정다수인에 대한 고시와 심판청구기간 (효력발생일/안날-90일)

불특정다수인**에 대하여 고시**에 의한 행정처분을 하는 경우에는 고시가 있음을 현실적으로 알았는지 여부에 관계없이 고시의 효력이 발생**한 날부터** 90일 **내**라면 행정심판을 청구할 수 있다.

672 피청구인 경정결정시 심판청구기간의 준수기준 (종전청구인 청구시)

피청구인 경정결정이 있으면 종전의 피청구인에 대한 심판청구는 취하되고 종전의 **피청구인에 대한 행정심판이 청구된** 때에 새로운 **피청구인에 대한 행정심판이 청구**된 것으로 본다.

673 행정심판은 행정심판위원회의 허가 여부 결정과 관련없이 구술심리 허용되는지 (부정)

행정소송에서는 행정심판과는 달리 **구두변론**이 원칙이나, 행정심판에서도 **당사자가 구술심리를 신청**하면 행정심판위원회의 허가 여부 결정**에 따라 구술심리가 허용**된다. [22-2]

674 행정심판법은 행정소송법과 달리 합의조정 규정이 존재하는지 (긍정)

「**행정심판법**」에는 「**행정소송법」과는** 달리 당사자의 합의에 의하여 성립하는 **조정에 대한 규정이 존재**한다. [22-2]

675 취소심판에서 처분의 취소를 피청구인에 명할 수 있는지 (부정/처분취소명령-삭제)

행정심판위원회는 취소심판의 **청구가 이유**가 있다고 인정하면 처분을 **취소** 또는 다른 처분으로 **변경**하거나 처분을 다른 처분으로 변경할 것을 피청구인에게 명한다.   [23-1]

676 거부처분취소재결의 재처분의무 인정 여부 (긍정/49조②)

거부처분취소심판의 **인용재결 기속력**의 내용으로 재처분의무가 「행정심판법」에 규정(신설) **되어 있다.**   [14 국회8급]

677 의무이행심판과 행정심판 청구기간의 적용 (제한긍정/부작위X · 거부처분O)

의무이행심판**에도** 사정재결은 **인정**되나, 청구기간의 제한은 **부작위에 대한 의무이행심판에는 적용되지 않**으나, 거부처분에 대한 의무이행심판에는 청구기간의 제한이 적용된다.   [11 국회8급]

678 행정심판법상 재결기간 (60일/30일 연장可-45조)

재결은 피청구인 또는 위원회가 **심판청구서를 받은 날부터** 60일 이내에 하여야 한다. 다만, 부득이한 사정이 있는 경우에는 위원장이 직권으로 30일을 연장할 수 있다.   [11 국회8급]

679 심판청구서 형식결여된 경우 내용으로 행정심판 청구로 볼 수 있는지 (긍정)

행정심판을 청구하려는 자는 행정심판법 소정의 사항을 포함한 심판청구서를 서면으로 작성하여 피청구인이나 행정심판위원회에 제출하여야 하는데, 「행정심판법」 소정의 사항을 구분하여 기재하고 있지 않아 심판청구서로서의 형식을 갖추었다고 볼 수 없는 경우에도 그 내용이 행정심판을 청구하는 것이면 행정심판청구로 볼 수 있다.

680 공법상 계약의 효력다툼·이행청구는 특별사정 없는 한 당사자소송인지 (긍정)

공법상 계약의 **한쪽 당사자**가 다른 당사자를 상대로 효력을 다투거나 이행을 청구하는 소송은 공법상의 법률관계에 관한 분쟁이므로 특별한 사정이 없는 한 공법상 당사자소송으로 제기하여야 한다.
[22 국가7급, 21 지방7급]

681 공무원연금법상 공단의 급여결정 없이 직접 퇴직급여청구 당사자소송 가능성 (부정)

공무원연금법령상 퇴직수당 등의 **급여**를 받으려고 하는 자는 우선 **공무원연금관리공단에** 급여지급을 신청하여 공단의 **급여지급결정을** 받아야 하고, 공단의 급여지급결정 없이 바로 당사자소송으로 급여의 지급을 구하는 것은 **허용되지 아니**한다.
[16 변시]

682 지방전문직 공무원 채용계약해지의 소송형태 (당사자소송/무효확인형태)

지방전문직공무원 채용계약 해지의 의사표시는 지방자치단체를 상대로 당사자소송으로 해지 의사표시의 무효확인을 청구할 수 있다.
[16 변시]

683 시립무용단 단원의 위촉이 공법상 계약으로 당사자소송의 대상인지 (긍정)

시립무용단 단원의 위촉은 **공법상의 계약**이라고 할 것이고, 따라서 **그 단원의 해촉**에 대하여는 공법상의 당사자소송으로 그 무효확인을 청구할 수 있다.
[21-1]

684 부가가치세 환급청구소송의 소송형태 (당사자소송/부당이득X·공법상 의무O)

국가의 부가가치세 환급세액 **지급의무는** 정의와 공평의 관념에서 수익자와 손실자 사이의 재산상태 조정을 위해 인정되는 **부당이득 반환의무가 아니**라 조세 정책적 관점에서 인정되는 공법상 의무이므로 국가에 대한 납세의무자의 부가가치세 환급세액 지급청구는 당사자소송에 의한다.
[24·17·16·14 변시]

685 당사자소송에 관련청구인 민사소송의 병합 가능성 (긍정/그 역은-X)

당사자소송에 **관련청구소송인** 민사소송을 병합할 수 있지만, **민사소송에는 당사자소송을 병합할 수 없**다.
[20·17 변시]

686 법관의 미지급 명예퇴직수당 지급청구 소송형태 (공당사)/ 당사자소송을 중과실 없이 항고소송으로 제기한 경우 법원의 조치 (소변경)

명예퇴직한 법관이 미지급 명예퇴직수당액의 지급을 구하는 소송은 당사자소송에 해당하고, 이때 **원고가 고의 또는 중대한 과실 없이 당사자소송으로 제기하여야 할 것을** 항고소송으로 잘못 제기한 경우에, 당사자소송으로서의 소송요건을 결하고 있음이 명백하여 당사자소송으로 제기되었더라도 어차피 부적법하게 되는 경우가 아닌 이상, **법원으로서는 원고로 하여금 당사자소송으로 소 변경을 하도록 하여 심리·판단하여야** 한다.

[21·17 변시]

687 명예퇴직 법관의 미지급 명예퇴직수당 당사자소송의 피고 (국가O/법원행정처장X)

명예퇴직한 법관이 이미 수령한 **명예퇴직수당액**이 관계 법령에서 정한 수당액에 미치지 못한다고 주장하며 **차액의 지급을 신청**한 것에 대하여 **법원행정처장이 거부**하는 의사를 표시한 경우 그 의사표시는 명예퇴직수당액을 형성·확정하는 행정처분이 아니라 공법상의 법률관계의 한쪽 당사자로서 지급의무의 존부 및 범위에 관하여 자신의 의견을 밝힌 것에 불과하므로 **행정처분으로 볼 수 없다.** 따라서 명예퇴직한 법관이 미지급 명예퇴직수당액에 대하여 가지는 권리는 공법상 법률관계에 대한 권리로서 그 지급을 구하는 소송은 행정소송법의 당사자소송에 해당하며, 그 법률관계의 당사자인 **국가를 상대로 제기하여야** 한다.

[21 변시, 19-1]

688 민주화보상법상 보상청구소송 (항고)/ 5.18보상법상 보상청구소송 (공당사)

「민주화운동관련자 **명예회복 및 보상 등에 관한 법률**」에 따라 보상금 등의 지급신청을 한 자가 '민주화운동관련자 명예회복 및 보상 심의위원회'의 보상금 등 지급에 관한 결정을 다투고자 하는 경우에는 곧바로 보상금 등의 지급을 구하는 소송을 당사자소송**의 형식으로 제기할 수 없다.** 다만, 판례는 (구) 「광주민주화운동 **관련자 보상에 등에 관한 법률**」에 따른 **보상금지급**청구소송은 당사자소송**에 의한다**고 판시한 바 있다.

[24·17·14 변시]

689 5.18 민주화운동 보상법상 광주민주화운동 보상청구의 소송형태 (공당사)

「5.18민주화운동 **관련자 보상 등에 관한 법률**」은 광주민주화운동과 관련하여 생명 또는 신체에 관하여 피해를 입은 자 등에 대한 보상원칙을 선언하고 **그 보상의 대상과 범위를 정한 다음** 보상금 등의 지급을 위한 절차로서 **보상심의위원회의 결정**을 거치도록 규정하고 있는데 이는 보상금지급에 관한 소송을 제기하기 위한 **전치요건에 불과**하고, **위 법률에 따른 보상에 관한 권리**는 동법이 특별히 인정하고 있는 **공법상의 권리**라고 하여야 할 것이므로 당사자소송에 의하여야 한다.

[21-1]

690 당사자소송에 취소소송의 행정심판기록 제출명령규정 준용되는지 (긍정/25조 준용)

「행정소송법」상 취소소송에 관한 행정심판기록의 제출명령 규정은 당사자소송에 준용된다.

[17 변시]

691 공무원연금법 개정에 따른 미지급퇴직연금 지급청구 소송형태 (당사자소송)

공무원연금공단의 법령개정사실 및 퇴직연금수급자가 일부금액의 지급정지 대상자가 되었음을 통보한 사안에서 **미지급퇴직연금의 지급을 구**하는 소송은 당사자소송에 의한다.

[21-1, 19-3]

692 지방자치단체의 단체장의 공립학교 교원 채용계약과 해지에 관한 사례

> **甲지방자치단체**의 장인 **乙**은 甲지방자치단체가 설립·운영하는 A고등학교에 영상음악 과목을 가르치는 산학겸임교사로 **丙을 채용하는 계약**을 체결하였다. 그런데 계약 기간 중에 乙은 일방적으로 丙에게 위 **계약을 해지하는** 통보를 하였다. 이에 관한 설명 중 **옳은 것을 모두 고른 것은?**
> [20 변시]

ㄱ. 단체장의 공립학교 교원 채용계약이 공법상 계약인지 (긍정)

丙을 채용하는 계약은 공법상 계약에 해당하므로, 계약해지 의사표시가 무효임을 다투는 **당사자소송**의 피고적격은 **甲지방자치단체**에게 있다.

ㄴ. 계약해지 무효확인의 당사자소송 제기시 무효확인의 보충성 필요한지 (긍정)

丙이 계약해지 의사표시의 무효확인을 당사자소송으로 청구한 경우, 당사자소송은 항고소송과 달리 **확인소송의 보충성**이 요구되므로 그 확인소송이 권리구제에 유효적절한 수단이 될 때에 한하여 소의 이익이 있다.
[22 변시]

ㄷ. 단체장의 공립학교 교원 채용계약 해지에 사전통지 필요한지 (부정/행절법적용X)

乙의 계약해지 통보는 **처분이 아니**므로 「행정절차법」상 사전통지 **대상이 아니다.**

693 지토위 수용재결취소와 사업시행자 보상금증액청구의 병합 (예비적 병합/양립불가능)

주위적**으로** 관할 토지수용위원회를 상대로 수용재결의 취소를, 예비적**으로** 사업시행자를 상대로 보상금의 증액을 구하는 소송을 제기할 수 있다.

694 미성년자 주류판매 영업정지처분 사례

> A행정청은 미성년자에게 주류를 판매하였다는 이유로 甲에게 영업정지처분에 갈음하는 과징금부과처분을 하였다. 甲은 이에 대하여 행정소송을 제기할 것을 고려하고 있다. 이에 관한 설명 중 옳지 않은 것은?
> [21 변시]

ㄱ. 무효확인과 취소청구의 소는 예비적 청구만 가능한지 (긍정/단순 병합X · 선택적 병합X)

甲이 제기하는 무효확인과 취소청구의 소는 **주위적·예비적** 청구로서만 **병합**이 가능하고 **선택적** 청구로서의 병합이나 **단순병합**은 허용되지 **아니**한다.

ㄴ. 부당이득반환청구 가능한 경우 무효확인소송의 소익 인정되는지 (긍정/보충성-불요)

甲이 만일 부과된 과징금을 납부한 후 과징금부과처분에 대하여 무효확인의 소를 제기하였다면, **무효확인소송의 보충성**이 요구되는 것은 **아니**므로 甲은 부당이득반환청구**의** 소로써 직접 위법상태를 제거할 수 있는지 여부를 따질 필요 없이 甲이 제기한 무효확인의 소는 **법률상 이익**이 있다.
[22 변시]

695 무효확인소송에 취소소송의 추가적 병합시 제소기간 준수 (무효확인청구-기준)

동일한 행정처분에 대한 무효확인의 소에 그 처분의 취소를 구하는 소를 추가적으로 병합한 경우, 주된 청구인 **무효확인의 소가 적법한 취소소송 제소기간 내에** 제기되었다면 **추가적 청구도 적법하게 제기**된 것이다.
[21-3]

696 무죄판결-검사 압수물환부의무 불이행- 부작위위법확인소송 가능성 (부정/법령효력)

형사본안사건에서 무죄가 선고**되어 확정**되면「**형사소송법」에 따라** 검사가 압수물을 제출자나 소유자 기타 권리자에게 환부하여야 할 의무가 **당연히 발생**하는 것이므로, **검사가** 피압수자의 압수물 환부신청에 대하여 **아무런 결정이나 통지도 하지 아니**하고 있다고 하더라도 이는「행정소송법」상의 **부작위위법확인소송의 대상이 되지 아니**한다.
[20-1, 19-2]

697 무효확인소송에 중복소제기금지·기판력 저촉 등 불문의 소송요건 적용 (긍정)

무효확인소송은 흠이 중대하고 명백한 행정처분에 의해 침해된 국민의 권익을 구제하기 위한 것이므로, 법원은 **행정소송법이 명시적으로 규정하지 아니하였더라도** 민사소송법이 유추적용되므로, 권리보호필요성, 중복제소금지원칙, 기판력 저촉 **등을 소송요건으로 검토**하여 부적법하다는 이유로 각하판결을 할 수는 있다.

698 부작위위법확인소송에 제소기간 적용되는지 (원칙부정/예외-행정심판 거친 경우)

부작위위법확인의 소는 부작위 상태가 계속되는 한 그 위법의 확인을 구할 이익이 있다고 보아야 하므로 **원칙적으로 제소기간의 제한을 받지 않지만,** 행정심판을 거친 **경우**에는 재결서의 정본을 송달받은 날부터 **90일 이내에** 부작위위법확인의 **소를 제기하여야** 한다.
[14 변시, 21-3]

699 부작위위법확인소송의 부작위 위법판단의 기준시(사변종)/ 사변종 전에 거부처분으로 부작위 상태 해소시 소익 (부정)

부작위위법확인소송에서는 사실심 변론종결시를 기준으로 **부작위의 위법 여부를 판단하여**야 하고, 사실심 변론종결 전에 거부처분이 이루어져 **부작위 상태가 해소**된 경우에는 소의 이익이 소멸하므로 원고가 거부처분 취소소송으로 소변경을 하지 않는 이상 법원은 소를 **각하하여야** 한다.
[22 변시, 20-1]

00 부작위위법확인소송에 처분변경으로 인한 소변경 준용되는지 (부정)

부작위위법확인소송에 대해서는「행정소송법」상 **처분변경으로 인한** 소의 변경에 관한 규정은 **준용되지 않는다.**
[13 국회8급]

701 무효확인소송 심리결과 취소사유인 경우 법원의 조치 (취소판결/취소취지-포함)

과징금부과처분에 대하여 무효확인의 소를 제기하면서 위 처분의 **취소를 구하지 아니한다고 밝히지 아니**하였다면, 무효확인의 소에는 그 처분이 당연무효가 아니라면 그 취소를 구하는 취지도 **포함**되어 있는 것으로 보아야 한다.

[21 변시]

702 처분절차의 준수여부가 소송요건이 아닌 본안판단의 고려요소인지 (긍정)

어떠한 처분에 법령상 근거가 있는지, 행정절차법에서 정한 처분절차를 준수하였는지는 본안에서 당해 처분이 적법한가를 판단하는 단계에서 고려할 요소이지, 소송요건 **심사단계에서 고려할 요소가 아니다.**

[23-1, 23 국가9급, 21 국회8급]

703 한국마사회의 조교사 · 기수의 면허 부여나 취소는 사법상 법률관계에 불과한지 (긍정/처분X)

한국마사회가 조교사 또는 **기수의 면허를 부여하거나 취소**할 경우 그것은 경마를 독점적으로 개최할 수 있는 지위에서 우수한 능력을 갖추었다고 인정되는 사람에게 경마에 관한 자격을 부여하거나 박탈하는 것인데 이는 일반 **사법상 법률관계**에서 이루어지는 **단체 내부에서의 징계** 내지 제재처분으로 봄이 상당하다.

[24 변시, 23-1]

704 행정청, 그 소속기관, 권한의 위임 · 위탁받은 공공단체의 행위가 아닌 한 처분이 아닌지 (긍정)

행정소송의 대상이 되는 **행정처분**이란 **행정청** 또는 **그 소속기관**이나 법령에 의하여 행정권한의 **위임 또는 위탁을 받은 공공단체** 등이 **국민의 권리 · 의무**에 관계되는 사항에 관하여 **직접 효력**을 미치는 **공권력의 발동**으로서 하는 공법상의 행위를 말하며, 그것이 상대방의 **권리를 제한**하는 행위라 하더라도 행정청 또는 **그 소속기관**이나 권한을 위임받은 공공단체 등의 행위가 **아닌 한** 이를 행정처분이라고 할 수 **없다.**

[23-3]

705 기반시설부담금의 환급신청에 대한 행정청의 환급거부가 항고소송의 대상인지 (긍정)

구 「기반시설부담금에 관한 법률」에 근거하여 **이미 납부**한 기반시설부담금의 환급신청에 대한 **행정청의 환급거부**는 납부의무자의 **권리 · 의무에 직접 영향**을 미치므로 항고소송의 대상인 행정처분에 **해당한다**고 보아야 하며, 행정청의 **환급 거부대상**이 기반시설부담금 그 자체가 아니라 납부지체로 발생한 지체가산금인 경우에도 달리 볼 것은 아니다.

[20-1]

706 당연무효 과세처분에 따라 납부한 과오납금환급청구의 거부가 처분인지 (부정)

당연무효의 **조세부과처분**에 따라 납세자가 자진납부한 후 과오납금 환급청구를 하였는데 **행정청이 이를 거부한 경우** 그 거부행위는 취소소송의 대상인 처분에 **해당하지 아니한다.**

[21-1]

707 공무원연금법상 잘못 지급된 과오급 퇴직연금 환수통지가 처분인지 (긍정)

「공무원연금법」상 **연금급여제한사유**가 있음에도 수급자에게 **퇴직연금이 잘못 지급**된 경우에 과오급된 **퇴직연금의 환수**를 위한 공무원연금공단의 환수통지는 **처분의 성질**을 가지는 것이어서 항고소송으로 다투어야 한다. [21-1]

708 국세청장의 납세병마개 제조자 지정고시의 헌법소원 대상성 (부정/항고소송 可)

국세청장의 납세병마개 제조자 지정고시는 특정인을 납세병마개제조자로 지정한다는 사실을 알리는 **통지수단에 불과**하므로 고시를 통하여 국세청장이 행한 납세병마개 제조자의 **지정행위**를 법적 **쟁송의 대상으로 삼아야** 하며, 지정행위의 취소를 구하는 **행정소송**을 제기할 수 있으므로 그러한 **구제절차를 거치지 아니**하고 제기한 헌법소원 **심판청구**는 보충성요건이 결여되어 **부적법**하다. [20-1]

709 군의관의 신체등위판정이 처분인지 (부정/군의관-행정청X)

군의관은 행정청이라고 볼 수 없고, 신체등위판정 **자체만으로는 권리의무가 정하여지는 것이 아니고** 병역처분에 의하여 비로소 병역의무의 종류가 정하여지므로 군의관이 하는 **신체등위판정은 행정처분이 아니**다. [13 변시]

710 도로교통법상 운동능력측정검사 불합격처분이 헌법소원 대상인지 (부정/항고소송 可)

「도로교통법」상 **운전적성판정**을 위한 운동능력측정검사 불합격처분은 그 자체가 청구인에게 직접 **법률상의 불이익을 초래**하는 행위로서 행정처분에 해당하므로 **헌법소원의 대상**이 되지 **아니**한다. [20-1]

711 재개발조합의 고시로 확정된 관리처분계획의 법적성질 (처분/구속적 행정계획)

「도시 및 주거환경정비법」에 의한 주택재개발정비사업조합은 조합원에 대한 법률관계에서 적어도 특수한 존립목적을 부여받은 특수한 행정주체로서 국가의 감독 하에 그 존립목적인 특정한 공공사무를 행하고 있다고 볼 수 있는 범위 내에서는 공법상의 권리의무관계에 서 있는 것이므로 분양신청 후에 정하여진 관리처분계획은 **행정처분이다.** [13 변시]

712 지방의회 의장에 대한 불신임결의의 처분성 (긍정)

지방의회 의장에 대한 불신임 의결은 지방의회의 내부적 결정에 불과한 것이 아닌, **행정처분에 해당**하여 항고소송의 대상이 된다. [13 변시, 21-2]

713 공매통지 자체가 별도의 처분인지 (부정/공매처분-포함)

한국자산관리공사의 공매통지는 **공매의 요건이 아니**라 공매사실 자체를 체납자에게 알려주는 데 불과한 것으로서, 통지받은 상대방의 법적 지위나 권리의무에 직접 영향을 주는 것이 아니라고 할 것이므로 행정처분이 **아니**다. [13 변시]

714 표시·광고공정화법 위반을 이유로 한 '공정위 경고의결'이 처분인지 (긍정)

구 「표시·광고의 공정화에 관한 법률」 위반을 이유로 한 공정거래위원회의 경고의결은 당해 표시·광고의 위법을 확인만 하되 **구체적인 조치**까지는 명하지 **않는** 것으로 사업자가 **장래** 다시 위반행위를 할 경우 과징금 부과 여부나 그 정도에 **영향**을 주는 고려사항이 되어 사업자의 **자유와 권리를 제한**하는 행정처분에 해당한다.   [20-1]

715 금융감독원장의 금융기관 임원에 대한 문책경고의 처분성 (긍정/취업제한)

금융감독원장으로부터 문책경고를 받은 금융기관의 임원이 일정기간 **금융업종 임원선임의 자격제한**을 받도록 관계법령에 규정되어 있는 경우, 그 **문책경고는** 그 상대방의 권리의무에 직접 영향을 미치는 행위이므로 **행정처분에 해당**한다.   [20 변시]

716 단체장의 민간투자사업 우선협상대상자 선정행위가 항고소송의 대상인 처분인지 (긍정)

지방자치단체의 장이 「공유재산법」에 근거하여 **기부채납 및 사용·수익 허가** 방식으로 민간투자사업을 추진하는 함에 있어, **사업시행자를 지정하기 위한 전(前)단계에서** 공모제안을 받아 일정한 심사를 거쳐 우선협상대상자를 선정하는 행위는 항고소송의 대상이 되는 처분에 해당한다.   [23 변시]

717 내인가 이후 본인가 신청에도 불구하고 내인가 취소한 것이 본인가 거부처분인지 (긍정)

자동차운수사업 양도·양수인가신청에 대하여 **행정청이 내인가**를 한 후, 본인가신청이 있음에도 내인가를 취소한 경우에 다시 본인가에 대하여 따로 인가 여부의 처분을 한다는 사정이 보이지 않는다면 **내인가 취소행위**를 본인가신청의 **거부로 보아야** 한다.   [23 변시]

718 민원처리법상 사전심사청구에 대한 사전심사결과 통보가 처분인지 (부정)

甲이 A시 소재 임야에 **4층 이하의 공동주택을** 건축하기 위하여 A시 **시장 乙에게** 「민원처리에 관한 법률」상의 **사전심사청구**를 하였고, **乙이** 이에 대해 사전심사결과(건축허가 내지 개발행위허가 불가) 통지를 하였다면, 위 통지는 甲의 권리의무에 직접적 영향을 미친다고 볼 수 **없으므로** 甲은 이 통지를 **항고소송으로 다툴 수 없다.**   [23 변시]

719 조달청의 나라장터 종합쇼핑몰의 일정기간 거래정지 조치가 처분인지 (긍정)

조달청이 계약상대자에 대하여 **나라장터 종합쇼핑몰에서의** 거래를 일정기간 정지하는 조치는, 비록 물품구매예약의 추가특수조건이라는 사법상 계약에 근거한 것이라고 하더라도 행정청인 조달청이 행하는 구체적 사실에 관한 법집행으로서의 **공권력의 행사**로서 그 상대방 회사의 **권리·의무에 직접 영향**을 미치므로 항고소송의 대상이 되는 **행정처분에 해당한다.**   [21 국회8급]

720 승진후보자 명부에 포함된 후보자의 승진임용 제외행위가 처분인지 (긍정)

「교육공무원법」상 승진후보자 명부에 의한 승진심사 방식으로 행해지는 승진임용에서 승진후보자 명부에 포함되어 있던 후보자를 승진임용인사발령에서 제외하는 행위는 불이익처분으로서 항고소송의 대상인 처분에 해당한다.   [20 변시]

721 승진후보자명부 등재된 교원의 승진임용제외의 처분성 인정 사례

> 甲은 초등학교 교사로 임용된 후 교감으로 재직 중인 바, A교육감이 작성한 승진후보자 명부에 관내 초등학교 교장 승진예정인원인 14명 중 순위 10번으로 등재되어 있었다. 그 후 관내 초등학교 교장으로 14명이 승진임용되었으나 甲은 여기에 포함되지 못하였음을 이유로 교원소청심사를 청구하였다. 이에 관한 설명 중 옳지 않은 것은?   [19-2]

ㄱ. 승진후보자 명부에 포함된 후보자의 절차적 기대와 법률상 이익 인정 (긍정)

교육공무원법령상 승진후보자 명부에 포함된 후보자는 임용권자로부터 정당한 심사를 받게 될 것에 관한 절차적 기대를 할 수 있다.

722 토지수용위원회의 법적 지위 (합의제 행정청-수용재결-원처분)

행정청은 국가 또는 공공단체의 기관으로서 직접 대외적 구속력 있는 의사를 결정·표시할 수 있는 권한을 가진 기관을 말하므로, 토지수용위원회와 같은 합의제기관은 행정청이 될 수 있다.

723 건축물대장 작성신청 반려행위의 처분성 (긍정/실체적 권리관계-밀접관련)

건축물대장의 작성은 건축물의 소유권을 제대로 행사하기 위한 전제조건으로서 건축물 소유자의 실체적 권리관계에 밀접하게 관련되어 있으므로, 건축물대장 소관청의 작성신청 반려행위는 국민의 권리관계에 영향을 미치는 것으로서 항고소송의 대상이 되는 처분이다.

724 경찰서장의 벌점배점의 처분성 (부정/기초자료 불과)

경찰서장 관리의 운전면허 행정처분처리대장에 기재되는 벌점의 배점은 그 자체만으로 아직 국민에 대하여 구체적으로 어떤 권리를 제한하거나 의무를 명하는 것이라고 할 수는 없고, 자동차운전면허의 취소·정지처분의 기초자료에 불과하여 항고소송의 대상이 되는 처분이 아니다.

725 행정규칙에 의한 불문경고조치의 처분성 (긍정/인사상 불이익)

행정규칙에 의한 '불문경고조치'는 법률상의 징계처분은 아니지만, 이로 인하여 차후 다른 징계처분이나 경고를 받게 될 경우 징계감경사유로 사용될 수 있었던 표창공적의 사용가능성이 소멸되는 등의 효과가 있으면 항고소송의 대상이 되는 행정처분에 해당한다.   [16 변시, 19-2]

726 법인 청산종결등기를 이유로 한 상표권 말소등록의 처분성 (부정/단순확인)

상표원부에 상표권자인 법인에 대한 **청산종결등기가 되었음을 이유**로 한 상표권의 말소등록은 상표권이 소멸하였음을 확인하는 사실적·확인적 행위에 지나지 않고 말소등록으로 비로소 상표권 소멸의 효력이 발생하는 것도 아니어서 **항고소송의 대상인 처분**이 아니다.

[20-1]

727 과세관청의 부가가치세법상 사업자등록 직권말소가 항고소송의 대상인 처분인지 (부정)

「부가가치세법」상 사업자등록은 **단순한 사업사실의 신고**로서, 사업자가 사업개시를 하고 있지 않는 경우와 폐업인 경우에 있어서 **과세관청의 사업자등록 직권말소행위는 불복의 대상이 되는 행정처분에 해당하지 않는다.**

[22-3]

728 과세관청이 위장사업자 명의를 실사업자의 명의로 직권정정하는 행위의 처분성 (부정)

과세관청이 사업자등록을 관리하는 과정에서 위장사업자의 사업자명의를 직권으로 실사업자의 명의로 정정하는 행위는 당해 사업사실 중 주체에 관한 **정정기재**일 뿐 사업자로서의 **지위에 변동**을 가져오는 것이 **아니**므로 항고소송의 대상이 되는 **행정처분으로 볼 수 없다.**

[20-1]

729 근로복지공단 산재법상 개별사업장의 사업종류변경 결정이 처분인지 (긍정)

근로복지공단이 사업주에 대하여 하는 **개별 사업장의 사업종류 변경결정**은 사업종류 결정의 주체, 내용과 결정기준을 고려할 때 **확인적 행정행위로서** 처분에 해당한다.

[23 변시, 22-3]

730 방위사업법상 연구개발확인서 발급이 국방조달계약 지위확인 위한 처분인지 (긍정)

방위사업법령 및 '국방전력발전업무훈령'에 따른 연구개발확인서 발급은 사업관리기관이 개발업체에서 해당 품목의 양산과 관련하여 **수의계약의 방식으로 국방조달계약을 체결할 수 있는 지위**가 있음을 인정해 주는 **확인적 행정행위로서** 처분에 해당한다. [21 국회8급]

731 방통위의 정보통신서비스사업자에 대한 '게시글 삭제요구'의 처분성 (긍정)

구「방송통신위원회의 설치 및 운영에 관한 법률」에 따라 방송통신심의위원회가 **정보통신서비스제공자** 甲에게 정보통신서비스**이용자** 乙의 게시글을 삭제할 것을 요구한 행위는 **의무의 부담을 명**하거나 기타 법률상 효과를 발생하게 하는 것으로 항고소송의 대상이 되는 **행정처분**에 해당한다.

[20-3]

732 한국연구재단-총장에게 연구비 부당집행에 대한 '대학자체 징계요구'의 처분성 (부정)

재단법인 한국연구재단이 甲대학교 총장에게 연구개발비의 부당집행을 이유로 해당 연구팀장 乙에 대한 대학자체 징계를 요구한 행위는 **항고소송의 대상**이 되지 **않는다.**

[20-3]

733 권익위의 시 · 도선관위 장에게 징계취소 및 신분보장 조치요구의 처분성 (긍정)

甲이 국민권익위원회에 「부패방지 및 국민권익위원회의 설치와 운영에 관한 법률」에 따른 신고와 신분보장조치를 요구하였고, 국민권익위원회가 甲의 소속 기관장인 乙시 · 도선거관리위원회위원장에게 '甲에 대한 중징계요구를 취소하고 향후 신고로 인한 신분상 불이익처분 및 근무조건상의 차별을 하지 말 것'을 요구하는 내용의 **조치요구를 한 행위는 불응 시 제재규정**이 존재하고 조치요구를 다툴 별다른 방법이 없으므로 **항고소송** 을 제기하는 것이 **유효 · 적절한** 수단이다.   [22-2, 20-3]

734 거부처분의 성립요건- 신청권 필요성 (긍정/거부처분요건설-대상적격설)

행정청의 거부행위가 항고소송의 대상인 처분이 되기 위해서는 신청인에게 그 신청에 따른 행정행위를 해 줄 것을 요구할 수 있는 **법규상 · 조리상의 신청권이** 있어야 하며, 이때의 신청권은 신청인이 그 신청에 따른 단순한 **응답을 받을 권리를** 넘어서 신청의 인용이라는 **만족적 결과를 얻을 권리를 의미하지는** 않는다.   [20 변시]

735 거부처분 성립에 신청인의 '권리행사에 중대한 지장초래'도 포함되는지 (긍정)

행정청이 국민의 신청에 대하여 한 거부행위가 **행정처분이 되려면,** 그 거부행위가 **신청** 인의 법률관계에 어떤 변동을 일으키는 것이어야 하며, 여기에서 '신청인의 법률관계에 어떤 변동을 일으키는 것'이라는 의미는 신청인의 실체상의 권리관계에 **직접적인 변동** 을 일으키는 것은 물론, 그렇지 않다 하더라도 신청인이 실체상의 권리자로서 **권리를** 행사함에 중대한 지장을 초래하는 것도 **포함한다.**   [21-1]

736 거부처분 제소기간 도과 후 다시 신청한 것에 대한 거부가 항고소송의 대상인지 (긍정)

신청을 거부하는 처분에 제소기간이 도과하여 불가쟁력이 발생한 이후, 신청인이 다시 **동 일한 내용의 새로운 신청을 하고 행정청이 이를 거부한 경우**에 신청인은 반복된 거부처분에 대하여 **취소소송을 제기**할 수 있다.   [22 변시]

737 대법원장의 예비판사 임용거부의 헌법소원 대상성 (부정/처분-항고소송可)

대법원장의 예비판사임용거부는 항고소송의 대상이 되는 행정처분이므로 **헌법소원의** 대상 이 **아니다.**   [20-1]

738 행정소송법상 거부처분 종합문제

「행정소송법」상 **거부처분**에 관한 설명 중 옳지 않은 것은?

ㄱ. 개발부담금부과처분 후 납부한 학교용지부담금에 대한 조리상 환급청구권 (긍정)

개발부담금을 부과할 때는 가능한 한 개발부담금 **부과처분 후에 지출한 개발비용도 공제** 함이 마땅하므로, 이미 부과처분에 따라 납부한 개발부담금 중 부과처분 후 **납부한 개발**

비용인 학교용지부담금에 해당하는 금액에 대하여는 조리상 그 취소나 변경 등 **환급에 필요한 처분을 신청할 권리**가 인정되므로, 그 **환급신청 거절회신은 항고소송의 대상**이 된다.

ㄴ. 중요무형문화재 보유자의 추가인정을 요구한 법규상·조리상 신청권 (부정)

중요무형문화재 보유자의 **추가인정 여부**는 행정청의 재량에 속하고, 특정 개인에게 자신을 보유자로 인정해 달라는 **법규상 또는 조리상 신청권**이 있다고 **할 수 없어**, 중요무형문화인 경기민요 보유자 추가인정 신청에 대한 **거부는 항고소송의 대상이 되지 않는다.**

ㄷ. 산재보험가입자 지위변경을 위한 법규상·조리상 사업주변경 신청권 (부정/거부처분X)

업무상 재해를 당한 甲의 요양급여 신청에 대하여 근로복지공단이 요양승인 처분을 하면서 사업주를 乙주식회사로 보아 요양승인 사실을 통지하자, 乙주식회사가 甲이 **자신의 근로자가 아니라고 주장하면서 근로복지공단에 사업주 변경을 신청**하였으나 이를 거부하는 통지를 받은 경우, **근로복지공단의 결정**에 따라 산업재해보상보험의 **가입자 지위가 발생하는 것이 아니므로** 乙주식회사에게 **법규상 또는 조리상** 사업주 변경 신청권이 **인정되지 않아**, 위 **거부통지는 항고소송의 대상이 되지 않는다.**

739 절차상 하자 이유 거부처분취소판결과 재처분의무 (절차보완-동일처분 可)

거부처분이 실체적 하자가 아니라 절차상의 하자를 **이유로 취소된** 경우에는 처분청이 그 **위법사유를 보완하여 종전의 신청에 대하여** 다시 동일한 거부처분을 하더라도 **행정소송법 제30조 제2항의 재처분**에 해당하기 때문에 취소판결의 **기속력에 반하지 않는다.**

740 경원자소송에서 자신에 대한 거부처분을 다툴 소이익 인정되는지 (긍정)

경원관계에서 신청한 처분을 받지 못한 사람은 신청에 대한 거부처분의 직접 상대방으로서 **원칙적으로 자신에 대한 거부처분의 취소를 구할 원고적격**은 있고, 거부처분 취소판결이 확정되는 경우 **판결의 직접적인 효과로 경원자에 대한 허가처분이 취소되거나 효력이 소멸되는 것은 아니더라도**, 특별한 사정이 없는 한 **자신에 대한 거부처분의 취소를 구할 소의 이익이 있다.**

[23 변시]

741 공사중지명령 취소소송 기각판결확정 후 위 명령에 대한 기판력 (모순주장X)

행정청이 관련 법령에 근거하여 행한 공사중지명령의 **상대방이 명령의 취소를 구한 소송**에서 패소함으로써 그 명령이 적법한 것으로 이미 확정되었다면, 이후 이러한 공사중지명령의 상대방은 그 **명령의 해제신청을 거부한 처분의 취소를 구하는 소송**에서 그 **명령의 적법성을 다툴 수 없다.**

742 폐기물관리법상 부적정통보의 처분성 (긍정/사전결정-중간단계-종국적 규율)

「폐기물관리법」에 따른 폐기물처리업 **사업계획 부적정통보**는 폐기물처리업 허가신청 자체를 제한하는 등 국민의 권리의무를 개별적이고 구체적으로 규율하는 것이므로 **행정처분에 해당**한다.

743 소송계속 중 처분청의 처분 변경시 원고의 소변경 (긍정/22조)

법원은 행정청이 소송의 대상인 처분을 소가 제기된 후 변경한 때에는 **원고의 신청에 의하여 결정**으로 청구의 취지 또는 원인의 변경을 허가할 수 있다.

[14 국회8급]

744 재결취소소송에서 재결 고유한 위법 아닌 원처분의 당부 판단 가능한지 (부정)

재결취소소송의 경우 **재결 자체에 고유한 위법이 없더라도 원처분의 당부에 따라** 기각여부의 **판결**을 할 수 있는 것은 아니다.

[14 국회8급]

745 보건복지부 약제급여 상한에 관한 고시의 처분성 (긍정/처분적 고시)

'**약제급여 · 비급여목록 및 급여상한금액표**'와 같이 어떤 고시가 다른 집행행위의 **매개 없이** 그 자체로 직접 국민의 권리 · 의무나 권리관계를 **규율하는** 성격을 가지는 경우에는 행정처분에 해당한다.

[10 국회9급]

746 공정위 고발조치 또는 고발의견의 처분성 (부정/내부행위)

공정거래위원회의 **고발조치**나 **고발의견**은 「독점규제 및 공정거래에 관한 법률」 제71조에서 위 기관의 고발을 동 법률위반죄의 소추요건으로 규정하고 있으나, **행정기관 상호간의 행위에 불과**하여 항고소송의 대상이 되는 처분이 아니다.

747 과징금부과처분의 감액처분이 당초처분과 별개의 독립한 항고소송의 대상인지 (부정/유리한 변경)

당초의 과징금 부과처분을 한 후 그 과징금 액수를 감액하는 처분을 한 경우, **감액처분**은 당초처분과 **별개인 독립의 과징금 부과처분이 아니라** 그 실질은 당초 과징금의 일부취소라는 유리한 결과를 가져오는 처분에 불과하므로 독립한 항고소송의 대상이 되지 **않는다**.

[24 변시]

748 영업정지처분을 유리하게 변경한 경우 당초 영업정지처분이 소멸되는지 (부정/남은 원처분)

영업정지처분을 영업자에게 유리하게 변경하는 처분을 한 경우 변경처분에 의하여 당초의 영업정지처분은 **소멸하는 것이 아니고** 당초부터 **유리하게 변경된 내용의 처분으로** 존재하는 것이다.

[24 · 22 변시, 19-3]

749 선행처분과 후행처분이 존재- 선행처분에만 존재하는 취소사유로 후행처분 다툴 수 있는지 (부정)

선행처분이 후행처분에 의하여 **변경되지 아니한 범위 내**에서 존속하고 **후행처분**은 선행처분의 내용 중 **일부를 변경하는 범위 내**에서 효력을 가지는 경우에, **선행처분에만 존재하는 취소사유**를 이유로 **후행처분의 취소를 청구**할 수는 **없다**.

[24 변시]

750 대학교원 유일한 면접심사대상자 신규채용 중단행위의 처분성 (긍정/법조신O)

대학교원의 신규채용에 있어서 유일한 **면접심사 대상자로 선정된 임용지원자**에 대한 교원 신규채용 중단조치는 임용지원자에 대한 신규임용을 사실상 거부하는 종국적인 조치로서 **항고소송의 대상이 되는** 처분 등에 해당한다.

751 형사판결 확정 전 행정제재처분 가능성 (긍정/무죄추정원칙-적용X)

일정한 법규위반사실이 행정처분의 전제사실이 되는 한편 이와 동시에 형사법규의 위반사실이 되는 때, 형사판결이 확정되지 **않았음에도** 이에 앞서 그 위반사실을 들어 **행정처분을 할 수 있으므로,** 교비횡령 유죄판결이 아직 확정되지 않은 상태에서 교비회계로 회복시키도록 시정명령을 한 것은 적법하다.

752 국가공무원법상 당연퇴직 인사발령의 처분성 (부정/법령상 당연효력)

국가공무원법상의 당연퇴직사유가 있어 행한 **인사권자의** 당연퇴직의 인사발령은 공무원의 신분을 상실시키는 형성적 행정행위가 아니므로 처분이 아니다.   [19-2]

753 소득귀속자에 대한 소득금액변동통지의 처분성 (부정/원천납세의무자-소득자 영향X)

구 「소득세법」 시행령에 따른 소득 귀속자에 대한 **소득금액변동통지는** 원천납세의무자인 소득 귀속자의 법률상 지위에 직접적인 법률적 변동을 가져오는 것이 아니므로, 항고소송의 대상이 되는 **행정처분이라고 볼 수 없다.**   [17 국회8급]

754 원천납세의무자의 소득금액변동통지를 다툴 법률상 이익 (부정/영향X)

원천징수의무자에 대한 소득금액변동통지는 원천납세의무의 존부나 범위와 같은 원천납세의무자의 권리나 법률상 지위에 어떠한 영향을 준다고 할 수 없으므로 소득처분에 따른 소득의 귀속자는 법인에 대한 소득금액변동통지의 **취소를 구할** 법률상 이익이 없다.

755 노동부장관의 노동조합법령상 법외노조통보가 항고소송의 대상인 처분인지 (긍정)

구 **노동조합 및 노동관계조정법령**에 토대한 법외노조 통보는 적법하게 설립되어 활동 중인 노동조합에 대하여 행정관청이 더 이상 「**노동조합법**」상 노동조합이 아님을 고권적으로 확정하는 행정처분에 해당한다.   [22-3]

756 감사원의 징계요구 및 재심의결정의 처분성 (부정/법률상 불이익X)

A시장이 감사원으로부터 「감사원법」에 따라 A시 소속 공무원에 대한 징계 요구를 받게 된 경우, 감사원의 징계 요구는 '징계 요구, 징계절차 회부, 징계'의 단계로 이어지는 과정에서의 중간처분에 불과하여, 감사원의 징계 요구와 **재심의결정이 항고소송의 대상이 되는 행정처분이라고 할 수 없다.**   [19 변시]

757 금융감독위원회의 부실금융기관에 대한 파산신청 자체가 처분인지 (부정/국민 직접영향X)

구 「금융산업의 구조개선에 관한 법률」과 구 「상호저축은행법」에 의한 금융감독위원회는 **부실금융기관**에 대하여 **파산을 신청**할 수 있는 권한을 보유하고 있는데, 그 파산신청 자체는 **국민의 권리 · 의무에 어떤 영향**을 미치는 것이 **아니**므로 행정처분이라 할 수 **없다.** [23-1]

758 감사원 변상판정 자체를 항고소송으로 다툴 수 있는지 (부정/재결주의)

감사원의 변상판정처분에 대하여서는 행정소송을 **제기할 수 없고,** 재결에 해당하는 재심의 판정에 대하여서만 감사원을 피고로 하여 행정소송을 제기할 수 있다.

759 병무청장의 최종 공개결정시 관할 지방병무청장의 1차공개결정의 소익 (부정)

관할 지방병무청장이 병역의무 기피를 이유로 그 **인적사항 등을 공개할 대상자를** 1차로 결정하고 그에 이어 병무청장의 최종 공개결정이 있는 경우, 병무청장의 **최종 공개결정만 이 항고소송의 대상**이 되고, 관할 지방병무청장의 1차 공개결정을 **별도로 다툴** 소의 이익 은 **없어진다.** [20 변시, 22 국회8급]

760 검사의 불기소결정에 대한 내부규정에 의한 경고조치

> 甲은 乙을 명예훼손 등 혐의로 고소하였다. 검사 丙은 乙에 대하여 **불기소결정**을 하였으나, 甲에게 그 결과를 통지하지 않았다. 甲은 대검찰청에 丙이 자신의 고소사건 처리를 태만히 하고 있으니 징계하여 달라는 진정서를 제출하였다. 이에 검찰총장은 丙이 직무를 태만히 하여 甲에게 「형사소송법」에 의한 처분결과를 통지하지 아니한 잘못이 있으나 그 정도가 중 하지 않으므로 「검사징계법」상 징계사유에는 해당하지 않는다고 판단하였다. 그러나 장래에 동일한 잘못을 되풀이하지 않도록 엄중히 **경고할 필요**가 있다고 판단하여, 丙에 대하여 **대검 찰청 내부규정에 근거하여 경고조치**를 하였다. 이에 관한 설명 중 옳지 않은 것을 모두 고른 것은? [22 변시]

ㄱ. 검사의 불기소결정에 형소법상 불복 이외에 항고소송 가능한지 (부정/특별불복절차)

丙의 불기소결정은 검찰청법에 의한 **항고와 재항고,** 형사소송법에 의한 **재정신청**에 의해 서만 불복할 수 있는 것이므로, 이에 대해서는 **행정소송법상** 항고소송을 제기할 수 **없다.**

ㄴ. 검사의 불기소결정이 처분인지 (부정)/ 불기소처분 부작위위법확인소송 가능한지 (부정)

丙의 불기소결정은 항고소송의 대상인 **처분이 아니**므로, 甲에게 「형사소송법」에 의한 처 분결과 통지를 하지 않음으로써 행정청의 의사가 외부에 표시되지 아니하였다고 하더 라도 甲은 부작위위법확인소송을 제기하는 방식으로 **불복할 수 없다.**

ㄷ. 검찰총장의 내부규정에 의한 경고조치가 취소소송의 대상인지 (긍정)

대검찰청 내부규정에서 검찰총장의 경고조치를 받은 검사에 대하여 직무성과급 지급이나 **승진 · 전보인사에서 불이익**을 주도록 규정하고 있다면, 丙은 검찰총장의 경고조치에 대 하여 취소소송을 제기하는 방식으로 **불복할 수 있다.**

ㄹ. 법상 징계사유에 해당하지 않는 경우에도 검찰총장의 경고조치 가능한지 (긍정)

丙의 직무상 의무 위반의 정도가 중하지 않아 「검사징계법」상 징계사유에 **해당하지 않는** 경우에도 검찰총장이 대검찰청 내부규정에 **근거하여** 경고조치를 할 수 있고, 이러한 직무 감독권 행사는 특별한 사정이 없는 한 **존중하는 것이 바람직**하다.

761 대규모점포 개설등록과 영업정지처분 등에 관한 사례

> 서울특별시 A구청장이 대형마트를 활성화하기 위한 구청의 방침을 정하고, **대규모점포를 개설등록**하면 일체의 **영업시간 제한**이나 의무휴업일의 지정을 **하지 않겠다고** 甲에게 **약속을** 하였다. 이를 믿은 甲은 A구청장에게 대규모점포의 **개설등록을 신청**하여 개설등록이 되었다. 그런데 개설등록 이후 A구청장은 **오전 0시부터 오전 8시까지 영업시간을 제한**하고, 매월 둘째 주와 넷째 주 일요일을 의무휴업일로 지정하는 내용의 처분(이하 '제1차 처분')을 하였다. 제1차 처분에 대해 甲이 **취소소송**을 제기하였고 그 후 A구청장은 영업제한 시간을 **오전 0시부터 오전 10시까지로 변경**하되 의무휴업일은 종전과 동일하게 유지하는 내용으로 하는 처분(이하 **'제2차 처분'**)을 하였다. 이에 관한 설명으로 **옳지 않은** 것은?

ㄱ. 구청장의 영업시간제한 등을 하지 않겠다는 약속의 법적 성질 (확약)

A구청장의 대규모점포를 개설등록하면 일체의 영업시간 제한이나 의무휴업일의 지정을 하지 않겠다고 甲에게 **약속**한 것은 강학상 확약에 해당한다.

ㄴ. 변경처분이 당초처분의 유효전제-일부만 변경-가분적인 경우 소 대상 (종전처분)

기존의 행정처분을 변경하는 내용의 행정처분이 뒤따르는 경우, 후속처분의 내용이 **종전처분의 유효를 전제로** 내용 중 일부만을 추가 · 철회 · 변경하는 것이고 추가 · 철회 · 변경된 부분이 내용과 성질상 나머지 부분과 불가분적인 것이 아닌 **경우**에는, 종전처분이 **항고소송의 대상**이 된다.

[21-2]

ㄷ. 영업제한시간 일부 추가시 제1차 처분이 소멸되는지 (부정/여전히 소대상)

제1차 영업시간 제한처분을 연장한 제2차 처분으로 인하여 **추가된** 영업시간 제한 부분은 그 성질상 종전 제1차 영업시간 제한처분의 **유효를 전제로** 그 일부를 추가한 것이며 제1차 처분과 가분적인 것이므로 제2차 처분으로 종전 처분인 제1차 처분이 소멸되었다고 볼 수 없다.

ㄹ. 대형마트 개설등록시 일체로서 판단- 개별점포 요건부합 판단이 필요한지 (부정)

일단 대형마트로 개설등록되었다면 특별한 사정이 없는 한, 그 개설등록된 형식에 따라 대규모점포를 **일체로서 판단**하여야 하고, 대규모점포를 구성하는 개별 점포의 실질이 위 대형마트의 요건에 부합하는지 여부를 다시 살필 것은 **아니다.**

ㅁ. 대형마트 개설자 이외에 임대매장의 임차인이 처분의 상대방인지 (부정/사전통지X)

영업시간 제한 등 처분의 대상인 대규모점포 중 개설자의 직영매장 이외에 개설자에게서 **임차하여 운영**하는 임대매장이 병존하는 경우에도, 임대매장의 임차인이 개설자와 **별도로** 처분 **상대방**이 되는 것은 **아니므**로 임차인을 상대로 별도의 사전통지 및 의견청취절차를 거칠 필요가 **없다.**

762 무허가건물대장에서의 삭제행위가 항고소송의 대상인 처분인지 (부정)

무허가건물이 지장물 이전 및 철거와 관련한 협의계약을 체결할 당시까지 **무허가건물관리대장에 등재**되어 있었다가 그 이후 무허가건물관리대장에서 삭제되었다고 하여 이주대책에서 정한 **원고의 법률상 지위에 어떠한 영향**을 미친다고 볼 수 **없다.** [22 경찰간부]

763 항고소송의 대상 종합문제

> 「행정소송법」상 **항고소송**의 대상에 관한 설명 중 옳은 것(○)과 옳지 않은 것(×)을 올바르게 조합한 것은? [18 변시]

ㄱ. 자동차운전면허대장 등재행위의 처분성 (부정/사실증명자료)

자동차운전면허대장에 일정한 사항을 **등재하는 행위**는 운전면허행정사무집행의 편의와 사실증명의 **자료로 삼기 위한 것**에 불과하고, 그 등재행위로 인하여 당해 운전면허 취득자에게 새로이 어떠한 권리가 부여되거나 변동 또는 상실되는 것은 아니므로, 소관청의 운전면허대장 등재행위는 항고소송의 대상이 되는 행정처분에 **해당하지 아니**한다.

ㄴ. 지목변경신청 반려행위의 처분성 (긍정/공증의 처분성-공법상 법률관계에 영향)

지목은 토지행정의 기초로서 공법상의 법률관계에 영향을 미치고, 토지소유자는 지목을 토대로 사용·수익·처분에 일정한 제한을 받게 되는 점 등을 고려하면, 소관청의 지목변경신청 반려행위는 국민의 **권리관계에 영향**을 미치는 것으로서 항고소송의 대상이 되는 행정처분에 **해당한다.**

ㄷ. 토지대장의 소유자 명의변경신청 거부행위의 처분성 (부정)

토지대장의 소유자 명의변경은 토지소유자의 **실체적 권리관계에 변동**을 가져올 수 **없으므로,** 소관청이 토지대장상의 **소유자명의변경신청**을 거부한 행위는 이를 항고소송의 대상이 되는 행정처분**이라고 할 수 없다.**

ㄹ. 토지대상의 직권말소행위의 처분성 (긍정)

토지대장은 토지에 대한 공법상의 규제, 개발부담금의 부과대상, 지방세의 과세대상, 공시지가의 산정, 손실보상가액의 산정 등 토지행정의 기초자료로서 공법상의 법률관계에 영향을 미치므로, 이러한 **토지대장을 직권으로 말소**한 행위는 **국민의 권리관계에 영향**을 미치는 것으로서 항고소송의 대상이 되는 **행정처분에 해당한다.**

ㅁ. 건축물대장상의 용도변경신청 거부행위의 처분성 (긍정)

건축물대장의 용도는 건축물의 소유권을 제대로 행사하기 위한 전제요건으로서 건축물 소유자의 실체적 권리관계에 밀접하게 관련되어 있으므로, 소관청이 건축물대장상의 용도변경신청을 거부한 행위는 **국민의 권리관계에 영향**을 미치는 것으로서 항고소송의 대상이 되는 **행정처분에 해당한다.**

764 유흥주점 영업허가 종합문제 (사례형)

甲이 식품위생법에 근거하여 유흥주점의 영업허가를 신청한 경우 이에 관한 다음 설명 중 옳은 것을 모두 고른 것은?

[13 변시]

ㄱ. 식품위생법상 유흥주점 영업허가의 재량성 (부정/일반적 금지해제-허가)

유흥주점의 영업허가는 이른바 일반적 금지의 해제이기 때문에 행정청에 **폭넓은 재량이 인정되지 않**는다.

ㄴ. 기존의 유흥주점업자의 신규허가를 다툴 법률상 이익 (부정/경업자쟁송X)

기존에 허가받은 **유흥주점업자는** 통상적으로 그대로 영업허가에 대하여 취소소송을 제기할 법률상 이익이 없다.

ㄷ. 유흥주점 영업정지명령 위반에 대한 대집행가능성 (부정/부작위 의무위반)

영업허가 후 甲의 유흥주점의 위생상태가 악화되어 영업정지처분을 **했음에도 甲이 영업을 계속**하고 있는 경우에 관할 행정청이 대집행을 **할 수 없다.**

765 청소년유해매체물 고시 종합문제 (사례형)

다음 고시에 관한 설명 중 옳은 것(O)과 옳지 않은 것(X)을 올바르게 조합한 것은?

[15 변시]

여성가족부 고시 제2014-21호

「청소년보호법」 제7조 제1항의 규정에 의거 방송통신심의위원회가 결정한 청소년유해매체물을 같은 법 제21조 제2항에 의거 다음과 같이 고시합니다.

2014년 9월 22일
여성가족부장관

1. 청소년유해매체물 목록 : 아래 목록표와 같음
2. 의무사항
   • 다음 목록의 청소년 유해 정보물을 제공하는 사업자는 「청소년보호법」상 청소년유해 표시 의무(법 제13조)를 이행하여야 하며, 누구든지 영리를 목적으로 동 매체물을 청소년을 대상으로 판매·대여·배포하거나 시청·관람·이용에 제공하여서는 아니 됨(법 제16조)
3. 벌칙내용
   • 청소년유해표시 의무(법 제13조)위반 : 2년 이하의 징역 또는 1천만원 이하의 벌금(법 제59조 제1호)
   • 판매 금지 등의 의무(법 제16조)위반 : 3년 이하의 징역 또는 2천만원 이하의 벌금(법 제58조 제1호)

청소년유해매체물(전기통신정보) 목록표

[인터넷]

일련번호	제목	정보위치	정보제공자	심의결정기관	심의번호	결정연월일	결정사유	고시의효력발생일
2014 ~ 366	www.gay.com ('게이닷컴')	인터넷	㈜ GD커뮤니케이션	방송통신심의위원회	894127	2014. 9.15.	청소년유해매체물	2014. 9.29.
⋮	⋮	⋮	⋮	⋮	⋮	⋮	⋮	⋮

* 위 고시는 가상(假想)으로 구성한 것임

위 고시가 있은 후 ㈜ GD커뮤니케이션은 자신이 운영하는 동성애자 커뮤니티 '게이닷컴'에는 청소년유해매체물로 지정될 만한 내용이 전혀 포함되어 있지 않음에도, 여성가족부장관이 자신에게 **통지하지 않은 채 고시하였다**며 2014. 12. 31. **무효확인을 구하는** 항고소송을 제기하였다.

ㄱ. 무효확인소송과 제소기간 (부정)

위 고시일부터 90일이 지난 시점에서 **무효확인소송을 제기**하였다면 ㈜ GD커뮤니케이션이 제기한 소송은 제소기간**이 적용되지 않으므로 적법한 소제기에 해당**한다.

ㄴ. 불특정·다수인에 대한 고시·공고와 제소기간 기산점 (고시의 효력발생일-안날)

여성가족부장관은 ㈜ GD커뮤니케이션에게 반드시 통지를 **하여야 하는 것은 아니고, 고시의 효력 발생일에 처분이 있음을 알았던 것**으로 본다.

ㄷ. 고시·공고의 효력발생일이 명시된 경우 제소기간 기산점 (효력발생일-90일)

만일 ㈜ GD커뮤니케이션이 위 고시에 대한 **취소소송을 제기**한다면, 제소기간의 기산일은 **2014년 9월 29일이다.**

ㄹ. 청소년유해매체물 결정·고시의 처분성 (긍정/물적 일반처분)

청소년유해매체물 결정·고시는 일반 불특정 다수인을 상대방으로 하여 일률적으로 표시의무, 포장의무, 청소년에 대한 판매·대여 등의 금지의무 등 각종 의무를 발생시키는 **행정처분의 성격**을 갖는다.

6 행정심판청구의 부적법한 각하와 재결취소소송 가능성 (긍정/고유하자)

행정심판청구가 **부적법하지 않음에도** 각하한 재결은 심판청구인의 실체심리를 받을 권리를 박탈한 것으로서 **재결에 고유한 하자가 있는 경우**에 해당하여 **재결 자체가 취소소송의 대상**이 된다.

[13 변시]

767 인용재결에 재결의 고유한 하자가 인정되는지 (긍정/내용상 하자-포함)

의약품제조품목허가처분에 대하여 원처분의 상대방이 아닌 제3자가 행정심판을 **청구하여 재결청이 원처분을 취소하는** 형성재결을 한 경우에 그 원처분의 상대방은 그 **재결에 대하여 항고소송을 제기**할 수밖에 없는데, 이 경우 위 **재결은 원처분과 내용을 달리하는 것**이어서 재결의 취소를 구하는 것은 **원처분에 없는** 재결 고유의 위법을 **주장하는 것**이 된다.

[13 변시]

768 부적법 각하할 청구의 인용재결시 고유한 하자 인정되는지 (긍정)

행정청이 골프장 사업계획승인을 얻은 자의 사업시설 착공계획서를 수리한 것에 불복하여 **인근 주민들이 그 수리처분의 취소를 구하는 행정심판**을 청구한 것에 대하여, 재결청이 처분성의 결여를 이유로 위 취소심판청구를 부적법 각하**하여야 함에도 불구**하고 이를 각하하지 않고 **심판청구를 인용하여** 취소재결을 하였다면 **재결 자체에 고유한 하자가 있는 것**이다.

[13 변시]

769 재결자체의 고유한 위법에 내용상 하자 포함되는지 (긍정)

재결 자체에 고유한 위법에는 재결 자체의 주체, 절차, 형식상의 위법뿐만 아니라 **재결 자체의** 내용상의 위법도 **포함된다.**

[13 변시]

770 재결취소소송에서 재결자체에 고유한 위법이 없는 경우 법원의 판단 (기각판결)

재결은 그 자체에 **고유한 위법**이 있는 경우에만 **취소소송의 대상**이 되므로, 재결취소소송의 경우에는 재결 자체에 고유한 위법이 있는지 여부를 심리할 것이고 심리 후 재결 자체에 고유한 위법이 **없다면** 각하할 것이 아니라 기각판결을 해야 한다.

[20-1]

771 공공기관운영법상 공사도급계약과 입찰참가자격제한 종합문제

> **국토교통부 산하 A시설공단**은 「공공기관의 운영에 관한 법률」의 적용을 받는 **법인격 있는 공기업**이다. A시설공단은 시설물 설치를 위한 지반공사를 위해 「국가를 당사자로 하는 계약에 관한 법률」이 정하는 바에 따라 **甲건설회사와 공사도급계약을 체결**하였다. 그런데 甲건설회사가 공사를 하는 과정에서 규격에 미달하는 저급한 자재를 사용하여 지반이 침하하는 **사고가 발생**하였고, A시설공단은 계약의 부실 이행을 이유로 「공공기관의 운영에 관한 법률」 제39조 제2항에 따라 甲건설회사에 대해 **3개월간 입찰참가자격을 제한한다는 통보**를 하였다. 이에 관한 설명 중 **옳지 않은 것**은?
>
> [16 변시]

ㄱ. 시설공단이 건설회사와 체결한 국가계약법상 도급계약의 성질 (사법상계약/민사소송)

A시설공단과 甲건설회사 간의 **공사도급계약**은 사법상(私法上) 계약이며, 그 내용에 관한 **분쟁의 해결은 민사소송에** 의한다.

ㄴ. 입찰참가자격 제한조치에 대한 취소소송의 피고 (처분청/시설공단)

甲건설회사가 위 입찰참가자격 제한조치에 대해 취소소송을 제기하는 경우 피고는 국토교통부장관이 아니라 A시설공단으로 하여야 한다.

ㄷ. 계약부실이행의 당초사유에 공무원 뇌물공여 처분사유 추가가능성 (부정/기사동X)

입찰참가자격 제한조치에 대한 취소소송의 계속 중 피고는 甲건설회사가 부실공사를 무마하기 위해 관계 공무원에게 뇌물을 공여한 사실이 있음을 처분사유로 추가할 수 없다.

[20-2]

ㄹ. 처분의 근거법규 위헌제청신청 기각결정에 대한 불복방법 (헌법소원O/항고X)

甲건설회사가 입찰참가자격 제한조치의 취소를 구하는 소송에서 처분의 근거조항인「공공기관의 운영에 관한 법률」제39조 제2항에 대하여 위헌제청신청을 하였으나 수소법원이 그 신청을 기각한 경우 헌법소원을 제기할 수 있을 뿐, 甲건설회사는 그 기각결정에 대해 항고할 수 없다.

772 산업집적법상 산업단지관리공단의 산업단지 입주계약

> 甲은「산업집적활성화 및 공장설립에 관한 법률」(이하 '법')에 따라 산업단지관리공단과 A시 소재 산업단지 입주계약을 체결하였으나, 이후 산업단지관리공단은 甲의 계약위반을 이유로 입주계약을 해지하였다. 이에 관한 설명 중 옳은 것은?
> [22 변시]
>
> 〈참고〉
> 법(현행법을 사례에 맞게 단순화하였음)
> **제42조(입주계약의 해지 등)** ① 산업단지관리공단은 입주기업체가 입주계약을 위반한 경우에는 그 입주계약을 해지할 수 있다.
> **제43조(입주계약 해지 후의 재산처분 등)** ① 제42조 제1항에 따라 입주계약이 해지된 자는 그가 소유하는 산업용지 및 공장등을 산업통상자원부령으로 정하는 기간에 처분하여야 한다.
> **제55조(과태료)** ① 시장·군수·구청장은 제43조 제1항에 따른 기간에 산업용지 또는 공장등을 양도하지 아니한 자에게는 500만원 이하의 과태료를 부과한다.

ㄱ. 공단의 산업단지 입주계약 해지가 항고소송의 대상인 처분인지 (긍정)

甲이 산업단지관리공단을 상대로 입주계약의 해지를 다투려면 당사자소송이 아닌 항고소송을 제기해야 한다.

ㄴ. 공단의 산업단지 입주계약 해지에 행정절차법 적용되는지 (긍정)

산업단지관리공단이 甲에 대하여 입주계약을 해지하는 경우, 법에 특별한 규정이 없다면「행정절차법」의 적용을 받는다.

ㄷ. 산업단지 입주계약 해지에 이익형량의 원칙이 적용되는지 (긍정)

산업단지관리공단이 甲에 대하여 입주계약을 해지하는 경우, 해지하여야 할 **공익상의 필요**와 해지로 인한 甲의 기득권, 신뢰보호 및 법률생활 안정의 침해 등 **불이익에 대한** 이익형량이 요구된다.

ㄹ. 산업단지 입주계약해지 취소소송 중 공단이 해지를 직권취소 가능한지 (긍정)

甲이 입주계약의 해지에 대하여 행정소송으로 **다투고 있는 중**에는 산업단지관리공단은 입주계약의 **해지를 직권으로 취소할 수 있다.**

ㅁ. 행정청의 과태료 부과가 항고소송의 대상인 처분인지 (부정)

甲이 일정기간 산업용지를 양도하지 않자 관할 A시장이 甲에게 과태료를 부과한 경우 이러한 과태료 부과는 항고소송의 대상인 처분이 **아니므로**, 甲은 과태료부과처분 **취소소송**을 통해 **다툴 수 없다.**

773 감봉1개월을 견책으로 변경하는 소청결정의 재량권 일탈·남용 주장 (원처분-위법주장)

공무원인 원고에 대한 감봉 1월의 **징계처분**을 관할 소청심사위원회가 견책으로 변경하는 소청결정을 내린 경우, 원고가 위 소청결정 중 **견책에 처한 조치**는 재량권의 일탈·남용이 있어 위법하다는 사유를 들어 다툰다면 이는 위 **소청결정 자체에 고유한 위법이 있는 경우**가 아닌, **원처분에 대한 위법주장에 불과**하다.

[13 변시]

774 숙박업구조변경허가에 대해 700m 거리의 숙박업자가 무효확인을 구할 소이익 있는지 (부정)

관할 행정청이 A에 대하여 A 소유 건물의 4, 5층에 객실을 설비할 수 있도록 **숙박업구조변경허가**를 하였는데 그곳으로부터 700m 정도의 거리에서 **여관을 경영하는** 甲이 주거안녕과 생활환경 침해를 **이유로** A에 대한 **숙박업구조변경허가처분의** 무효확인소송을 제기한 경우, **甲이 받게 될 불이익은 간접적, 사실적, 경제적 불이익**에 지나지 아니하므로 甲에게 무효확인을 구할 소익이 없다.

[24 변시]

775 쟁송취소로 회복가능한 다른 이익 남은 경우 예외적으로 소익 인정되는지 (긍정)

취소판결을 받더라도 해당 처분으로 발생한 위법상태를 **원상으로 회복시킬 수 없는 경우**에는 그 취소를 구할 **소의 이익**이 인정되지 **않는 것이 원칙**이나, 그 **취소로써 회복할 수 있는** 다른 이익이 남아 있거나 또는 불분명한 법률문제의 해명이 필요한 경우에는 예외적**으로 소의 이익을 인정**할 수 있다.

[22 변시]

776 부령에 의한 가중적 제재처분기준과 소이익 (긍정/장래 가중적 제재 위험)

제재적 행정처분이 그 처분에서 정한 제재기간의 경과로 인하여 그 효과가 소멸되었으나, 부령인 시행규칙의 형식으로 정한 처분기준에서 제재적 행정처분(이하 '선행처분')을 받은 것을 가중사유나 전제요건으로 삼아 장래의 제재적 행정처분(이하 '후행처분')을 하도록 정하고 있는 경우, 위 시행규칙이 정한 바에 따라 선행처분을 가중사유 또는 전제요건으로 하는 후행처분을 받을 우려가 현실적으로 존재하는 경우에는 선행처분을 받은 상대방은 그 처분에서 정한 제재기간이 경과한 선행처분의 취소를 구할 **법률상 이익**이 있다.

[22 · 14 변시]

777 공장등록취소 후 철거된 경우에도 세액감면혜택 있는 경우 다툴 소익 여부 (긍정)

공장등록이 취소된 후 그 **공장시설물이 철거**되었다 하더라도 대도시 안의 공장을 지방으로 이전할 경우 「조세특례제한법」상의 **세액공제 및 소득세 등의** 감면혜택이 있는 때 그 **공장등록취소처분**에 대하여 **취소소송**을 **제기**하는 경우 협의의 소익이 **인정**된다.

[19-3]

778 해임처분 무효확인소송 계속 중 임기만료시 소익 (긍정/보수-회복되는 이익)

해임처분 무효확인 또는 취소소송 계속 중 임기가 만료되어 해임처분의 무효확인 또는 취소로 지위를 회복할 수는 없다고 할지라도, 그 무효확인 또는 취소로 **해임처분일부터 임기만료일까지 기간에 대한** 보수 지급을 구할 수 있는 경우에는 해임처분의 무효확인 또는 취소를 구할 법률상 이익이 있다.

[17 변시]

779 외국인 체류자격 및 난민인정에 관한 사례

> 외국인 甲, 乙, 丙, 丁에 관한 설명 중 옳지 않은 것은?   [19-2]
>
> - 甲은 국내체류자격을 받아 체류하다가 당초의 체류자격과 **다른 체류자격으로 변경허가를 신청**하였다.
> - 乙은 대한민국에 **난민신청**을 하였다.
> - 丙은 **대한민국에 입국한 적이 없는** 사람으로, 대한민국에 입국하기 위하여 **사증발급을 신청**하였다. 丙의 **국적국 법령상** 외국인은 출입국 관련 결정에 불복하지 못한다.
> - 丁은 **위명(僞名)**인 A 명의의 여권으로 대한민국에 입국하였다.

ㄱ. **단순 외국인의 사증발급 거부처분의 취소를 구할 법률상 이익 (부정)**

丙이 사증발급을 거부당한 경우, 丙은 **아직 대한민국에 입국하지 않은 상태**에서 대한민국에 입국하게 해달라고 주장하는 것으로 대한민국과의 실질적 관련성 내지 대한민국에서 **법적으로 보호가치 있는 이해관계**를 형성한 경우는 아니어서 「출입국관리법」의 해석상 丙에게는 **사증발급 거부처분의 취소를 구할** 법률상 이익이 인정되지 않는다.

ㄴ. **위명사용 난민인정 신청의 거부처분- 실제 인물이 다툴 법률상 이익 (긍정)**

丁이 A 명의로 난민신청을 하였으나 법무부장관이 A 명의를 사용한 丁을 직접 면담하여 조사한 후 丁에 대하여 **난민불인정 처분**을 하였다면, 처분의 상대방은 허무인이 아니라 **A라는 위명을 사용한 丁**이므로 **丁에게는** 처분의 취소를 구할 **법률상 이익이 인정**된다.

780 위법한 건축허가 취소소송 계속 중 공사완료시 소의 이익 (부정/원상회복X)

위법한 건축허가에 대해 취소소송으로 다투는 **도중에 건축공사가 완료**된 경우, 비록 그 위법한 처분을 취소한다 하더라도 **원상회복이 불가능**한 경우에는 그 취소를 구할 이익이 없다.

[17 변시]

781 이미 입영한 자의 현역병입영통지처분을 다툴 소이익 (긍정/입영이후 영향O)

현역입영대상자가 현역병입영통지처분을 받고 **현실적으로 입영**을 하였다고 하더라도, 입영 이후의 법률관계에 영향을 미치고 있는 **현역병입영통지처분의 취소를 구할** 소의 이익이 있다.

[17 변시, 22-3]

782 검정고시합격 후 고교퇴학처분 취소소송의 소이익 (긍정)

고등학교졸업이 대학입학자격이나 학력인정으로서의 의미밖에 없다고 할 수 없으므로 **고등학교졸업학력**검정고시에 합격하였다 하여 고등학교 학생으로서의 신분과 명예가 회복될 수 없는 것이니 **퇴학처분을 받은 자로서는 퇴학처분의 위법을 주장**하여 그 취소를 구할 소송상의 이익이 있다.

[17 변시]

783 공익근무요원 소집해제신청 거부 후 복무기간 만료로 소집해제시 소이익 (부정)

공익근무요원 소집해제신청을 거부당한 자가 계속하여 공익근무요원으로 복무한 후 **복무기간 만료**를 이유로 **소집해제처분**을 받은 때 그 **거부처분의 취소소송**을 제기하는 경우 협의의 소익이 **인정되지 않는다.**

[19-3]

784 인근주민이 생태 · 자연도 등급변경처분을 다툴 원고적격 (부정/반사적 이익)

환경부장관이 생태 · 자연도 1등급으로 지정되었던 지역을 **2등급 또는 3등급으로 변경**하는 내용의 생태 · 자연도 수정 · 보완을 고시하자, 인근 주민이 생태 · 자연도 등급변경처분의 무효확인을 청구한 경우, **인근 주민은 무효 확인을 구할** 원고적격이 없다.

785 한정면허 시외버스 수익감소시 일반면허 시외버스 계획변경인가 다툴 원고적격 (긍정)

한정면허를 받은 시외버스운송사업자는 **일반면허를** 받은 **시외버스운송사업자**에 대한 **사업계획변경 인가처분으로** 수익감소가 예상되는 경우에 일반면허 시외버스운송사업자에 대한 사업계획변경 인가처분의 취소를 구할 **법률상의** 이익이 인정된다.

[21 국회8급]

786 지방법무사회 법무사 사무원 채용승인거부가 처분인지 (긍정)/ 법무사와 그 사무원도 원고적격 인정되는지 (긍정)

지방법무사회가 법무사의 사무원 채용승인 신청을 거부하거나 채용승인을 얻어 채용 중인 사람에 대한 채용승인을 취소하는 것은 **처분에 해당**하고, 이러한 처분에 대해서는 처분 **상대방인 법무사**뿐 아니라 그 때문에 사무원이 **될 수 없게** 된 사람도 이를 다툴 **원고적격**이 인정된다.

[23 변시, 21 국회8급]

787 대학교 교수협·총학생회의 이사선임처분 다툴 법률상 이익 (긍정/노조지부X)

교육부장관이 사학분쟁조정위원회의 심의를 거쳐 학교법인의 **이사와 임시이사를 선임**한 데 대하여 그 대학교의 교수협의회와 총학생회는 이사선임처분을 다툴 **법률상 이익**을 가지지만, 직원으로 구성된 전국대학노동조합 대학교지부는 **법률상 이익을 가지지 않는다.**

788 개발제한구역 일부취락 해제시 누락된 토지소유자의 법률상 이익 (부정)

개발제한구역 중 일부 취락을 개발제한구역에서 해제하는 내용의 도시관리계획 변경결정에 대하여 개발제한구역 해제 대상에서 누락된 토지의 소유자는 위 결정의 취소를 구할 법률상 이익이 없다.   [11 경행특채]

789 甲에 대한 처분의 취소를 구할 **법률상 이익**이 그 처분의 당사자가 아닌 **제3자 乙에게 인정**되는 경우를 모두 고른 것은?   [22-2]

ㄱ. 변경처분이 종전보다 불리하고 경원자에게 유리하면 경원자 소송의 소이익 인정되는지 (부정)
면허처분의 근거가 되는 법률이 해당 업자들 사이의 **과당경쟁**으로 인한 **경영의 불합리**를 방지하는 것도 목적으로 하고 있는 경우, **甲에 대한 사업면허변경처분**이 종전보다 甲에게 불리하게 이루어졌는데 경업자 乙은 당해 **변경처분의 취소**를 구하고자 하는 경우 소이익이 인정되지 **않는다.**

ㄴ. 임금협정에 따라 상여금을 제한받는 근로자가 과징금부과처분을 다툴 소이익이 있는지 (부정)
甲 교통주식회사는 노사 간의 임금협정을 통하여 **운전기사의 합승행위** 등으로 회사에 대하여 **과징금이 부과**되면 당해 **운전기사에 대한 상여금지급시** 그 **금액상당을 공제**하기로 하였다. **운전기사 乙의 합승행위**를 이유로 甲회사에 과징금이 **부과**되어 乙의 상여금지급이 제한되자, 乙은 과징금부과처분의 취소를 구하고자 하는 경우 **직접 당사자가 아니**므로 소이익이 인정되지 **않는다.**

790 취소소송제기 후 행정심판 인용재결이 있는 경우 취소소송의 소이익 (부정/각하)

행정심판과 취소소송이 **동시에** 제기되어 행정심판에서 먼저 인용재결이 있었다면, 재결로 인해 대상 처분은 **소급하여** 효력을 잃게 되므로 처분의 **취소를 구하는 소**는 소익이 없으므로 각하해야 한다.   [21-3, 20-1]

791 조합설립변경인가~ 소멸한 당초 설립인가의 후속행위가 있는 경우 다툴 소이익 있는지 (긍정)

주택재건축사업조합이 새로이 조합설립인가처분을 받는 것과 **동일한 요건과 절차**를 거쳐 **조합설립변경인가처분**을 받는 경우 당초 조합설립인가처분의 **유효를 전제**로 당해 주택재건축사업조합이 사업시행계획의 수립, 관리처분계획의 수립과 같은 **후속 행위를 하였다면**, 당초 조합설립인가처분이 무효로 확인되거나 취소될 경우 후속 행위 역시 소급하여 효력을 상실하게 되므로 **당초 처분을 다툴 소의 이익이 인정**된다.   [22-3]

792 후속조치가 있는 경우 공사완료된 도시계획변경결정처분 취소소송의 소익 (긍정)

도시개발사업의 공사 등이 완료되고 원상회복이 사회통념상 불가능하게 된 경우 **도시개발사업의 시행에 따른 도시계획변경 결정 처분**과 도시개발구역 지정 처분 및 도시개발사업실시계획 인가처분의 취소를 구하는 경우 각 처분의 취소를 구할 **법률상 이익은 소멸하지 않는다.**

[08 지방7급]

793 위법한 업무정지처분의 기간도과 소멸-위법한 처분의 반복위험 있으면 소이익 있는지 (긍정)

금융위원회가 「공인회계사법」의 해석을 잘못하여 甲 회계법인에 대하여 **업무정지처분**을 하였는데 甲 회계법인이 이를 **다투지 않는** 동안 **업무정지기간**이 이미 도과하였더라도 향후 **동일한 사유로 위법한 처분**을 다른 회계법인에 반복할 위험이 **인정**된다면 甲 회계법인은 위 업무정지처분의 취소를 구할 소의 이익이 **있다.**

[22-3]

794 후행처분으로 과징금 감면처분이 있는 경우 선행처분에 대한 취소소송의 소이익 (부정)

공정거래위원회가 부당한 공동행위를 한 사업자에게 **과징금 부과처분을 선행처분**으로 한 뒤 다시 자진신고 등을 이유로 **후행처분으로서** 과징금 감면처분을 한 경우 선행처분에 **대하여 취소소송**을 제기하는 경우 협의의 소익이 **인정되지 않는다.**

[19-3]

795 주택법상 입주자·입주예정자의 사용검사처분을 다툴 소이익 (부정/회복이익X)

건축물에 대한 **사용검사처분이 취소**되면 사용검사 전의 상태로 돌아가 건축물을 사용할 수 없게 되는 것에 그칠 뿐 곧바로 건축물의 하자 상태 등이 제거되거나 보완되는 것이 아니므로, 구 「주택법」상 입주자나 입주예정자가 사용검사처분의 무효확인 또는 취소를 구할 법률상 이익이 없다.

796 거부처분 취소재결을 다툴 법률상 이익 (부정/후속처분-소대상O)

거부처분이 재결에서 취소된 경우 재결에 따른 후속처분이 아니라 그 재결의 취소를 구하는 것은 실효적이고 직접적인 권리구제수단이 될 수 없어 **분쟁해결의 유효적절한 수단이라고 할 수 없으므로** 법률상 이익이 없다.

[19-1]

797 국가기관의 원고적격 인정 여부- 소방청장이 권익위 조치요구를 다툴 원고적격 (긍정)

소방청장이 처분성이 인정되는 국민권익위원회의 **조치요구에 불복**하여 조치요구의 취소를 구하는 경우 항고소송의 원고적격이 **인정**된다.

[21 국가9급]

798 공장설립승인 쟁송취소 후 승인처분에 기초한 공장건축허가 잔존시 소이익 (긍정)

개발제한구역 안에서 **공장설립을 승인한 처분**이 위법하다는 이유로 쟁송취소되었으나 그 승인처분에 기초한 공장건축허가처분이 잔존하는 때 **인근 주민**이 그 **공장건축허가처분**에 대하여 취소소송을 제기하는 경우 협의의 소익이 인정된다.

[19-3]

799 당사자소송 피고경정의 신청이 없는 경우 법원이 석명권행사 필요한지 (긍정)

당사자소송에서 원고가 피고를 잘못 지정한 것으로 보이는 경우, **피고경정은 원고의 신청**에 의하여야 하므로 법원으로서는 원고의 피고경정신청이 없는 경우 마땅히 **석명권을 행사**하여 원고로 하여금 정당한 피고로 경정하여 소송을 진행케 하여야 할 것이지, **막바로 소를 각하할 것은 아니다.** [13 변시]

800 담배소매인지정 종합문제 (사례형)

> 다음 사례에 관한 설명 중 **옳은 것은?** (단, 담배소매인지정처분의 법적 성격은 **강학상 '특허'임을 전제**로 하며, 다툼이 있는 경우 판례에 의함) [15 변시]
>
> • 甲은 건물 1층에서 담배소매인 지정을 받아 담배소매업을 하고 있었는데, **관할 구청장 A는 법령상의 거리제한 규정을 위반**하여 그 영업소에서 30미터 떨어진 인접 아파트 상가에서 乙이 담배소매업을 할 수 있도록 **담배소매인 신규지정처분**을 하였다.
> • 丙과 丁은 같은 상가의 1층과 2층에서 각각 담배소매업을 하고자 **관할 구청장 B에게 담배소매인 지정신청**을 하였으나, B는 丁에게만 담배소매인지정처분을 하였다.

ㄱ. 기존 담배소매인이 신규 담배소매인지정 취소소송과 손해배상 병합제기 여부 (긍정)

甲은 乙에게 발령된 담배소매인 신규지정처분에 대한 취소소송을 제기하면서 그 신규지정처분의 위법을 이유로 하는 손해배상청구소송을 그 취소소송에 병합하여 제기할 수 있다.

ㄴ. 기존 담배소매인이 거리제한 내에 영업상 이익이 법률상 이익인지 (긍정)

甲이 자신에 대한 담배소매인지정처분을 통하여 **기존에 누렸던 이익은** 거리제한 내에서 乙 등 제3자에 대한 신규지정처분이 발령되지 않음으로 인한 **법률상 이익에 해당**한다.

ㄷ. 담배소매인 지정거부처분 취소소송에서 집행정지 가능성 (부정)

丙이 자신에 대한 **담배소매인 지정거부를 취소소송**으로 다투면서 집행정지를 신청한다면 법원은 이를 **배척**할 것이다.

ㄹ. 소송참가한 제3자의 행정소송법 31조 재심청구 가능성 (부정)

丁에 대한 담배소매인지정처분을 대상으로 丙이 제기한 취소소송에서 丁이 「행정소송법」상 소송참가를 하였으나 본안에서 丙이 **승소판결을 받아 확정**되었다면, 丁은 「행정소송법」제31조에 의한 **재심을 통해 이를 다툴 수 없다.**

ㅁ. 제3자 재심청구의 제척기간 (안날-30일/확정될 날-1년)

제3자에 의한 재심청구는 제3자가 확정판결이 있음을 **안 날로부터 30일** 이내, 판결이 **확정된 날로부터 1년** 이내에 제기하여야 한다.

ㅂ. 취소재결 후 행정청이 취소통지한 경우 소의 대상 (취소재결/재결취소소송)

丙이 丁에 대한 담배소매인지정처분 취소심판을 제기하여 취소재결을 받은 후 B가 丁에게 **담배소매인지정처분의 취소**를 통지하였다면, 丁은 취소소송을 제기할 경우 B가 행한 담배소매인 지정취소처분이 아니라 **취소재결을 소의 대상으로 하여야** 한다.

801 명문규정 없는 경우 합의제 행정청 자체가 피고인지 (긍정/예외-중노위 장)

개별법령에 합의제 행정청의 장을 피고로 한다는 명문규정이 없는 한 합의제 행정청 명의로 한 행정처분의 취소소송의 피고적격자는 합의제 행정청의 장이 아닌 당해 합의제 행정청이다.

[14 변시]

802 내부위임 받은 자가 자기명의로 처분한 경우 피고적격 (처분명의자-수임기관)

행정처분을 행할 적법한 권한 있는 상급행정청으로부터 내부위임을 받은 데 불과한 하급행정청이 **권한 없이** 자기의 명의로 **행정처분**을 한 경우 그 취소소송에서는 실제로 그 처분을 행한 **하급행정청을 피고**로 하여야 한다.

[14 변시]

803 농어촌공사가 대행자기재 후 납부통지한 경우 피고가 관할청인 장관인지 (긍정)

관할청인 농림축산식품부장관으로부터 농지보전부담금 수납업무의 대행을 위탁받은 **한국농어촌공사**가 농지보전부담금 납부통지서에 관할청의 대행자임을 기재하고 **납부통지서를 보낸 경우** 농지보전부담금 부과처분에 대한 **취소소송의 피고**는 관할청이 된다.

[22 국회8급]

804 수용재결 불복- 취소소송의 대상이 수용재결인지 이의재결인지 (수용재결/원처분주의)

수용재결에 불복하여 **취소소송을** 제기하는 때에는 이의신청을 **거친 경우**에도 수용재결을 한 중앙토지수용위원회 또는 지방토지수용위원회를 피고로 하여 **수용재결의 취소를 구하여야** 하고, 다만 이의신청에 대한 **재결 자체에 고유한 위법이 있음을 이유**로 하는 경우에만 그 **이의재결을 한 중앙토지수용위원회를 피고**로 하여 이의재결의 취소를 구할 수 있다.

[14 변시]

805 납세의무 부존재확인소송의 피고가 과세관청인지 행정주체인지 (행정주체/공당사)

납세의무부존재확인**의 소는 공법상의 법률관계** 그 자체를 다투는 소송으로서 당사자소송이라 할 것이므로 **과세관청이 아니**라 그 법률관계의 한쪽 당사자인 국가 · 공공단체 그 밖의 **권리주체가 피고적격을 가**진다.

[14 변시]

806 피고경정의 시간적 한계 (사변종 전까지/취소소송 · 공당사)

원고가 피고를 잘못 지정한 경우 피고경정은 취소소송과 당사자소송 모두에서 **사실심 변론종결**에 이르기까지 허용된다.

[14 변시]

807 중앙노동위원회 처분에 대한 피고적격 (중노위 위원장)

합의제행정기관이 한 처분에 대하여는 그 기관 자체가 피고가 되는 것이 원칙이나, 중앙노동위원회의 처분에 대한 소는 중앙노동위원회 위원장을 **피고**로 하여야 한다. [15 변시]

808 당사자소송에서 피고경정 가능성 (긍정/44조-14조 준용)/ 피고경정이 법원 직권으로도 가능한지 (부정/신청만 可)

당사자소송의 원고가 피고를 잘못 지정하여 피고경정신청을 한 경우 법원은 결정으로써 **피고의 경정**을 허가할 수 있다. [15 변시]

809 행정소송법상 피고경정시 피고동의가 필요한지 (부정/민사소송-준용X)

「**행정소송법**」은 취소소송에서 **원고가 피고를 잘못 지정**한 경우 피고가 **본안에서 변론을** 한 이후에는 피고의 **동의를 얻어야 피고경정**이 가능하다는 **규정이 없다.** [15 변시]

810 피고경정시 제소기간 준수기준 (처음 소제기시/피고경정시X)

피고경정으로 인한 피고의 변경은 새로운 피고에 대한 소송은 처음에 소를 제기한 때에 제기된 것으로 보고, 제소기간의 준수 여부를 **피고를 경정한 때**를 기준으로 하지 **않는다.** [15 변시]

811 지방의회 의원징계결의 취소소송의 피고적격 (지방의회/합의제 행정청)

지방의회의원에 대한 징계의결 취소소송과 지방의회 의장선임의결의 무효확인을 구하는 소송의 피고는 모두 **지방의회 의장이 아닌** 지방의회가 된다. [15 변시]

812 교도소장의 휴대불허행위 종합문제 (사례형)

> A교도소장은 그 교도소에 복역 중인 甲에게 송부되어 온 **티셔츠**에 대하여 이를 甲에게 **교부하지 아니한 채 휴대를 불허**하였다. [15 변시]

ㄱ. 교도소장의 휴대불허행위의 사법심사 가능성 (긍정/특별행정법관계)

A 교도소장의 휴대불허행위는 이른바 특별권력관계 내부에서의 행위라 하더라도 그에 대한 사법심사는 **가능**하다.

ㄴ. 교도소장의 휴대불허행위의 처분성 (긍정/권력적 사실행위)

A교도소장의 휴대불허행위는 **이른바** 권력적 사실행위에 해당한다.

ㄷ. 법률에 구체적 위임없는 행형법시행령 등이 위법성 판단기준인지 (부정/법규성X)

A교도소장의 휴대불허행위는 목적달성에 필요한 합리적인 범위내에서만 허용될 수 있으므로 각 이익간에 비교교량을 통해 결정되어야 하고 법률의 근거를 요하는 바, **법률에 구체적 위임에 의하지 않은 행형법시행령이나 계호근무준칙은 위법성 판단의 참고자료에 불과**할 뿐, 제한조치의 위법 여부를 판단하는 **법적 기준이 될 수 없다.**

ㄹ. 교도소장의 휴대불허행위 후 타교도소 이송시 법률상 이익 소멸되는지 (부정)

A교도소장의 휴대불허행위가 있은 후 **甲이 다른 교도소로 이송됨으로써 A교도소장의 관리 하에 있지 않은** 경우라 하더라도, 위 휴대불허행위의 취소를 구할 법률상 이익이 **반드시 부정된다고 볼 수는 없다.**

813 교도소장의 교도관참여대상자 지정행위의 법적 성질 (공권력적 사실행위/처분O)

교도소장이 수형자를 '접견내용녹음 · 녹화 및 접견시 교도관 참여대상자'로 **지정**한 행위는 **계속성이 있는 공권력적 사실행위로서 항고소송의 대상**이 되는 행정처분이다.

[23-1, 20-3]

814 주소불명으로 인한 특정인에 대한 고시 · 공고의 제소기간 기산점이 현실적 안날인지 (긍정)

특정인에 대한 행정처분을 주소불명 등의 이유로 **송달할 수 없어 관보 · 공보** · 게시판 · 일간신문 등에 공고한 경우에는 상대방이 당해 처분이 있었다는 사실을 현실적으로 안 날이 **제소기간의 기산일**이 된다.

[23 변시, 21-3]

815 청구기간 미준수로 인한 각하재결 송달받은 후 90일내 취소소송 가능성 (부정)

처분이 있음을 안 날부터 90일을 넘겨 취소심판을 **청구**하였다가 부적법하여 각하재결이 있은 후 재결서를 송달받은 날부터 **90일 이내에** 원래의 처분에 대하여 취소소송을 **제기**하였다고 하여 취소소송의 제소기간을 준수한 것으로 되는 것은 아니다.

[19-3]

816 불가쟁력 발생 후 행정청의 잘못 안내에 따른 행정심판청구 (부적법)/ 잘못 안내에 따른 행정심판 재결서정본 송달 후 90일내 취소소송 제기가능성 (부정)

행정청이 「산업재해보상보험법」에 의한 보험급여 수급자에 대하여 **부당이득 징수결정**을 한 후 그 하자를 이유로 **징수금 액수를 감액**하는 경우, 제소기간이 지나 불가쟁력이 발생한 이후에 **행정심판청구를 할 수 있다고** 잘못 알렸다고 하더라도 **잘못된 안내에 따라 청구된 행정심판 재결서 정본을 송달받은 날부터 다시 취소소송의 제소기간이 기산되는 것**은 아니다.

[21-3]

817 행정심판기간 오고지- 그 기간 내 행정소송 제기하면 제소기간 도과된 경우에도 적법한지 (부정/행정심판만 적용)

행정심판 제기기간에 관하여 행정청으로부터 법정 심판청구기간보다 긴 기간으로 잘못 통지받은 경우에 이에 대한 **신뢰이익**은 그 기간 내에 **행정심판을 제기**한 경우에 **한하며 행정소송**을 제기한 경우에까지 **확대되는 것은 아니므로, 그 기간 내에 행정소송을 제기하**였더라도 「행정소송법」상 법정 제소기간을 도과하였다면 **적법한 소의 제기**로 볼 수 **없다.**

[23-2]

818 취소소송의 청구취지 변경하는 경우 제소기간의 준수는 구 소가 제기된 때인지 (부정/소변경시)

취소소송은 처분 등이 있음을 **안 날부터 90일** 이내에 제기하여야 하고, 처분 등이 **있은 날부터 1년**을 경과하면 제기하지 못하며, 청구취지를 변경하여 구 **소가 취하**되고 새로운 **소가 제기**된 것으로 변경되었을 때에 새로운 소에 대한 **제소기간의 준수** 등은 원칙적으로 소의 변경**이 있은 때**를 기준으로 하여야 한다.

[23-2]

819 취소소송의 추가적 병합시 제소기간 기산점 (추가 · 변경시/새로운 소제기)

취소청구의 추가적 병합이 있는 경우 **제소기간**은 **청구취지의 추가 · 변경이 있은 때**를 기준으로 하고 최초의 취소소송이 제기된 때를 기준으로 하는 것이 아니다.

[19-3]

820 변경명령재결에 따른 변경처분시- 제소기간의 기산점 (재결서 정본송달시)

행정심판에서 처분에 대한 변경명령재결이 있은 후 **처분청이** 변경처분을 한 경우, **변경된 내용의** 당초 처분에 대해 취소소송을 제기하려는 자는 행정심판재결서 정본을 송달받은 날부터 90일 이내에 취소소송을 제기하여야 한다.

[21-3]

821 제소기간 도과 후 소제기-피고가 다투지 않고 변론에 응하면 제소기간 흠결 치유되는지 (부정)

제소기간이 도과한 후에 소를 제기한 경우에 있어서 **피고 행정청이** 이를 다투지 않고 **변론에 응하더라도** 제소기간에 대한 요건의 흠결은 치유**되지 않는다.**

[23 변시]

822 제3자소송에도 행정심판전치주의가 적용되는지 (긍정)

행정처분의 상대방에게 **행정심판전치주의가 적용**되는 경우, 제3자가 제기**하는 행정소송의** 경우에도 제3자는 행정처분의 존재를 알지 못하고 행정심판의 대한 고지도 받지 못했다하더라도 **역시** 행정심판 전치주의**가 적용된다.**

[14 국회8급]

823 관련청구소송은 취소소송이 계속 중인 법원에 이송하는지 (긍정/신청 · 직권이송可)

관련청구소송의 이송은 그 소송이 계속되어 있는 법원이 당해 소송을 취소소송**이 계속되어 있는 법원에 이송**하는 것이 상당하다고 인정하는 때에 당사자의 신청 또는 직권**에** 의하여 할 수 있다.

[20 변시]

824 본래의 주된청구 부적법 각하시 관련청구소송도 부적법 각하되는지 (긍정)

관련청구소송의 병합은 본래의 **항고소송이 적법할 것을 요건**으로 하는 것이어서 본래의 항고소송이 부적법하여 각하되면 그에 **병합된 관련청구도 소송요건을 흠결한 부적합한 것으**로 **각하되어야** 한다.
[20 변시]

825 행정청의 소송참가(17조) - 당사자소송에 준용되는지 (긍정)

행정청의 소송참가는 당사자소송에서도 **허용**된다.
[19-2]

826 소송참가한 제3자가 재심청구 가능한지 (부정)

행정청과 달리 소송참가할 수 있는 제3자가 자기에게 책임없는 사유로 소송에 **참가하지** 못함으로써 판결의 결과에 영향을 미칠 공격방어방법을 제출하지 못한 때에는 이를 이유로 **확정된 종국판결**에 대하여 재심을 청구할 수 있다.
[19-2]

827 소송참가한 행정청이 각하결정에 즉시항고 가능한지 (부정/소송참가한 제3자-可)

행정청의 소송참가를 규정한 「행정소송법」 제17조에 즉시항고**에 대한 규정이 없으므로**, 제3자와 달리 **참가신청을 한 행정청**은 그 신청을 각하한 결정에 대하여 **즉시항고할 수 없다.**

828 국가공무원에 대한 대통령의 처분과 항고소송의 피고적격 (소속장관)

공무원에 대한 징계·면직 기타 본인의 의사에 반하는 불이익처분에 있어서 그 **처분청이** 대통령인 때에는 소속장관을 피고로 하여야 한다.
[19-2]

829 국회의장의 처분에 대한 항고소송의 피고적격 (국회사무총장)

국회의장이 **행한** 처분에 대한 불복의 소는 국회사무총장을 **피고로** 한다.
[06 국회8급]

830 집행정지에서 처분 자체의 적법여부 심사가능한지 (부정/집행정지 요건만)

행정처분의 효력정지를 구하는 신청사건에 있어서는 행정처분 자체의 적법 **여부**는 궁극적으로 본안판결에서 심리를 거쳐 판단할 성질의 것이므로 **원칙적으로는 판단할 것이 아니고,** 그 행정처분의 효력을 정지할 것인가에 대한 행정소송법상 **집행정지에 관한 규정에서 정한** 요건의 존부만이 판단의 대상이 되나, 본안소송에서의 처분의 취소가능성이 없음에도 불구하고 처분의 효력정지를 인정한다는 것은 제도의 취지에 반하므로, 효력정지사건 자체에 의하여도 신청인의 **본안청구가 이유 없음이 명백할 때**에는 행정처분의 효력정지를 **명할 수 없다.**
[18·14 변시]

831 무효확인소송에 집행정지 준용되는지 (긍정/38조①-23조 준용O)

행정처분의 무효란 행정처분이 처음부터 아무런 효력도 발생하지 아니한다는 의미이고, 무효등확인소송에서도 집행정지가 **준용**된다.
[15 변시]

832 집행정지결정시 행정청이 처분을 실현하기 위한 조치도 불가한지 (긍정)

처분의 효력을 정지하는 집행정지결정이 이루어지면 결정 **주문에서 정한 정지기간 중**에는 처분이 없었던 원래의 상태와 같은 상태가 되며 처분청이 **처분을** 실현하기 위한 조치를 **할 수 없다.** [22 변시]

833 집행정지결정의 효력은 주문에서 정한 기간만료시 당연히 소멸되는지 (긍정)

집행정지결정**의 효력은** 결정주문에서 정한 기간까지 존속하다가 그 기간의 만료와 동시에 당연히 소멸한다. [22 변시]

834 집행정지로 제재를 덜 받는 결과를 초래하지 않도록 할 행정청의 조치의무 있는지 (긍정)

본안 확정판결로 제재처분이 적법하다는 점이 확인되었다면 제재처분의 상대방이 잠정적 집행정지를 통해 집행정지가 **이루어지지 않은 경우와 비교**하여 제재를 덜 받게 되는 결과가 **초래되도록 해서는 안 된다.** [24 · 22 변시, 22-3]

835 집행정지가 원고 본안패소시- 소급적으로 소멸하는지 (부정/장래효O)

항고소송을 제기한 원고가 본안소송에서 패소확정판결을 받은 경우에도 집행정지결정의 효력이 소급적으로 소멸하지는 않는다. [22 변시]

836 집행정지 기각 후 취소판결시 - 행정청이 초래된 불이익 결과제거 필요조치 의무 (긍정)

처분 상대방이 집행정지결정을 **받지 못했으나** 본안소송에서 해당 제재처분이 위법함이 확인되어 **취소하는 판결이** 확정되면, **처분청은** 그 제재처분으로 **처분상대방에게 초래된** 불이익한 결과를 제거하기 위하여 필요한 조치를 **취하여야** 한다. [22 변시]

837 본안소송 취하시 집행정지결정의 효력 (당연소멸/별도조치 불요)

집행정지결정을 한 후에라도 본안소송이 취하**되어 소송이 계속되지** 않게 되면 이에 따라 **집행정지결정의 효력은** 당연히 소멸되는 것이고 별도의 취소조치**가 필요한 것은 아니다.** [18 · 15 변시]

838 집행정지결정 · 기각결정에 대한 즉시항고의 효력 (결정집행의 정지X)

집행정지결정 **또는 기각결정에 대하여는** 즉시항고를 할 수 있고, 집행정지결정에 대한 **즉시항고에는** 결정의 집행을 정지하는 효력이 없다. [15 변시]

839 집행정지의 취소사유는 집행정지결정 이후에 발생한 것이어야 하는지 (긍정)

집행정지결정의 취소사유는 특별한 사정이 없는 한 **집행정지결정이** 확정된 이후에 발생한 것이어야 한다. [24 변시]

840 집행정지 요건 중 공공복리에 중대한 영향의 입증책임 (행정청/소극적 요건)

집행정지의 소극적 요건으로서 '공공복리에 중대한 영향을 미칠 우려'에 대한 주장 · **소명책임**은 행정청에게 있다.

[18 · 15 변시]

841 집행정지결정 후 원고패소판결 확정시 집행정지의 효력 (당연소멸/별도조치-불요)

법원이 집행정지결정을 하면서 그 **주문에서** 당해 법원에 계속 중인 본안소송의 **판결선고시까지 효력을** 정지한 경우, 원고패소판결이 선고되면 그 본안판결의 선고시에 집행정지 결정의 효력은 별도의 취소조치 없이 소멸하고 **처분의 효력이 부활한다.**

[15 변시]

842 외국인 방문취업 체류자격 변경 종합문제 (사례형)

> **외국인 甲은** 방문취업 체류자격(H-2)으로 대한민국에 입국한 후, **재외동포 체류자격(F-4)으로** 체류자격을 변경하여 체류하던 중 직업안정법위반죄로 징역 1년에 집행유예 2년을 선고받아 그 판결이 확정되었다. 이에 관할 지방출입국 · 외국인관서의 장은 甲에 대하여 **강제퇴거명령** 및 「출입국관리법」 제63조 제1항에 정한 **보호명령**을 하였다. 이에 관한 설명 중 **옳은 것을 모두 고른 것은?**
>
> 〈참고〉
>
> 「출입국관리법」 제63조(강제퇴거명령을 받은 사람의 보호 및 보호해제) ① 지방출입국 · 외국인관서의 장은 강제퇴거명령을 받은 사람을 여권 미소지 또는 교통편 미확보 등의 사유로 즉시 대한민국 밖으로 송환할 수 없으면 송환할 수 있을 때까지 그를 보호시설에 보호할 수 있다.

ㄱ. 본안소송이 부적법 각하되는 경우 집행정지신청도 각하되는지 (긍정)

甲이 즉시 국외로 강제퇴거되지 않기 위해서 **강제퇴거명령에 대하여 항고소송과 함께 집행정지신청**을 한 경우, 그 본안소송인 항고소송이 부적법 각하되어 그 판결이 확정되면 집행정지신청도 **부적법**하게 된다.

[23 변시]

ㄴ. 강제퇴거명령 집행정지된 경우 보호명령의 집행도 정지되는지 (부정)

甲에 대한 위 **보호명령**은 강제퇴거명령을 받은 자를 즉시 대한민국 밖으로 송환할 수 없는 경우에 송환할 수 있을 때까지 일시적으로 보호하는 것을 목적으로 하는 처분이므로, 강제퇴거명령을 전제로 하는 것이나, 그렇다고 하여 강제퇴거명령의 집행이 정지되면 그 성질상 당연히 보호명령의 집행도 정지되어야 한다고 볼 수는 없다.

843 주택건설사업계획승인 거부처분 취소판결 종합 (사례형)

> **甲은** 공동주택 및 근린생활시설을 건축하는 내용의 **주택건설사업계획승인신청을** 하였으나 행정청 乙은 거부처분을 하였다. 이에 甲이 거부처분취소소송을 제기하여 승소판결을 받았고, 그 판결은 확정되었다. 이에 관한 설명 중 옳지 **않은** 것은? [16 변시]

ㄱ. 거부처분취소판결의 재처분의무 불이행시 간접강제 신청 여부 (긍정)

乙이 판결의 취지에 따른 재처분의무를 **이행하지 않**는 경우 甲은 제1심 수소법원에 간접
강제를 **신청할** 수 있다.

ㄴ. 재처분의무 이행이 기속력 위반인 경우 간접강제 요건 충족되는지 (긍정)

乙이 재처분**을 하더라도** 그것이 거부처분에 대한 취소의 확정판결의 기속력에 위반**되는**
경우 甲은 간접강제를 **신청할 수 있다.**

ㄷ. 의무이행기간 경과 후 재처분의무 이행시 배상금 추심 허용되는지 (부정)

乙이 재처분의무를 이행하지 않아 간접강제결정이 행하여진 경우 간접강제결정에서 정한
의무이행기한이 경과한 후라도 乙이 판결의 취지에 따른 **재처분의무를** 이행하면 더 이상
배상금의 추심은 **허용되지** 않는다.

ㄹ. 개정법령의 부칙에 경과규정 있는 경우 신법에 근거한 재거부처분의 기속력 위반 (긍정)/
　 처분이 기속력의 재처분의무 위반시 간접강제 요건 충족 (긍정)

위 **취소소송 계속 중에 관련** 법령이 개정되었고, 개정 법령에 이미 주택건설사업계획승
인을 신청 중인 사안에 대해서는 종전 규정**에 따른다는** 경과규정**이 있음**에도 거부처분취
소판결이 확정된 후 **乙이 개정 법령을 적용하여 다시 거부처분**을 한 경우, **甲은 간접강제를
신청할 수 있다.**

44 시내버스 운송사업 유가보조금 전액회수처분 종합 (사례형)

> **시내버스 운수사업자 甲이 유류사용량을 실제보다 부풀려 유가보조금을 과다지급** 받은 데 대
> 하여 관할 시장 乙이 「여객자동차운수사업법」 제51조 제3항에 따라 부정수급기간 동안 **지급된
> 유가보조금 전액을 회수하는 처분**을 하자, 甲은 회수처분의 **취소를 구하는 소송을 제기하였다.**
> 이에 관한 설명 중 **옳은** 것을 모두 고른 것은?　　　　　　　　　　　　　　[17 변시]

ㄱ. 근거법률의 법리가 명백하지 않은 경우- 법령적용을 잘못한 하자의 명백성 (부정)

乙이 회수처분의 근거법률을 적용함에 있어 그 법률관계나 사실관계에 대하여 그 법률
의 규정을 적용할 수 없다는 법리가 명백히 **밝혀지지** 아니하여 그 **해석에 다툼의 여지**가
있었다면, **乙이 이를 잘못 해석하여 행정처분**을 하였더라도 이는 그 처분 요건사실을 오
인한 것에 불과하여 그 하자가 **명백하다고 할 수 없다.**

ㄴ. 행정심판에서 주장하지 않은 공격 · 방어방법을 취소소송에서 주장가능한지 (긍정)

甲이 위 회수처분에 대해 행정심판을 거쳐 취소소송을 제기한 경우, **행정심판절차에서 주**
장하지 아니한 공격방어방법을 취소소송 절차에서 주장할 수 있으며, 법원은 이를 심리하여
처분의 적법 여부를 판단할 수 있다.

ㄷ. 취소소송 기각판결의 기판력이 무효확인소송에 미치는지 (긍정)

甲의 취소청구를 기각하는 판결이 확정된 후 甲이 다시 위 회수처분에 대해 무효확인소송을 제기한 경우, 그 **기각판결의 기판력**은 무효확인소송에도 **미친다**.

ㄹ. 보조금회수액 감액처분의 경우 소의 대상과 기산점 (남은 원처분/당초처분 송달시)

만약 乙이 甲의 취소소송 제기 전에 보조금 회수액을 감액하는 감액처분을 하였고, 甲이 감액처분으로도 아직 **취소되지 않고 남은 부분에 대해 불복하여 취소소송을 제기**하는 경우, 제소기간의 준수여부는 당초 처분을 기준으로 판단하여야 한다.

845 미결수용자 이송처분의 취소소송에서 효력정지 신청가능한지 (긍정/권사-처분)

미결수용 중 안양교도소에서 진주교도소로 이송된 피고인이 그 이송처분의 취소를 구하는 **행정소송을 제기**하고 이송처분의 효력정지를 **신청할 수 있다**.

846 보조금교부 취소처분의 효력정지 후 보조금 교부-본안 원고기각판결 확정시- 행정청은 효력정지 기간 중 교부된 보조금 반환명령을 해야하는지 (긍정)

보조금 교부결정 취소처분에 대하여 **법원이 효력정지 결정**을 한 후 **보조금을 교부**하였으나 본안에서 **취소처분이 적법**하다는 원고청구기각결정이 선고되어 확정된 경우 특별한 사정이 없는 한 행정청은 효력 정지기간 중에 교부된 보조금에 대하여 **반환명령을 하여야** 한다. [20-3]

847 영업정지처분 효력정지결정 기간 중 영업정지기간 경과시 소이익 소멸 (부정)

영업정지처분이 그 효력정지결정으로 효력이 정지되어 있을 동안에 영업정지기간이 경과되었다고 하여도 그 처분의 **취소**를 구할 소송상 이익이 있다. [20-3]

848 과징금부과처분과 집행정지 종합 (사례형)

> **甲은 관할 행정청 乙로부터 2009. 8. 3.을 납부기한으로 하는 과징금부과처분**을 같은 해 6. 1. 고지받았으나, 이에 **불복하여 과징금부과처분 취소소송을 제기**하고 동시에 과징금부과처분에 대한 **집행정지도 신청**하였다. 법원은 2009. 7. 2. 위 본안소송에 대한 판결선고시까지 과징금부과처분의 집행을 정지한다는 결정을 내렸으나 甲이 2011. 6. 21. 결국 본안소송에서 패소하였다. 이에 甲이 2011. 6. 27. 당초 고지된 과징금을 납부하자 乙은 2009. 8. 3.의 납부기한을 도과하였으므로 그때부터 2011. 6. 27.까지의 체납에 따른 가산금도 납부하라는 징수처분을 하였다. [12 변시]

ㄱ. 과징금부과처분의 집행정지시 징수 · 납부기간도 정지되는지 (긍정/가산금X)

집행정지결정은 단지 징수권자가 징수집행을 하지 못하게 할 뿐만 아니라 **납부기간의 진행을 정지**시키므로 甲에게 가산금도 **발생하지 않는다**.

ㄴ. 집행정지효력에 반하는 가산금 부과처분의 효력 (당연무효)

본안소송에서 乙이 한 당초의 과징금부과처분이 적법하다고 판결이 내려졌더라도 과징금부 과처분에 기초하여 기간도과를 이유로 부과된 가산금징수처분은 **중대하고 명백한 하자가** 있다고 볼 수는 있다. 따라서 甲은 乙의 가산금징수처분에 대하여 취소소송으로 다툴 수 있음은 별론으로 하고 가산금을 **일단 납부해야 하는 것도 아니다.**

ㄷ. 원고패소시 집행정지의 실효 (당연실효) /집행정지 실효 후 납부기간 (나머지-다시진행)

집행정지결정이 **있으면** 납부기간의 진행도 **중단**되기는 하지만 이 본안소송에서 **패소하면** **집행정지결정이 실효**되므로 납부기간 중단의 효력도 실효되어 그때부터 **이미 진행된 기** **간을 제외한 나머지 기간이 다시 진행하므로**, 납부기간 중단의 효력은 소급하지 않으므로 甲은 가산금납부의무가 **없다.**

ㄹ. 집행정지 기각결정시 과징금 납부의무 (긍정/집행부정지 원칙/체납시-가산금)

甲의 집행정지신청이 **받아들여지지** 않았다면 과징금부과처분에 대한 **취소소송이** 진행**되고** 있는 동안에도 甲은 과징금을 납부할 의무가 있고, 따라서 과징금 체납에 따른 **가산금의** **납부의무도 있다.**

ㅁ. 집행정지 실효시 납부기간 진행에 따른 가산금 납부의무 (부정/남은기간-다시진행)

집행정지결정으로 납부기간의 진행도 함께 중단되므로 본안소송에서 패소한 때부터 **이미 진** **행된 기간을 제외한** 나머지 기간이 **다시 진행**되므로, 甲의 동년 6. 27. 과징금납부는 납부 기한 내에 납부한 것이 되므로 가산금납부의무는 **없다.**

주장책임과 입증책임

49 처분의 적법성의 입증책임 (처분청)/ 구체적 위법사유는 원고가 먼저 주장해야 하는지 (긍정)

행정소송에 있어서 특단의 사정이 있는 경우를 제외하면 당해 **행정처분의 적법성에 관하** 여는 당해 **처분청이 이를 주장 · 입증**하여야 할 것이나 행정소송에 있어서 직권주의가 가미되어 있다고 하여도 여전히 **변론주의를 기본 구조로** 하는 이상 행정처분의 위법을 들어 그 취소를 청구함에 있어서는 **직권조사사항을 제외**하고는 그 취소를 구하는 자가 **위법사유에 해당하는** 구체적인 사실을 먼저 주장하여야 한다. [22-1]

50 보훈보상자법상 보상에서 교육 · 직무수행과 부상 · 질병의 인과관계 증명책임 (신청인)

「보훈보상대상자 **지원**에 관한 법률」에 따른 보상을 받음에 있어 교육훈련 또는 직무수 행과 부상 · 질병 사이의 **인과관계에 대한 증명책임**은 보상 신청인에 있다. [20-3]

851 산업단지 입주계약 취소처분의 경우 '취소의 필요성'에 대한 증명책임 (행정청)

산업단지 입주계약을 취소하는 경우 취소의 필요성에 대한 **증명책임**은 행정청에 있다.

[20-3]

852 출입국관리법상 결혼이민 체류자격신청시 '책임없는 사유로 정상적 혼인관계 유지할 수 없는 사람' 해당없음 이유 거부처분- 체류자격신청요건 증명책임 (행정청)

「출입국관리법」상 **결혼이민 체류자격**을 신청한 **외국인에 대하여** 행정청이 그 요건인 '자신에게 책임이 없는 사유로 정상적인 혼인관계를 유지할 수 없는 사람'에 해당하지 않는다는 이유로 거부처분을 하는 경우, 거부처분취소소송에서 체류자격 신청요건에 대한 **증명책임**은 행정청에 있다.

[20-3]

853 징계사유인 성희롱 무죄판결- 그런 사정만으로 징계사유 존재 부정되는지 (부정)

징계사유인 성희롱 관련 형사재판에서 성희롱 행위가 있었다는 점을 **합리적 의심을 배제**할 정도로 확신하기 어렵다는 이유로 공소사실에 관하여 무죄가 선고되었다고 하여 그러한 사정만으로 **행정소송에서** 징계사유의 존재를 부정할 것은 **아니다.**

[22 국회8급]

854 관련청구소송의 취소소송 병합요건 (청구내용 · 발생원인 공통/선결문제)

관련청구소송이 취소소송과 병합되기 위해서는 그 **청구의 내용 또는 발생원인**이 취소소송의 대상인 처분등과 **법률상 또는 사실상 공통**되거나, 그 **처분의 효력이나 존부**가 선결문제로 되는 등의 관계에 있어야 하는 것이 원칙이다.

[20 변시]

855 법원이 항고소송에서 민사집행법상 가처분을 준용할 수 있는지 (부정)

처분 등이나 부작위가 **위법하다는 현저한 의심**이 있는 경우로서 **임시의 지위**를 정하여야 할 긴급한 필요가 있는 때라도, 본안이 계속되고 있는 법원은 당사자의 신청에 따라 결정으로써 가처분을 **할 수는 없다.**

856 당사자소송에서 민사집행법상 가처분이 준용되는지 (긍정/44조①-23조②-준용X)

당사자소송을 본안으로 하는 가처분에 대하여는 「행정소송법」상 **집행정지**에 관한 규정이 **준용되지 않고,** 「민사집행법」상 가처분에 관한 규정이 **준용**되어야 한다.

[19-3]

857 토석채취허가 거부처분취소판결 종합 (사례형)

甲은 2013. 3. 6. 산림 내에서의 **토석채취허가신청**을 하였는데 **허가권자인 A**는 2013. 4. 1. 인근 주민들의 동의서를 제출하지 않았다는 사유로 이를 반려하였다. 이에 甲은 2013. 5. 1. 인근주민들의 동의서를 받지 못한 것은 사실이나 위 사유는 **적법한 반려사유가 아니라는** 이유로 서울행정법원에 위 **반려처분의 취소를 구하는 소**를 제기하였고, 서울행정법원은 **2013. 9. 6. 변론을 종결**하고 2013. 9. 20. 위 반려처분을 취소하는 판결을 선고하였으며, 그 후 위 판결은 **확정**되었다. 위 사례와 관련된 설명 중 **옳은** 것을 **모두 고른 것은?**

[14 변시]

ㄱ. 행정처분의 존재에 대한 증명책임 (법원/소송요건-직권조사사항)

행정소송에서 쟁송의 대상이 되는 행정처분의 존부는 **소송요건으로서** 직권조사사항이고, 자백의 대상이 **될 수 없는 것**이므로, 당사자들이 위 반려처분의 **존재를 다투지 아니한다** 하더라도 그 존부에 관하여 의심이 있는 경우에는 **수소법원은 이를** 직권으로 **밝혀보아야** 한다.

ㄴ. 행정소송법상 직권탐지주의 인정 여부 (긍정/26조-주장하지 아니한 사실)

행정소송은 민사소송과 달리 공법상 권리관계를 다루는 소송이나 원칙적으로 변론주의**가 적용**되나, 예외적으로 직권주의가 가미되어 수소법원은 인근 주민들의 동의서를 제출하지 않았다는 사실에 대하여 당사자 사이에 **다툼이 없더라도 증거를 조사하여 그 사실을 확정**할 수 있고, 주장하지 아니한 사실**에 대하여도 판단**할 수 있다.

ㄷ. 인근주민 동의서 미제출의 당초사유와 자연환경 추가사유의 기사동 (부정)

A가 소송 계속 중에 '토석채취를 하게 되면 자연경관이 심히 훼손되고 토석운반차량의 통행시 일어나는 소음, 먼지의 발생, 토석채취장에서 흘러내리는 토사가 부근의 농경지를 매몰할 우려가 있는 등 공익에 미치는 영향이 지대하기 때문에 위 반려처분이 적법하다'는 사유를 **새로이 처분사유로 추가**하는 것은 당초의 처분사유와 **기본적 사실관계의 동일성이 없는** 별개의 처분사유를 주장하는 것이므로 **허용되지 아니**한다.

ㄹ. 변론종결 이후 발생한 새로운 사유에 인한 재거부처분이 기속력 위반인지 (부정)

A는 위 확정 판결의 취지에 따라 이전의 신청에 대하여 재처분할 의무**가** 있으나, 위 소송의 변론종결 이후에 **발생한 새로운 사유**를 내세워 다시 이전의 신청에 대하여 **거부처분을 할 수 있다.**

처분사유의 추가 · 변경

58 변상금처분의 근거를 '도로법'에서 '국유재산법' 등으로 변경한 경우 기사동 (부정)

변상금부과처분을 하면서, **당초**에는 「도로법」 제94조를 근거로 하였다가, **나중에** 국유부분에 대해서는 「국유재산법」 제51조와 시행령으로, 시유부분에 대해서는 「**공유재산 및 물품관리법**」 제81조와 시행령으로 변경한 경우, 당초의 처분사유와 **기본적인 사실관계**에 있어서 동일성을 인정할 수 **없다.** [20-2]

59 귀화불허가의 '품행미단정' 처분사유에 '불법체류 전력' 추가 가능성 (긍정/기사동)

법무부장관이 '**품행미단정**'을 근거로 한 **귀화불허결정**의 취소소송 중 처분의 근거로 '**불법체류 전력**'을 처분 근거로 추가한 경우, 불허가처분의 처분사유 자체가 아니라 그 근거가 되는 기초사실 내지 평가요소에 해당하므로 **처분의 근거로** 추가할 수 있다. [21-3]

860 건축허가 거부사유인 '도로법상 도로'와 '사실상 도로'의 기사동 여부 (긍정)

토지가 건축법상 도로에 해당함을 처분근거로 한 건축불허가처분 취소소송 중 구청장이 '위 토지가 인근 주민들의 통행에 제공된 사실상의 도로인데, 주택을 건축하여 주민들의 통행을 막는 것은 사회공동체와 인근 주민들의 이익에 반하므로 주택 건축을 허용할 수 없다'는 주장을 추가하는 것은 모두 토지의 이용현황이 '도로'이므로 거기에 주택을 신축하는 것은 허용될 수 없다는 것이므로 기본적 사실관계의 동일성이 인정되어 허용된다. [21-3]

861 처분사유의 추가 · 변경이 상고심에서 허용되는지 (부정/사변종까지만)

행정청은 기본적 사실관계의 동일성이 있다고 인정되는 한도 내에서만 다른 처분사유를 추가, 변경할 수 있다고 할 것이나 이는 사실심 변론종결시까지만 허용되며, 상고심에서는 처분사유를 추가할 수 없다. [21-3]

862 무효확인소송의 사정판결 가능성 (부정/38조①-28조 준용X)

행정처분 무효확인소송에서 원고의 청구가 이유 있다고 인정하는 경우 처분의 무효를 확인하는 것이 현저히 공공복리에 적합하지 아니하다고 인정하는 때에 법원은 원고의 청구를 기각할 수 없다. [14 변시]

863 취소소송의 사정판결과 소송비용 부담자 (사례형)

> 취소소송에 대한 다음과 같은 판결주문이 있다. 이러한 판결에 관한 설명 중 옳은 것을 모두 고른 것은? [16 변시]
>
> 1. 원고의 청구를 기각한다.
> 2. 다만, 피고가 2015. 3. 3. 원고에 대하여 한 ○○처분은 위법하다.
> 3. 소송비용은 (   )의 부담으로 한다.

ㄱ. 사정판결이 무효확인소송에서 가능한지 (부정)

위 판결은 취소소송에서만 허용되고 무효등확인소송에는 허용되지 않는다.

ㄴ. 원고가 취소소송에 손해배상청구의 병합제기 가능한지 (긍정)

원고는 피고 행정청이 속하는 국가 또는 공공단체를 상대로 손해배상의 청구를 당해 취소소송이 계속된 법원에 병합하여 제기할 수 있다.

ㄷ. 사정판결에서 소송비용이 피고 행정청 부담인지 (긍정/사실상 패소자)

소송비용은 패소자 부담이 원칙이나 판결주문 3.의 (   )에 들어가는 것은 피고 행정청이다.

ㄹ. 사정판결의 위법판단과 사정판결 필요성 판단시기 (위법-처분시/필요-판결시)

위 판결주문에서 ○○처분의 위법 여부의 판단은 처분시를 기준으로 하지만, 청구기각판결을 하여야 할 공공복리 적합성의 판단시점은 변론종결시이다.

ㅁ. 사정판결시 상고제기가 가능한 당사자 (원고 · 피고도 可)

위 판결은 기각판결의 일종이므로 원고는 상소할 수 있고, 피고도 상소할 수 있다.

864 위법판단의 기준시(처분시)/ 위법판단 자료는 사변종까지 제출된 모든자료 (긍정)

취소소송에서 행정처분의 위법 여부의 **기준시점은** 처분시이나, **처분 당시 존재하였던 자료나 행정청에 제출되었던 자료만으로 위법 여부를 판단한다는 의미는 아니고, 사실심변론종결 당시까지 제출된 모든 자료를 종합하여 위법 여부를 판단할 수 있다.** [22 변시]

865 시정조치에 대한 취소판결 확정시 소급적으로 시정조치 소멸하는지 (긍정)

위반행위에 대한 시정조치의 취소판결이 확정되었다면 그 행정처분은 **처분시에 소급하여** 효력을 잃은 것으로 본다. [22 국회8급]

866 시정조치 취소판결로 위반횟수 제외가 과징금에 영향 없으면 위법하지 않은지 (긍정)

시정조치에 대한 **취소판결의 확정으로** 해당 위반행위가 위반 횟수 가중을 위한 횟수 산정에서 제외되더라도 그 사유가 과징금부과처분에 **영향을 미치지 아니**하여 처분의 정당성이 인정되는 경우에는 그 **처분을 위법하다고 할 수 없다.** [22 국회8급]

867 법원이 재량행위인 과징금의 초과부분에 대한 일부취소판결 가능한지 (부정)

재량이 인정되는 과징금부과처분이 **재량권을 일탈**한 경우, 법원으로서는 재량권의 일탈 여부만 판단할 수 있을 뿐이지, 법원이 적정하다고 인정하는 부분을 초과한 부분만 취소할 수는 없다.

868 복수의 운전면허 취소 · 철회의 원칙 (원칙-별개취급/예외-면허공통or사람관련)

자동차운전면허를 **취소** 또는 정지하는 경우 **복수의 운전면허를 서로 별개**의 것으로 취급하는 것이 **원칙**이고, 다만 **취소사유가** 특정의 면허에 관한 것이 아니고 **다른 면허와 공통된** 것이거나 **운전면허를 받은** 사람에 **관한 것**인 경우에는 관련 운전면허 모두를 취소할 수 있다.

369 교원소청위원회 소청결정 관련 사례

A학교법인이 운영하는 **사립 B대학교의 교수** 甲은 B대학교 **내부규칙 제5조 위반('처분사유 1')** 및 같은 규칙 제6조 위반('처분사유 2')을 이유로 **B대학교 총장으로부터** 그 의사에 반하는 **불리한 처분**을 통지받았다. 이에 甲은 B대학교 총장을 피청구인으로 하여 **교원소청심사위원회**(이하 '위원회'라 한다)에 소청심사청구를 하였고, 위원회는 위 **내부규칙 제5조** 및 **제6조가 모두 위법**하다고 보아 **처분사유 자체가 인정되지 않는다는 이유**로 위 처분을 **취소하는 결정**을 하였다. 이에 **A학교법인**은 위원회의 위 취소결정에 대해 **취소소송을 제기**하였고, **법원은 심리 결과 위 내부규칙 제5조는 위법하지만 제6조는 적법**하다고 판단하였다. 이에 관한 설명으로 옳은 것만을 모두 고른 것은? [20-2]

ㄱ. 교원소청위의 처분사유 불인정 '취소결정' 후- 법원이 일부 처분사유 인정시 위원회 결정
　　취소해야 하는지 (긍정/결론 타당해도 취소해야)

만약 법원이 심리한 결과 '처분사유 1'은 인정되지 **않지만 '처분사유 2'**는 인정된다고
판단한 경우, 법원으로서는 위원회 결정의 결론이 타당하다고 하더라도 위원회의 결정을
취소하여야 한다.

870 처분 후 법령개정시 개정법에 따른 재거부처분이 기속력 위반인지 (부정)

거부처분 후 법령이 개정 · 시행된 경우에 거부처분 취소의 확정판결을 받은 행정청이 개정
법령상의 새로운 사유를 내세워 다시 거부처분을 하는 것은 행정소송법상의 **재처분의무에**
반하지 않는다.
[12 변시]

871 새로운 처분사유가 종전 처분사유와 기사동 없는 경우 기속력 저촉 여부 (부정)

새로운 처분의 처분사유가 종전 처분의 처분사유와 **기본적 사실관계**에서 동일하지 않은
다른 사유에 해당하는 경우, 처분사유가 종전 처분 당시 **이미 존재**하고 있었고 **당사자**
가 이를 **알았더라도** 이를 내세워 새로이 처분을 하는 것은 확정판결의 기속력에 **저촉되지**
않는다.
[21 변시]

872 취소소송 기각판결 확정 후에도 처분청은 직권취소 가능한지 (긍정/기각판결-기속력X)

취소소송에서 청구를 기각하는 확정판결에 대해서는 **기속력**이 인정되지 않으므로 행정청
은 취소소송에서 승소한 경우에도 **계쟁처분을** 직권취소할 수 **있다.**
[22-1]

873

　　甲회사는 서해 일대 항로에서 「해운법」에 따라 **해상여객운송사업**을 하고 있고, 乙회사는 유
　　사항로에서 「유선 및 도선사업법」에 따라 **도선사업면허를 받아** 선박을 운항 중이다. 乙은
　　기존 선박이 노후화되자 선박을 교체하고 정원을 증가하는 내용으로 **면허변경처분**(이하 '1차
　　처분')을 받았다. 이에 甲은 1차 처분이 자신의 영업권을 침해한다고 주장하며 **취소소송**을
　　제기하여 **승소**하였다. 그러자 乙은 신규 선박의 **정원**을 **1차 처분 이전보다 감축**하는 내용으
　　로 다시 도선사업면허의 변경을 신청하여 이에 대한 **변경처분**(이하 '2차 처분')을 받았다. 이
　　사안에 관한 설명 중 옳은 것(○)과 옳지 않은 것(×)을 올바르게 조합한 것은?
[22-3]

ㄱ. 경원자 甲이 乙에게 불리하고 자신에게 유리한 2차 처분을 다툴 소이익이 있는지 (부정)

경업자 관계에 있는 甲은 1차 처분이 있기 전의 정원보다 **적은 인원으로 감축**하는 내용의
2차 처분에 대해서 **취소를 구할 소의 이익이 없다.**

ㄴ. 취소판결의 기속력인 위법한 결과제거의무에 따라 처분청의 운항중단 조치의무 있는지 (긍정)

법원이 1차 처분을 취소하면 피고는 취소판결의 기속력에 따라 **위법한 결과를 제거**하기 위
하여 「유선 및 도선 사업법」에 따라 乙에게 운항중단 등의 조치를 **취하여야** 한다.

874 원심판단-(이유·위법/결론·정당)-이유로 상고기각된 경우 '판결의 취지' 의미 (상고심-이유/원심-결론)

간접강제결정은 처분청이 '판결의 취지'에 따라 재처분을 하지 않는 경우에 할 수 있는 것으로, 원심판결의 이유가 위법하지만 **결론이 정당**하다는 이유로 **상고기각판결이 선고되어 원심판결이 확정**된 경우라면, 이때 '**판결의 취지**'는 **상고심판결의 이유**와 **원심판결의 결론**을 의미한다. [20 변시]

875 거부처분 무효확인판결 확정시 간접강제 준용되는지 (부정/38조①-34조 준용X)

거부처분 무효확인판결이 확정되었음에도 처분청이 재처분을 **하지 않는** 경우 간접강제가 **허용되지 않는다.** [20 변시]

876 행정소송법 34조 간접강제의 관할법원 (제1심 법원/항고심X)

행정소송법 제34조의 간접강제와 관련하여 행정청이 제30조 제2항의 규정에 의한 처분을 하지 아니하는 때에 당사자의 신청에 의하여 결정으로써 상당한 기간을 정하고 행정청이 그 기간 내에 이행하지 아니하는 때에는 그 지연기간에 따라 일정한 배상을 할 것을 명하거나 즉시 손해배상을 할 것을 명할 수 있는 **법원은 제1심 법원이 된다.**

877 간접강제결정 효력의 주관적 범위 (피고/행정청이 속한 국가·공공단체도)

간접강제결정은 피고 또는 참가인이었던 행정청이 소속하는 **국가 또는 공공단체**에 **효력을 미친다.** [20 변시]

878 이행기간 경과 후 판결의 취지에 따른 이행시 배상금 추심가능성 (부정)

간접강제결정에서 정한 **의무이행기한이** 경과한 후에라도 확정판결의 취지에 따른 **재처분의 이행**이 있으면 처분상대방이 더 이상 간접강제결정에 기한 배상금을 추심하는 것은 **허용되지 않는다.** [20 변시, 21-1]

879 취소판결의 기속력이 당사자소송에 준용되지 않는지 (부정/30조①만 준용)

현행 행정소송법은 취소판결에 대하여 **기속력** 있음을 규정하고 **당사자소송에 이를 준용**하고 있고, 다만 당사자소송에는 제30조 제1항 **기속력 일반규정만 준용**될 뿐, 제30조 제2항의 재처분의무는 준용되지 않는다. [22-1]

880 사정판결의 판결서 기재방식 (주문-위법명시-기판력)

사정판결을 하는 경우 법원은 주문에 **그 처분이 위법함을 명시**하여야 하는데 그 위법성에 대하여 **기판력이 발생한다.** [08 국회8급]

881 피고 행정청의 승계행정청 없는 경우 소송 종료 여부 (부정/사무귀속-국가등 승계)

항고소송에서 처분등이 있은 뒤에 **처분청이 없게 되고** 그 처분등에 관계되는 **권한을 승**계한 행정청이 없게 된 때에는 그 처분등에 관한 사무가 귀속되는 국가 또는 공공단체를 **피**고로 한다.

[22-1]

882 5천만원 시설비 미회수시 생계위협이 회복하기 어려운 손해인지 (부정/집행정지X)

유흥접객영업허가의 취소처분으로 5,000여만 원의 시설비를 회수하지 못하게 된다면 **생계까지 위협** 받을 수 있다는 등의 사정이 집행정지를 인정하기 위한 회복하기 어려운 **손해가** 생길우려가 있는 경우에 해당하지 **아니한다.**

[14 국가9급]

883 중대한 경영상 위기가 회복하기 어려운 손해인지 (긍정/금전부과처분-집행정지)

외부지금의 신규 차입이 사실상 **중단**된 상태에서 고액의 과징금 납부로 인하여 **사업자가** 중대한 경영상의 위기를 맞게 될 것으로 보이는 경우도 회복하기 어려운 손해에 **해당**한다.

[12 국회9급]

884 집행정지의 소극적 요건인 '공공복리에 중대영향 없을 것'은 행정청의 입증책임인지 (긍정)

집행정지의 소극적 요건으로서 **'공공복리에 중대한 영향을 미칠 우려가 없을 것'**이라고 할 때의 공공복리는 그 **처분의 집행과 관련**된 구체적·개별적인 공익을 말하고, **피신청인인** 행정청이 공공복리에 중대한 영향을 미칠 우려가 있다는 점을 주장·소명**하여야** 한다.

[18 변시]

885 회복하기 어려운 손해에 손해규모가 현저히 큰 것임을 요하는지 (부정)

집행정지 요건인 **'회복하기 어려운 손해'**라 함은 **금전배상이 불가능**한 경우와 사회통념상 원상회복이나 금전배상이 가능하더라도 금전배상만으로 **수인할 수 없거나 수인하기 어려운 유·무형의 손해**를 의미하고, 손해의 규모가 현저하게 큰 것임을 요하지 않는다.

[10 국회8급]

886 집행정지에 행정처분 자체의 적법판단 가능한지 (부정/집행정지 요건만)

행정처분의 효력정지나 집행정지를 구하는 신청사건에 있어서는 행정소송법 제23조 제2항·제3항 소정의 요건의 존부만이 **판단의 대상**이 되는 것이고, 행정처분 자체의 적법 **여부**는 궁극적으로 본안재판에서 심리를 거쳐 판단할 성질의 것이어서 신청사건에서는 **판단의 대상이 되는 것은 아니다.**

[10 국회8급]

887 취소소송에 민사소송법상 실기한 공격·방어 방법의 각하규정이 준용되는지 (긍정)

「행정소송법」 제26조에서 취소소송의 직권심리를 규정하고 있다고 하더라도 실기한 공격 또는 방어의 방법의 각하에 관한 「민사소송법」 제149조는 **취소소송에 준용된다**고 할 것이다.

[21-3]

「행정소송법」상 취소소송의 심리에 관한 설명 중 옳은 것을 모두 고른 것은?　[18 변시]

ㄱ. 제출된 소송자료로 합리적 의심 가능해도 주장 없다는 이유만으로 심리·판단 안 할 수 있는지 (부정/직권심리-석명권)

당사자가 제출한 소송자료에 의하여 법원이 처분의 적법 여부에 관한 합리적인 의심을 품을 수 있음에도 단지 구체적 사실에 관한 주장을 하지 아니하였다는 이유만으로 당사자에게 석명 또는 직권에 의한 심리·판단을 하지 아니하는 것은 허용될 수 없다.

ㄴ. 독립된 공격방어방법 시사·제출권유가 석명권 행사의 한계 일탈인지 (긍정)

행정소송의 경우 변론주의가 원칙이고 직권심리주의가 보충적으로 가미되어 있지만, 당사자가 주장하지도 아니한 법률효과에 관한 요건사실이나 독립된 공격방어방법을 시사하여 그 제출을 권유함과 같은 행위를 하는 것은 변론주의의 원칙에 위배되는 것으로 석명권 행사의 한계를 일탈하는 것이 된다.　　[22-1]

ㄷ. 피고가 처분의 적법성 합리적으로 입증한 경우 입증책임 (원고/상반주장-입증해야)

항고소송의 경우 피고가 당해 처분의 적법성에 관하여 합리적으로 수긍할 수 있는 일응의 입증을 하였다면 이와 상반되는 주장과 입증의 책임은 원고에게 돌아간다.

행정소송과 헌법소원에 관한 설명 중 옳은 것(○)과 옳지 않은 것(×)을 올바르게 조합한 것은?　[18 변시]

ㄱ. 중앙선거관리위원회의 사회당 등록취소의 처분성 (긍정)

정당법 소정의 등록취소사유에 해당되는 경우 법령규정이 아닌, 중앙선거관리위원회의 등록취소에 의하여 비로소 소멸하게 되므로, 이러한 중앙선거관리위원회의 이 사건 사회당에 대한 등록취소처분은 행정소송의 대상이 된다.

ㄴ. 대법원의 재항고기각 결정시- 그 대상인 원행정처분이 헌법소원의 대상인지 (부정)

기혼자인 변호사 乙이 다른 여성과 사실혼 관계를 지속하여 변호사로서 품위를 손상하였다는 이유로 대한변호사협회 징계위원회로부터 징계결정을 받자 법무부 변호사 징계위원회에 이의신청을 하였으나 기각되었고, 대법원도 乙의 재항고를 기각하는 결정을 하였다면, 대법원의 재판에 의하여 이미 확정된 원행정처분(대법원의 재항고기각)에 대한 것으로서 대법원의 재판이 예외적으로 취소되는 경우에 해당하지 아니하므로 헌법소원의 심판대상이 되지 아니한다.

ㄷ. 법원의 확정판결시- 그 원행정처분인 과세처분이 헌법소원의 대상인지 (부정)

丙이 **과세처분의 취소를 구하는 행정소송**을 제기하였다가 그 청구를 기각한 판결이 확정되어 법원의 소송절차에 의하여서는 더 이상 이를 다툴 수 없게 된 경우 당해 과세처분만의 취소를 구하는 丙의 헌법소원심판청구는 법원의 확정판결의 기판력으로 인하여 **부적법**하다.

ㄹ. 국가인권위의 각하 · 기각결정이 헌법소원의 대상인지 (부정/처분-항고소송 먼저)

수형자 丁이 교도관의 면회제한조치에 대하여 국가인권위원회에 시정을 구하는 **진정을 제기**하였다가 기각결정을 받은 경우, 진정에 대한 국가인권위원회의 각하 및 기각결정은 항고소송의 대상이 되는 행정처분에 해당하므로, 행정심판이나 행정소송 등의 사전구제절차를 모두 거친 후 청구된 것이 아닌 헌법소원은 보충성 **요건을 충족하지 못하여** 부적법하다.

890 공유수면 점용 · 사용허가 종합 (사례형)

> 甲은 공유수면에 주차장 부지 조성을 목적으로, 관할 시장으로부터 허가 기간을 3년으로 하는 **공유수면 점용 · 사용허가**를 받아 이를 매립하여 주차장 부지를 조성하였다. 이후 甲이 **기간만료 전에 연장신청**을 하였으나, 관할 시장은 아무런 응답을 하지 않다가 **기간만료 후에** 甲에 대해 공유수면 점용 · 사용허가 기간이 만료되었음을 이유로 **원상회복명령**을 하였다. 이에 관한 설명 중 옳지 않은 것은?
> [18 변시]

ㄱ. 허가기간이 사업의 성질상 부당히 짧은 경우 기간만료로 당연히 실효되는지 (부정)

甲이 받은 공유수면 점용 · 사용허가 **기간**이 그 **사업의 성질상** 부당하게 짧다고 인정되면 허가는 기간만료로 당연히 **실효되는 것이 아니다.**

ㄴ. 피해우려지역 인근주민의 점용허가를 다툴 원고적격 인정되는지 (긍정)

공유수면 점용 · 사용허가로 인하여 인접한 토지를 적정하게 이용할 수 없게 되는 등의 피해를 받을 우려가 있는 인접 토지 소유자 등은 공유수면 점용 · 사용허가 처분의 취소소송 또는 무효등확인소송의 원고적격**이 인정**된다.

ㄷ. 불가쟁력이 발생한 원상회복명령에 대한 직권취소 가능성 (긍정/불가쟁력의 수범자)

甲이 원상회복명령에 대해 이의제기를 하지 않아서 **불가쟁력이 발생**한 이후에도 **관할 시장**은 이 명령에 하자가 있음을 이유로 직권으로 **효력을 소멸시킬 수 있다.**

891 국가인권위의 진정 각하 · 기각결정의 처분성 (긍정/항고쟁송O)

헌법재판소는, 국가인권위원회가 법률상의 독립된 국가기관이고, 피해자인 진정인**에게**는 「국가인권위원회법」이 정하고 있는 **구제조치를 신청할 법률상** 신청권이 있어 그 진정이 각하 및 기각결정된 경우 피해자인 진정인으로서는 자신의 인격권 등을 침해하는 인권침해 또는 차별행위 등이 시정되고 그에 따른 구제조치를 받을 권리를 박탈당하게 되므로, 국가인권위원회에의 진정에 대한 각하 및 기각결정은 **항고소송의 대상이 되는 행정처분에 해당하므로 그에 대한 다툼은 우선 행정심판이나 행정소송에 의하여야** 한다고 하였다.

[19 · 14 변시]

892 필요적 행정심판전치주의가 무효확인소송에도 적용되는지 (부정)

다른 법률에 당해 처분에 대한 **행정심판의 재결을 거치지 아니하면 취소소송을 제기할 수 없다는 규정**이 있는 경우, 행정심판의 재결을 거치지 아니하더라도 무효확인소송을 제기하는 것은 허용된다.

[19-3]

893 공무원이 법령에 의해 직접 구체화된 초과근무수당을 당사자소송으로 지급청구해야 하는지 (긍정)

구 「소방공무원법」상 **지방소방공무원**이 자신이 **소속된 지방자치단체**를 상대로 법령의 규정에 의하여 직접 그 존부나 범위가 정해진 **초과근무수당의 지급을 청구**하는 경우 「행정소송법」상 당사자소송**으로 다투어야** 한다.

[24 변시]

894 피고경정, 공동소송, 제3자와 행정청의 소송참가 규정이 당사자소송에 준용되는지 (긍정)

취소소송의 규정 중 **피고경정, 공동소송, 제3자**의 소송참가, **행정청의 소송참가**에 관한 규정은 당사자소송**에 준용**된다.

[22 경찰간부]

제4편

개별 행정작용법

895 대리행정청의 대리관계 현명없는 자기명의 처분시 피고적격 (처분명의자-대리청)

도지사로부터 대리권을 수여받은 시장이 대리관계를 밝히지 않고 **자신의 명의**로 행정처분을 한 경우에 항고소송의 피고는 처분명의자인 **행정청**이 되는 것이 원칙이므로 **시장이** 피고가 된다.

[14 변시]

896 행정권한의 내부위임의 경우 처분명의자 (원칙-위임청 명의)

광역시장의 권한을 사실상 행사하도록 내부위임 **받은 구청장**은 광역시장의 이름으로 권한을 행사하여야 한다.

[14 변시]

897 내부위임의 경우 피고적격 (원칙-위임청/예외-내부위임+자기명의)

내부위임에 따라 수임관청이 위임관청의 이름으로 **처분**을 한 경우 그 처분의 취소나 무효확인을 구하는 소송의 피고는 위임관청으로 삼아야 한다.

[14 변시]

898 전결규정 위반하여 처분권자 명의로 처분한 경우 무효사유인지 (부정)

행정관청 내부의 사무처리규정인 전결규정을 위반하여 원래의 **전결권자가 아닌 보조기관** 등이 처분권자인 **행정관청의 이름으로 행정처분**을 하였다면, 그 처분은 권한 없는 자에 의하여 행하여진 것으로서 무효라고 볼 수 없다.

[14 변시]

899 소방서장의 건축부동의 사유에 의한 건축불허가처분 종합 (사례형)

甲은 건축물을 건축하기 위하여 관할 시장인 **乙**에게 건축허가 신청을 하였다. **乙**은 상당한 기간 내에 **건축불허가처분**을 하면서 그 처분사유로 「**건축법**」상의 건축불허가 사유뿐만 아니라 「**화재예방, 소방시설 설치·유지 및 안전관리에 관한 법률**」 제7조 제1항에 따른 소방서장의 건축부동의 사유를 들고 있다.

[17 변시]

※ 「화재예방, 소방시설 설치·유지 및 안전관리에 관한 법률」
제7조(건축허가등의 동의) ① 건축물 등의 **신축·증축·개축·재축(再築)·이전·용도 변경** 또는 대수선(大修繕)의 허가·협의 및 사용승인(이하 "건축허가등"이라 한다)의 권한이 있는 행정기관은 **건축허가등**을 할 때 미리 그 건축물 등의 시공지(施工地) 또는 소재지를 관할하는 **소방본부장이나 소방서장의 동의를 받아야** 한다.
〈이하 생략〉

ㄱ. 신청 후 처분 전 법령개정시 개정법 적용가능성 (긍정)

만약 甲의 건축허가 신청 후 乙의 처분 이전에 「화재예방, 소방시설 설치 · 유지 및 안전 관리에 관한 법률」이 개정되어 **제7조 제1항이 신설 · 적용**된 경우라면, **소방서장의 건축 부동의는 건축불허가 사유가 될 수 있다.**

ㄴ. 소방서장의 건축부동의가 취소소송의 대상인 처분인지 (부정/내부행위)

소방서장의 건축부동의는 취소소송의 대상이 되는 처분이 아니다.　　　　　　　[21-2]

ㄷ. 건축불허가처분 취소소송에서 소방서장 건축 부동의를 다툴 수 있는지 (긍정)

甲은 건축불허가처분에 관한 쟁송에서 「건축법」상의 건축불허가 사유뿐만 아니라 소방서 장의 건축부동의 **사유에 관하여도 다툴 수 있다.**

900 권한의 위임에 법적근거 필요한지 (긍정/내부위임-불요)

권한의 위임은 법률이 **위임을 허용**하고 있는 경우에 **한하여** 인정된다.

901 권한의 위임 · 재위임의 일반적 근거규정 (정부조직법 6조①/위임위탁 3조 · 4조)

권한의 위임 및 재위임에 관하여 규정하고 있는 정부조직법 제6조 제1항의 규정은 **개별적 인 권한 위임의 법률상 근거가 될 수 있다.**

902 내부위임의 경우 수임자의 자기명의 처분의 효력 (무효/무권한자 처분)

내부위임을 받은 기관이 위임한 기관의 이름이 아닌 자신의 **이름으로 행정처분**을 한 경 우, 그 **행정처분은 무효**이다.　　　　　　　[17 · 13 변시]

03 위임 · 내부위임의 구별 종합

　행정권한의 행사에 관한 설명 중 옳은 것은?

ㄱ. 위임 · 위탁기관의 수탁사무 지휘 · 감독 및 취소 · 정지 가능성 (긍정)

위임 및 위탁기관은 수임 및 수탁기관의 수임 및 수탁사무 처리에 대하여 지휘 · 감독하 고, 그 처리가 위법하거나 부당하다고 인정될 때에는 이를 취소하거나 정지시킬 수 있다.

ㄴ. 민간위탁기관의 감사 및 임직원 문책요구 가능성 (긍정)

민간위탁을 한 행정기관의 장은 사무처리결과에 대하여 **감사를 하여야** 하며, **위법 · 부당**한 사항이 있는 경우에는 적절한 조치를 취할 수 있고, 관계 임직원의 **문책을 요구할 수 있다.**

ㄷ. 행정권한의 (재)위임의 일반적 근거규정 있는지 (긍정/정조법 6조-위임위탁 3조 · 4조)

행정권한의 재위임과 관련하여 「정부조직법」과 이에 기한 「행정권한의 위임 및 위탁에 관한 규정」의 관련조항이 **재위임에 관한** 일반적인 근거규정이 될 수 있다.

ㄹ. 국가사무의 기관위임사무를 재위임하는 경우 법령상 위임방식 (단체장-규칙/조례X)

국가사무가 **시 · 도지사에게** 기관위임된 경우에 시 · 도지사가 이를 **구청장 등에게** 재위임하기 위해서는 지방자치단체의 **장이 제정한** 규칙이 정하는 바에 의하여야 한다.

904 위임위탁규정 4조의 재위임 방식 (단체장 규칙/조례X)

기관위임사무는 조례에 의하여 재위임할 수 없고, 「행정권한의 **위임 및 위탁에 관한규정**」 제4조에 의하여 **위임기관의 장의 승인**을 얻은 후 지방자치단체의 장이 제정한 규칙이 정하는 바에 따라 **재위임하는** 것만이 가능하다.

[11 국회8급]

905 국가위임사무의 소요경비 부담자 (국가/전부교부-지방재정법 22조②)

국가가 **스스로 행하여야 할 사무**를 지방자치단체 또는 그 기관에 위임하여 **수행**하는 경우에, 그 소요되는 경비는 국가가 그 **전부를** 당해 지방자치단체에 **교부하여야** 한다.

906 기관위임사무에 대한 처분 - 1년 도과 후 무효확인소송 제기한 사건

A도지사에게 기관위임된 영업허가에 관한 사무가 A도 조례에 의하여 B군수에게 재위임되었고, 이에 근거하여 B군수가 甲에게 영업허가를 취소하는 처분을 하고 2019년 1월 15일 이를 甲에게 통지하였다. 甲은 영업허가 취소처분에 대해 같은 해 5월 15일 무효확인소송을 제기하였는 바, 이에 관한 설명 중 옳은 것은?

[19-2]

ㄱ. 무효확인소송을 국가배상청구소송이 계속 중인 법원에 이송가능한지 (부정)

甲이 이미 2019년 3월 15일에 위 영업허가 취소처분을 이유로 국가배상청구소송을 제기하고 있다면, 법원은 직권으로 甲의 국가배상청구소송을 무효확인소송이 **계속된 법원으로** 이송할 수 있다.

ㄴ. 무효확인소송 계속 중 취소소송 예비적 병합가능성 (부정/주된 청구-90일 도과)

甲은 무효확인소송의 계속 중 추가적으로 위 영업허가 취소처분의 취소를 구하는 소를 예비적으로 병합한 경우, 주된 청구인 **무효확인의 소가 적법한** 제소기간 내에 **제기**되었다면 추가로 병합된 **취소청구의 소도 적법하게 제기**된 것으로 볼 수 있으나, 주된 청구인 **무효확인의 소가** 제소기간이 경과한 경우이므로 추가적 **병합이 허용되지 않는다.**

907 행정기관 상호간 협의

아래 규정에 관한 설명 중 옳지 않은 것은?

[21 변시, 23-2]

「택지개발촉진법」
제3조(택지개발지구의 지정 등) ④ 지정권자가 제1항 또는 제3항에 따라 택지개발지구를 지정하려는 경우에는 미리 관계 중앙행정기관의 장과 협의하고 해당 시장 · 군수 또는 자치구의 구청장의 의견을 들은 후 「주거기본법」 제9조에 따른 시 · 도 주거정책심의위원회의 심의를 거쳐야 한다.

ㄱ. 택지개발촉진법상 협의는 자문- 그 의견에 따라 처분해야 하는지 (부정/구속력X)

「택지개발촉진법」에 있어서 관계 중앙행정기관의 장과의 협의는 '자문'을 **구하라는 것이**지 그 의견을 따라 처분하라는 의미는 아니다.

ㄴ. 택지개발촉진법상 협의를 거치지 않은 처분은 취소사유에 해당하는지 (긍정/자문)

「**택지개발촉진법**」에 있어서 관계 중앙행정기관의 장과의 **협의**를 거치지 않고 **처분**을 한 경우 그 하자는 **당연무효사유가 아니라** 취소사유에 해당한다.

908 지방자치제도의 제도보장- 과잉금지원칙 적용 여부 (부정/제도본질 침해X)

지방자치권도 헌법에 의해 보장되기는 하지만 기본권과는 달리 **제도적으로 보장된 권한에 불과**하므로, 국회의 입법에 의하여 지방자치권이 침해**되었는지 여부**를 심사함에 있어서는 지방자치권의 본질적 내용**이 침해되었는지 여부를** 심사하면 족하다. [19-2]

909 지자체 중층구조를 단층화하는 것이 헌법상 제도보장 침해인지 (부정/입법재량)

헌법재판소는 일정한 지역 내의 시·군을 폐지하고 **지방자치단체의 중층구조를 단층화하**는 것은 입법자의 입법형성권의 범위에 들어가는 것으로 **헌법상** 지방자치제도의 보장을 **침해하지 않는다**고 하였다. [20-3]

910 자치법상 공유수면매립으로 인한 귀속분쟁이 헌재의 권한쟁의 대상인지 (부정/대법)

「**지방자치법**」은 공유수면 **매립**으로 인한 **토지의** 귀속과 관련한 분쟁에 대해 대법원**에 소송을 제기**할 수 있다고 규정하고 있다. [20-3]

911 새만금방조제 내 매립지귀속- 종래 지형도상 해상경계선 기준인 행정관행의 관습법적 효력이 지방자치법 개정으로 변경·제한되었는지 (긍정)

대법원은 새만금 방조제 내의 매립지의 귀속과 관련하여 **종래 지형도상 해상경계선을 기준**으로 삼아왔던 행정관행의 관습법적 효력이 지방자치법 개정으로 **변경되거나** 제한되었다고 하였다. [20-3]

912 수산업법상 조업구역경계는 종전의 지형도상 해상경계선 기준이므로, 해상경계선 넘은 조업행위가 위법한지 (긍정)

대법원은 구「수산업법」상 조업구역의 경계는 **종전**의 지형도상 해상경계선을 기준으로 하므로, **해상경계선을** 넘어서 조업한 행위는 구「수산업법」상 조업구역에 관한 규정을 **위반**한 것이라고 하였다. [20-3]

913 지자체- 명칭·구역변경·폐치분합 (법률)/ 경계·한자명칭 변경 (대통령령)

지방자치단체의 명칭과 구역은 종전과 같이 하고, 명칭과 구역을 바꾸거나 **지방자치단체를 폐지하거나** 설치하거나 나누거나 합칠 때에는 법률로 정한다. 다만, 지방자치단체의 관할구역 경계변경**과 한자 명칭**의 변경은 대통령령으로 정한다. [11 국회8급]

914 지자체 명칭 · 구역변경과 폐치분합시 지방의회 의견청취 (필요/주민투표시-불요)

지방자치단체를 폐지하거나 설치하거나 나누거나 합칠 때 또는 그 명칭이나 구역을 변경할 때에는 관계 지방자치단체의 의회의 의견을 **들어야** 한다. 다만, 「주민투표법」 제8조에 따라 주민투표를 **한 경우에는** 그러하지 **아니**하다. [11 국회8급]

915 매립지 속할 지자체 행안부장관 결정 종합

다음 중 옳지 않은 것은?

ㄱ. 매립지가 속할 지자체의 결정에 대한 권한 (행정안전부장관/자치법 4조③)

매립지가 속할 지방자치단체는 행정안전부장관이 결정한다.

ㄴ. 매립공사가 완료되지 않은 토지가 귀속될 지자체를 결정할 수 있는지 (부정)

매립공사가 완료되지 않은 토지에 대하여는 **귀속** 지방자치단체를 결정할 수 없다.

ㄷ. 매립지결정시 반드시 관계 지방의회 의견청취절차를 거쳐야 하는지 (부정)

매립지가 속할 지방자치단체를 결정할 때 반드시 관계 지방의회의 의견청취 **절차를 거쳐야 하는 것은 아니다.**

ㄹ. 매립지결정에 대하여 대법원에 제소할 수 있는 권한주체 (단체장O/지자체X)

매립지가 속할 지방자치단체를 정하는 결정에 대하여 대법원에 소송을 **제기**할 수 있는 **주체**는 관계 **지방자치단체의** 장일 뿐 지방자치단체가 아니다.

ㅁ. 행안부장관의 매립지결정이 계획재량으로서 형성의 자유가 있는지 (긍정)

행정안전부장관은 매립지가 속할 **지방자치단체를 정할 때**에 상당한 형성의 자유를 가지게 되었다. 다만 그 **관할 결정은** 계획재량적 **성격**을 지니는 점에 비추어 위와 같은 **형성의 자유**는 무제한의 재량이 허용되는 것이 아니라 여러 가지 공익과 사익 및 관련 지방자치단체의 이익을 종합적으로 고려하여 비교 · 교량해야 하는 제한이 있다.

916 외국인의 지방선거에 대한 선거권 인정 여부 (제한긍정/영주체류자격취득-3년 경과)

외국인에게도 **일정요건 하**에서 지방자치단체의 의회의원 및 장의 선거권이 **인정**된다.
[11 국가7급]

917 지자체의 폐치분합 등 국가정책에 대한 단체장의 독자적 주민투표 부의권 (부정/중앙행정기관의 장-요구해야)

지방자치단체의 **폐치 · 분합 또는 구역변경**, 주요시설의 설치 등 국가정책의 **수립**에 관하여 주민의 의견을 듣기 위하여 필요한 경우에 실시하는 주민투표의 경우에 해당 지방자치단체장은 독자적으로 **주민투표를 실시할 수 없다.**
[19-3]

918 주민투표방식이 찬반투표 또는 둘중 하나 선택하는 형식여야 하는지 (긍정)

주민투표는 특정한 사항에 대하여 찬성 또는 반대의 의사표시를 하거나 **두 가지 사항 중 하나를 선택하는 형식**으로 실시하여야 한다. [19-3]

919 단체장의 주민투표 부의권의 대상과 재량인지 여부 (대상한정/재량)

지방자치단체장은 어떠한 사항이나 모두 주민투표에 부칠 수 있는 것은 아니고 지방자치단체의 **주요 결정사항 등에 한하여** 부칠 수 있도록 한정되어 있으나, **주민투표대상에 해당하더라도** 주민투표에 부칠지 **여부는 지방자치단체장의** 재량에 속한다. [19-3]

920 국가정책에 대한 주민투표에 대하여 주민투표 소송이 가능한지 (부정)

주민투표의 효력에 이의가 있는 주민투표권자는 **소청을 거쳐 관할 선거관리위원회위원장을 피고로 하여 소송을** 제기할 수 있으나, 국가정책사항에 관한 주민투표에 대해서는 주민투표소송을 제기할 수 없다. [19-3]

921 혁신도시입지선정 업무성질 (국가사무)/기관위임사무에 대한 주민투표 대상성 (부정)

혁신도시의 입지선정업무는 국가사무가 지방자치단체의 장에게 위임된 기관위임사무에 해당하므로 **주민투표의 대상이 되지 아니**하며, 미군부대이전에 관한 사항은 지방자치단체장의 권한에 속하는 사항이 아니므로 역시 **주민투표의 대상이 될 수 없다.** [19-3]

922 주민의 조례제정·개폐청구권은 단체장이 아닌 지방의회에 청구해야 하는지 (긍정)

주민은 지방자치단체의 조례를 **제정하거나 개정하거나 폐지할 것을** 해당 **지방자치단체의 단체장이 아닌,** 의회에 청구할 수 있다. [22-2]

923 조례개폐청구의 제외대상 (위법/지방세등/행정기구-설치·변경/공공시설-설치반대)

지방의회의 조례제정권이 미치는 모든 조례규정사항이 **조례제정·개폐의 청구대상이** 되나, **법령을 위반하는 사항,** 지방세·사용료·수수료·부담금의 부과·징수 또는 감면에 관한 사항, 행정기구를 설치하거나 변경하는 것에 관한 사항이나 공공시설의 설치를 반대하는 사항은 **제외**된다. [19 변시, 21-3]

924 외국인의 일정한 요건 하에 조례개폐청구권 인정 (긍정/영주자격 취득후 3년)

18세 이상 주민으로서 「**출입국관리법**」 제10조에 따른 영주(永住)할 수 있는 **체류자격 취득일 후 3년**이 지난 **외국인**으로서 해당 지방자치단체의 외국인등록대장에 올라 있는 사람은 조례로 정하는 청구권자 수 이상의 연대 서명으로 해당 지방자치단체의 **의회에 조례를 제정하거나 개정 또는 폐지할 것을 청구**할 수 있다. [21-3]

925 주민감사청구 대상사무 (지자체와 장의 권한사무/단체위임+기관위임)

주민감사청구의 **대상**은 그 **지방자치단체와 그 장의 권한에 속하는 사무**로서 자치사무와 위임사무로서 **단체위임사무와 기관위임사무**가 주민감사청구의 대상이 된다.

926 주민소송대상인 '공금지출사항'에 지출원인행위의 선행행위도 포함되는지 (부정)

주민소송의 대상으로서 **'공금의 지출에 관한 사항'**이라 함은 지출원인행위에 한정되고, 특별한 사정이 없는 한 이러한 지출원인행위 등에 선행하여 그러한 지출원인행위를 수반하게 하는 당해 지방자치단체의 장 및 직원, 지방의회 의원의 결정 등과 같은 **행위는 포함되지 않는다.**

927 주민소송 대상은 주민감사와 관련성 있는 파생·후속행위로 충분한지 (긍정)

주민소송의 대상은 주민감사를 청구한 사항과 관련이 있는 **것만으로는 충분**하고, 주민감사를 청구한 사항과 반드시 동일할 필요는 없다. 이때 주민감사를 청구한 사항과 관련성이 있는지는 주민감사청구사항의 기초인 **사회적 사실관계와 기본적인 점에서 동일한지**에 따라 결정되는 것이며 그로부터 **파생되거나 후속**하여 **발생하는 행위**나 사실은 **주민감사청구사항과 관련이 있다**고 보아야 한다. [22 변시]

928 지출원인 공사도급계약의 선행행위인 도로확장공사계획이 주민소송 대상인지 (부정)

A시장이 도시개발에 따른 교통난을 해소하기 위해 도로확장공사계획을 수립하고, 건설회사와 공사도급계약을 체결하여 공정을 마무리하였으나 해당 도로가 「군용항공기법」에 반하여 비행안전구역에 개설되었다는 이유로 개통이 취소되자 주민 甲 등이 주민소송을 제기하는 경우에 **지출원인행위인 공사도급계약을 대상으로 주민소송**을 제기해야 하고, **그에 선행하는 도로확장공사계획은 주민소송의 대상이 아니다.**

929 재무회계 관련 없는 행위도 지자체의 재정에 어떤 영향을 미치면 주민소송의 대상인지 (부정)

재무회계와 관련이 없는 **행위**는 그것이 **지방자치단체**의 재정에 어떤 영향을 미친다고 하더라도, 주민소송의 대상이 되는 '재산의 관리·처분에 관한 사항' 또는 '공금의 부과·징수를 게을리한 사항'에 **해당하지 않는다.** [23-3]

930 이행강제금 부과·징수사무의 주민소송 대상성 (긍정)

이행강제금은 지방자치단체의 재정수입을 구성하는 재원 중 하나로서 '지방세외수입금의 징수 등에 관한 법률'에서 이행강제금의 효율적인 징수 등에 필요한 사항을 특별히 규정하는 등 그 부과·징수를 재무회계 관점에서도 규율하고 있으므로, **이행강제금의 부과·징수를 게을리한 행위**는 주민소송의 대상이 되는 공금의 부과·징수를 게을리한 사항에 해당한다. [21-3]

931 도로의 본래목적에 반하는 도로점용허가의 주민소송 대상성 (긍정)

주민소송은 원칙적으로 지방자치단체의 **재무회계**에 관한 사항의 처리를 직접 목적으로
하는 행위에 대하여 제기할 수 있으므로, 도로 등 공물이나 공공용물을 특정 사인이
배타적으로 사용하도록 하는 점용허가가 도로 등의 **본래 기능 및 목적과 무관**하게 그 사
용가치를 실현·활용하기 위한 것으로 평가되는 경우에는 **주민소송의 대상**이 될 수 있
다.

[22 · 20 변시]

932 주민소송이 객관소송인지 (긍정/민중소송-객관소송)

주민소송은 지방자치단체의 **적법성 통제를** 목적으로 하는 객관소송이다.

933 주민감사청구의 위법한 각하결정은 항고소송이 아닌 주민소송으로 다투어야 하는지 (긍정)

주민감사청구가 「지방자치법」에서 정한 **적법요건을 모두 갖추었음에도**, 감사기관이 해당
주민감사청구가 **부적법하다고** 오인하여 더 나아가 구체적인 조사·판단을 하지 않은 채
각하하는 결정을 한 경우에는 **감사청구한 주민은** 위법한 각하결정 자체를 별도의 항고소
송으로 다툴 필요 없이 **주민소송을 제기**할 수 있다.

[22 경찰간부]

934 주민감사청구 모든 사안이 주민소송 대상인지 (부정/재무회계-한정)

주민감사청구를 제기한 모든 사항에 대해서 불복사유가 있는 경우 **주민소송을 제기**할 수
있는 것은 **아니**다.

935 공금의 부과·징수의 해태가 주민소송 대상인지 (긍정/이행강제금)

공금의 부과·징수의 **해태**와 관련이 있는 위법한 행위나 업무를 게을리한 사실도 주민소
송의 **대상**이 된다.

936 주민소송 계속 중 주민사망시 소송대리인 있어도 소송절차 중단되는지 (긍정)

주민소송의 계속 중에 소송을 제기한 주민이 사망하면 **소송절차는** 중단된다.

[22 변시]

937 주민소송 손배·부당이득판결 후 강제징수 (부정/단체장 청구-불응시-소제기)

주민소송에 대하여 부당이득반환청구를 명하는 **판결**에도 불구하고 기한 내에 해당 **당사자
가** 부당이득반환금을 **지불하지 아니**하는 때에는 지방자치단체의 장은 지방세 체납처분의
예에 따라 이를 **징수할 수 있는 것이 아니고**, 지방자치단체를 대표하여 **부당이득반환청
구를 목적으로 하는** 소송을 제기하여야 한다.

[08 국회8급]

938 甲교회가 지구단위계획구역으로 지정되어 있던 **토지 중 일부를 매수**한 후 교회 건물을 신축
하는 과정에서 乙구(區) 소유 국지도로 지하에 **지하주차장 진입 통로를** 건설하고 지하공간에
건축되는 **예배당 시설 부지의 일부로 사용할 목적으로** 乙구청장에게 위 **도로 지하 부분에**

대한 **도로점용허가를** 신청하였다. **乙구청장**이 위 도로 중 일부 도로 지하 부분을 **甲교회**가 점용할 수 있도록 하는 내용의 **도로점용허가처분**을 하자, **甲교회**는 위 도로 **지하 부분을 포함**한 신축 교회 건물 **지하**에 예배당 등의 **시설을 설치**하였다. 이에 관한 설명은 **옳지 않은 것은?**

[22-2]

ㄱ. 주민소송에서 처분의 위법성은 항고소송과 동일하게 모든 법규범 위반인지 (긍정/재정손실X)

주민소송에서 처분의 위법성은 「행정소송법」상 **항고소송에서와 마찬가지**로 객관적 법질서를 구성하는 **모든 법규범에 위반되는지** 여부를 기준으로 판단하여야 하는 것이지, 해당 처분으로 인하여 **지방자치단체의** 재정에 손실이 발생하였는지만을 **기준으로 판단할 것은 아니다.**

ㄴ. 도로점용과 관련하여 도로법이 공유재산법에 우선하여 적용되는지 (긍정)

위 도로의 점용에 관해서는 **특수한 공법적 규율**을 하는 도로법이 일반법의 성격을 지니는 **공유재산 및 물품 관리법령의 규정들**에 우선하여 적용된다.

939

甲은 A광역시 **B구 구청장**으로부터 B구 소유의 도로인 ○○길 지하 일부에 대한 **도로점용허가**(이하 '이 사건 처분')를 받은 다음, 종교시설 **건물을 신축**하였다. A광역시 **B구에 거주하는** 일부 주민들이 이 사건 처분을 「지방자치법」상 **주민소송으로 다투려** 한다. 이에 관한 설명으로 옳은 것은?

[23 변시]

ㄱ. 지방자치법상 주민소송은 법원의 허가없이 소취하 할 수 없는지 (긍정)

「지방자치법」상 주민소송에서 당사자는 법원의 허가를 받지 아니하고는 소를 취하할 수 없다.

ㄴ. 주민소송이 처분의 취소를 구하는 경우 취소소송의 제소기간이 적용되는지 (부정)

이 사건 처분의 취소를 구하는 주민소송에 대해서는 「행정소송법」에서 정한 취소소송의 제소기간이 적용되지 않는다.

[22 변시]

ㄷ. 주민소송의 취소판결 확정- 기속력의 위법한 결과제거 조치로 점용중지, 원상회복명령 가능한지 (긍정)

이 사건 **처분의 취소를 구하는** 주민소송에서 처분을 취소하는 판결이 확정되면, **구청장은 취소판결의 기속력에** 따라 **위법한 결과를 제거하는 조치의 일환**으로서 甲에 대하여 이 사건 **도로의 점용을 중지하고 원상회복할 것을 명령**하는 것이 **가능하게 된다.**

940 **주민소환 청구사유에 제한이 있는지 (부정/제한X)**

주민소환은 대표자에 대한 신임을 묻는 것으로서 그 속성은 재선거와 다를 바 없으므로 선거와 마찬가지로 그 사유를 묻지 않는 것이 제도의 취지에 부합하므로 **주민소환의 청구사유에는** 제한이 없다.

941 지방자치법상 주민소환의 대상 (단체장·지방의원 O/비례대표 X)

지방자치법에 의하면 **지방자치단체의 주민**은 그 지방자치단체의 장 및 비례대표 **지방의회의원을** 제외한 **지방의회의원**에 대해 소환할 권리를 가진다.   [14 변시]

942 주민소환의 시기적 한계 (임기개시·임기만료 1년)

임기개시일부터 1년이 경과하지 아니하였거나 또는 임기만료일부터 1년 미만이 남아 있는 지방자치단체의 장에 대해선 **주민소환투표의 실시를 청구할 수 없다.**

943 지방의회 의장은 지방의회 직원의 지휘·감독·임면, 징계 등을 처리할 수 있는지 (긍정)

지방의회의 의장은 **지방의회 사무직원을** 지휘·감독하고 **법령과 조례·의회규칙**으로 정하는 바에 따라 그 **임면·교육·훈련·복무·징계** 등에 관한 사항을 처리한다.   [22-2]

944 지자체는 법률에 따라 단체장의 선임방법, 지자체의 기관구성을 달리 할 수 있는지 (긍정)

지방자치단체의 **의회와 집행기관**에 관한 「**지방자치법**」의 규정에도 **불구**하고 따로 법률로 정하는 바에 따라 **지방자치단체의 장의 선임방법을 포함**한 지방자치단체의 기관구성 **형태를 달리 할 수 있다.**   [22-2]

945 단체장의 주민의 생명·재산보호를 위한 선결처분권 (긍정)

지방자치단체의 장은 지방의회가 **성립되지 아니**한 때와 지방 의회의 의결사항 중 **주민의 생명과 재산보호**를 위하여 긴급하게 필요한 사항으로서 지방의회를 **소집할 시간적 여유가 없거나** 지방의회에서 의결이 **지체되어 의결되지 아니**할 때에는 **선결처분을 할 수 있다.**   [14 국가7급]

946 단체장의 선결처분이 지방의회 미승인시 효력 여부 (그때부터 실효)

지방자치단체의 **장이 선결처분을** 할 경우에는 지체 없이 **지방의회에** 보고하여 승인을 **받아야** 하며, 승인을 **받지 못한** 경우 그 선결처분은 **그때부터 효력을** 상실한다.   [14 국가7급]

947 지방자치단체의 합의제 행정기관의 설치 가능성 (긍정/법령or조례-근거)

지방자치단체는 그 소관 사무의 일부를 독립하여 수행할 필요가 있으면 **법령이나 그 지방자치단체의** 조례로 정하는 바에 따라 합의제 행정기관을 **설치할 수 있다.**   [14 국가7급]

948 민간위탁적격자 심사위-위원 2명을 시의원에서 임명하는 조례안의 적법성 (긍정)

조례안 규정에서 민간위탁적격자 심사위원회의 위원 중 2명을 시의원 중에서 위촉하도록 정한 것은 법령상 근거 없는 **새로운 견제장치에 해당한다고 볼 수 없다.**

949 자치사무와 국가사무의 구별기준 (1차-법령/2차-사무성질/경비부담/최종적 책임)

법령상 지방자치단체의 장이 처리하도록 하고 있는 사무가 자치사무인지 아니면 **기관위임**
사무인지를 판단하기 위해서는 그에 관한 **법령의 규정 형식과 취지**를 우선 고려하여야
하지만, 그 밖에 그 사무의 **성질이 전국적으로 통일적인 처리가 요구되는** 사무인지, 그에
관한 경비부담과 **최종적인 책임귀속의 주체**가 누구인지 등도 함께 고려하여야 한다.

[14 변시]

950 자치사무에 대한 합목적성 통제도 가능한지 (부정/적법성 통제만 可)

자치사무는 **국가의 적법성통제만** 가능하고, 합목적성 통제의 대상이 되지 **않는다.**

951 지자체사무의 민간위탁시 지방의회 사전동의 받는 조례안이 적법한지 (긍정)

지방자치단체 사무의 민간위탁에 관하여 **지방의회의 사전 동의를 받도록 하는 조례안은** 지
방자치단체장의 집행권한을 본질적으로 **침해하는 것이 아니다.**

952 단체위임사무에 대한 합목적성 통제 가능성 (긍정)

단체위임사무에 관하여 **국가는 합목적성 통제**를 할 수 있다.

953 공립·사립학교장의 학생생활기록부 작성행위가 기관위임사무인지 (긍정/국가사무)

공립·사립학교의 **장이 행하는 학생생활기록부 작성**에 관한 교육감의 지도·감독 사무는 국
가사무로서 교육감에 위임된 **기관위임사무이다.**

[14 국회8급]

954 사립학교의 임시이사 선임은 교육감의 고유권한으로 자치사무인지 (긍정/국가사무X)

사립 **초등학교·중학교·고등학교** 및 이에 준하는 **각종학교**를 설치·경영하는 학교법인
의 임시이사 선임에 관한 **교육감의 권한**은 자치사무라고 보는 것이 타당하다. [22 경찰간부]

955 기관위임사무의 예외적 조례제정 가능성 (긍정/법령위임-포괄위임금지)

지방자치단체의 장에게 위임된 국가사무인 기관위임사무에 대하여 **개별법령에서 그에 관**
한 일정한 사항을 조례로 정하도록 하는 것은 허용된다.

956 국가사무의 조례로 위임시 포괄적 위임이 가능한지 (부정/기관위임-구체적위임)

국가사무의 경우 법령의 위임이 있어야 지방의회가 **조례를 제정**할 수 있으며, 이때의 위
임은 위임의 일반원칙에 따라 **구체적 수권**이 필요하다.

[20 변시]

957 조례에 대한 항고소송의 피고적격 (단체장/공포권자)

조례에 **대한 항고소송에서는 조례의 의결기관인 지방의회가 아닌, 공포권을 갖는** 집행기
관이 **지방자치단체의 장이 피고적격을 가진다.**

[15 변시]

958 생활보호법상 별도의 생계비지원 조례의 적법성 (긍정/수익초과조례)

「생활보호법」 소정의 자활보호대상자 중에서 **사실상 생계유지가 어려운 자에게 「생활보호법」과는 별도로 생계비를 지원**하는 것을 내용으로 하는 조례안은 「생활보호법」에 **저촉되지 않는다.**
[15 변시]

959 도지사 소속 행정불만처리조정위원회 위원일부를 의회의장이 위촉하는 조례 (위법)

도지사 소속 **행정불만처리조정위원회 위원의 위촉·해촉에 도의회의 동의**를 받도록 한 조례안은 **사후에 소극적으로 개입하는 것으로서 적법**하나, 위원의 일부를 도의회 의장이 위촉하도록 한 조례안은 **위법**하다.
[15 변시]

960 세 자녀 이상 양육비 지원조례의 적법성 (긍정/수익초과조례-근거불요)

지방자치단체가 세 자녀 이상의 세대 중 세 번째 이후의 자녀에게 양육비 등을 지원하는 조례 제정에 개별적 법률위임이 **따로 필요하지 않다.**

961 국가법령 이미 존재하는 경우 조례제정 가능성 (수정 법률선점이론)

조례가 규율하는 특정한 사항에 관하여 그것을 규율하는 국가의 법령이 **이미 존재**하는 경우에도 조례가 법령규정의 목적과 효과를 **전혀 저해하는 바가 없다**면 그 조례는 국가의 **법령에 위반되지 않**는다.

962 단체장 임명 전 지방공기업대표 인사청문회 조례의 적법성 (부정/단체장-고유권한)

지방공기업대표를 **지방자치단체의 장이 임명하기 전에 지방의회의 인사청문회**를 거치도록 한 **조례는 위법**하다.

963 자치사무의 자치조례가 침익적 조례인 경우 법률위임 없으면 무효인지 (긍정)

지방자치단체가 고유사무인 **자치사무**에 관하여 **자치조례**를 제정하는 경우에도 주민의 권리제한 또는 **의무부과**에 관한 사항에 해당하는 조례를 제정할 경우에는 **법률의 위임이 있어야 하고 그러한 위임 없이 제정된 조례는 효력이 없다.**
[22 변시]

964 차고지확보조례의 적법성 (부정/포괄적 근거O·상위법령-위반)

차고지를 **확보하지 아니하면 자동차·건설기계를 운행할 수 없도록 하는 조례**는 권리제한·의무부과의 조례에 해당하므로 **법률의 위임을 요한다.**

965 지방의회가 행정심판지원을 위해 처분의 정당성판단 조례의 위법성 (긍정)

조례안에 주민들의 행정심판청구에 대한 지원여부를 결정하기 위한 전제로서 당해 **행정처분의 정당성 여부를 지방의회에서 판단하도록 규정**하고 있다면 **법률에 근거가 없는 새로운 견제장치**를 만드는 것이 된다.
[13 국회8급]

966 국공립학교 교원인사자문위원회 규정 조례의 위법성 (긍정/국가사무)

법령의 위임 없이, 교원인사에 관한 사항을 심의하기 위하여 **공립학교에** 교원인사자문위원
회를 두도록 하고 그 심의사항에 관하여 규정한 **조례는 조례제정권의 한계를 벗어나** 위법
하다.

967 자치사무와 단체위임사무 조례에 위임입법한계원리 적용되는지 (부정/포괄위임 可)

자치사무나 단체위임사무에 관한 조례는 국가법에 적용되는 일반적인 위임입법의 한계가 **적용
될 여지는 없**다.
[08 지방7급]

968 지방의회의 합의제 행정기관설치 조례안 발의가 적법한지 (부정/단체장 고유권한)

지방자치단체장이 제안하지 않은 **합의제** 행정기관의 설치에 관한 조례안을 지방의회가 발
의하여 이를 그대로 의결, 재의결하는 것은 **지방자치단체장의 고유권한**에 속하는 사항
의 행사에 관하여 **지방의회가 사전에 적극적으로 개입**하는 것으로서 관련 법령에 위반
되어 **허용되지 않는다.**
[22 경찰간부]

969 개정조례안이 소속을 분명하게 하기 위해 교육청 명칭을 일부추가한 경우 위법한지 (부정)

전라북도의회가 의결한 '**전라북도교육청 행정기구 설치조**례 일부 개정조례안'은 직속기관
들이 **전라북도교육청** 소속임을 분명하게 하기 위하여 해당 직속기관의 **명칭에** '교육청'을
추가하거나 **지역 명칭을 일부 변경**하는 것에 불과하므로, 위 조례 개정안이 **교육감의 지
방교육행정기관조직편성권을** 부당하게 침해한다고 볼 수는 **없다.**
[22 경찰간부]

970

> X광역시 **Y구의회**는 「Y구청장직 **인수위원회** 설치 및 운영에 관한 조례 중 **일부 개정조례안**」
> (이하 '개정조례안')을 의결하여 Y구청장에게 이송하였다. 개정조례안의 취지는 인수위원회
> **소속 특정 공무원**이 지방의회의 자료제출요구에 성실히 응하지 않은 경우 **구체적인 징계사
> 유**를 들어 구의회의 의결로 징계를 요구할 수 있다는 것이다. Y구청장은 개정조례안이 **법령
> 에 없는 새로운 견제장치**를 만들어 **위법하다고** 주장한다. 이에 관한 설명으로 **옳은 것은?**
> [22-3]

ㄱ. 구청장이 조례안 일부만 또는 조례안을 수정하여 재의요구가 가능한지 (부정)

Y구청장은 이송받은 개정조례안에 대하여 **20일 이내**에 이유를 붙여 **Y구의회로 환부**하
고 **재의를 요구**할 수 있으나, 조례안의 일부에 **대하여 재의를 요구할 수는 없다.**

ㄴ. 단체장의 재의요구나 공포없으면 이송받은 20일 후 조례확정/ 확정 후 단체장 공포 없으면
　 의장이 공포하는지 (긍정)

Y구청장이 이송받은 개정조례안에 대하여 재의를 요구하지 **않고** 공포하지 않은 경우 해당
조례안은 이송받은 날로부터 **20일 후에** 조례로서 확정되고, 조례가 확정된 후 **Y구청장이
공포하지 아니**하면 Y구의회 의장이 공포하여야 한다.

971 지방의회의원 월정수당의 법적성질 (직무대가/보수일종)

지방자치법상 **지방의회의원에게 지급하는** 월정수당은 지방의회의원의 직무활동에 대하여 매월 지급되는 것으로서, 지방의회의원의 **직무활동에 대한 대가**로 지급되는 보수의 일종으로 볼 수 있다.   [14 변시]

972 조례위반시 조례로써 1천만원 이하의 과태료부과 가능성 (긍정/자치법 34조)

지방자치단체는 조례를 위반한 행위에 대하여 **조례로써** 1천만원 이하의 **과태료**를 부과할 수 있다.   [19-1]

973 중앙행정기관의 자치사무 감사 허용범위 (특정법령위반-확인/일반적-위법적발목적X)

헌법재판소 결정에 의할 때, 중앙행정기관이 자치사무에 대한 감사에 착수하기 위해서는 자치사무에 관하여 **특정한 법령위반행위가 확인**되었거나 위법행위가 있었으리라는 **합리적 의심이 가능한 경우**이어야 하고, 또한 그 감사대상을 특정해야 하므로 포괄적·사전적 일반감사나 위법사항을 특정하지 않고 개시하는 감사 또는 **법령위반사항을 적발하기 위한 감사는 모두 허용될 수 없**다.   [12 변시]

974 자치법 188조 5항 '법령위반'에 재량 일탈·남용 포함되는지 (긍정)

대법원 판결에 의할 때, 구 지방자치법 제157조 제1항(현행 제188조)은 "**지방자치단체의 사무에 관한 그 장의 명령이나 처분**이 **법령에 위반되거나 현저히 부당**하여 공익을 해한다고 인정될 때에는 시·도에 대하여는 주무부장관이, … 기간을 정하여 서면으로 **시정을 명**하고 그 기간 내에 이행하지 아니할 때에는 이를 **취소하거나 정지할 수** 있다. 이 경우 **자치사무**에 관한 명령이나 처분에 있어서는 **법령에 위반하는 것에 한**한다."고 규정하고 있는바, 지방자치단체의 사무에 관한 그 장의 명령이나 처분이 법령에 위반되는 경우라 함은 그 장의 사무의 집행이 명시적인 법령의 규정을 구체적으로 위반한 경우뿐만 아니라, 그러한 사무의 집행이 재량권을 일탈·**남용하여 위법**하게 되는 경우를 **포함한다.**   [12 변시]

975 감사원의 자치사무 감사에 합목적성 감사 포함되는지 (긍정/합헌)

헌법재판소 결정에 의할 때, **감사원이** 감사원법에 따라 지방자치단체를 상대로 감사를 하면서 위임사무에 대하여 뿐만 아니라 **자치사무에 대하여도 합법성** 감사와 더불어 합목적성 감사까지 하는 것은 그것이 **법률에 근거하여 이루어진 감사행위**로서 헌법상 보장된 지방자치권의 본질적 내용을 **침해하는 것이 아니**다.   [12 변시]

976 자치법 188조 자치사무에 대한 시정명령 등의 범위 (법령위반-한정)

지방자치법에 의하면 지방자치단체의 사무에 관한 그 장의 명령이나 처분이 법령에 위반되거나 현저히 부당하여 공익을 해친다고 인정되면 시·도(특별시, 광역시, 특별자치시, 도, 특별자치도를 말함)에 대하여는 주무부장관이 기간을 정하여 서면으로 시정할 것을 명하고, 그 기간에 이행하지 아니하면 이를 취소하거나 정지할 수 있다. 이 경우 **자치사무에** 관한 명령이나 처분에 대하여는 **법령을 위반하는 것에 한**한다. [14 변시]

977 조례제정 대상사무의 범위 (자치사무+단체위임사무/기관위임-원칙부정)

헌법 제117조 제1항과 「지방자치법」 제28조에 의하면 지방자치단체는 법령의 범위 안에서 그 사무에 관하여 자치조례를 제정할 수 있다. 여기서 그 사무란 「지방자치법」에서 규정하는 지방자치단체의 자치사무와 법령에 의하여 지방자치단체에 속하게 된 **단체위임사무**이고, 국가사무가 지방자치단체의 장에게 위임된 기관위임사무는 제외된다. [16 변시]

978 자치법 28조 단서 침익적 조례에 포괄위임금지원칙 적용되는지 (부정/자치법규)

「지방자치법」 제28조 단서에 따라 **주민의 권리제한 또는 의무부과**에 관한 사항을 법률에서 조례에 위임하는 경우, **위임입법의 한계에** 관한 헌법 제75조의 포괄위임금지원칙은 **적용되지 않는다.** [16 변시]

979 자치사무 중 단체장의 고유권한·집행권의 본질을 제한하는 조례가능성 (부정)

지방자치단체의 자치사무에 해당하더라도 특별한 규정이 없는 한 「지방자치법」이 규정하고 있는 지방자치단체의 **집행기관과 지방의회의 고유권한에** 관하여는 **조례로 이를 제한할 수 없고,** 나아가 지방자치단체장의 고유권한이 아닌 사항에 대하여도 그 **사무집행에 관한 권한을** 본질적으로 제한하는 **조례제정은 허용되지 아니**한다. [16 변시]

980 조례제정권 한계로서 '법령'에 '법규명령' 포함되는지 (긍정/법령보충규칙-포함)

헌법 제117조 제1항이 조례제정권의 한계로 정하고 있는 '법령'에는 상위법령과 결합하여 대외적인 구속력을 갖는 법규명령으로서 기능하는 행정규칙이 포함된다. [17 변시]

981

A광역시 의회는 A광역시 소유의 행정재산에 관하여 「공유재산 및 물품 관리법」(이하 '공유재산법')에 따라 **사용허가를 받은 임차인들이** 그 행정재산을 양도·양수 또는 전대하는 것을 허용하는 내용의 「A광역시 행정재산 관리 운영 조례」 개정안을 의결하였다. 행정안전부장관은 위 개정안이 공유재산법에 위반된다는 이유로 A광역시장에게 재의요구를 지시하였다. 이에 관한 설명 중 옳은 것은? [24 변시]

ㄱ. 지역주민이 단체장을 상대로 조례안의결무효확인소송을 제기할 수 있는지 (부정/단체장·감독청)

A광역시 주민은 A광역시장을 상대로 조례안의결무효확인을 **구하는 소송**을 통해 조례를 통제할 수 **없다.**

ㄴ. 조례안 일부조항이 법령위반- 조례안 전부의 효력이 부인되는지 (긍정/전부무효)

조례안의 일부 **조항이 법령에 위반**되어 위법한 경우 그 조례안에 대한 재의결 전부의 **효력이 부인**된다.

982 국가가 단체장 상대로 기관위임사무에 대한 취소소송 가능성 (부정/내부행위)

국가는 **지방자치단체의 장의** 기관위임사무의 **처리**에 관하여 해당 지방자치단체의 장을 상대로 **취소소송을 제기하여 다툴 수 없다.** [17 변시]

983 기관위임사무와 지자체의 국배법 6조① 비용부담자책임 (긍정/형식적 비용부담자)

지방자치단체의 장이 기관위임된 **국가행정사무를** 처리하는 경우 그에 **소요되는** 경비의 실질적 · 궁극적 **부담자는** 국가라고 하더라도 당해 **지방자치단체는** 국가로부터 내부적으로 교부된 금원으로 그 사무에 필요한 **경비를 대외적으로 지출하는 자**이므로, 이러한 경우 지방자치단체는 「**국가배상법」 제6조 제1항** 소정의 **비용부담자**로서 공무원의 불법행위로 인한 같은 법에 의한 **손해를 배상할 책임이 있다.** [17 변시]

984 자치법 188조 6항 소송에 시정명령 포함되는지 (부정/명문규정X)

주무부장관이 「**지방자치법」**에 따라 시 · 도에 대하여 **행한** 시정명령에 대하여 해당 시 · 도지사는 대법원에 **시정명령의 취소를 구하는** 소송을 제기할 수 **없다.** [17 변시]

985 감독청의 자치사무에 대한 시정명령을 대법원에 제소할 수 있는지 (부정/188조⑥)

시 · 도지사가 **자치사무에 관한** 시 · 군 · 구청장의 **처분**에 대해 시정명령을 발한 경우, **시 · 군 · 구청장**은 시정명령에 대하여 대법원에 제소할 수 **없다.** [20 변시]

986 국가의 자치사무에 대한 일반적 · 후견적 감독권 인정 여부 (부정/자치권 보장)

지방자치단체의 자치사무에 대하여는 지방자치를 보장하기 위하여 **국가의** 일반적 · 후견적 **감독권**은 인정되지 **않는다.**

987 자치법 188조의 감독기관의 통제한계 및 불복규정 있는지 (긍정)

「**지방자치법」** 제188조에서는 국가법질서의 통일 및 공익의 보호를 위하여 국가 기관에 의한 지방자치단체의 장의 명령이나 처분에 대한 **행정적 통제를** 규정 하는 한편, 지방자치단체의 **자치행정권을 보장**하기 위하여 국가기관의 통제의 한계 **및 부당한 통제에 대한** 불복을 규정하고 있다.

988 자치법 188조 6항 소송에 시정명령 포함 (부정/취소처분 · 정지처분만)

지방자치단체의 장은 「지방자치법」 **제188조 제1항에** 따른 자치사무에 관한 명령이나 처분의 취소 또는 정지에 **대하여 이의가** 있으면 그 취소처분 또는 정지처분을 통보받은 날부터 **15일 이내에** 대법원에 소를 제기할 수 있고, 시정명령에 대해서는 **소를 제기할 수 없다.**

989 자치법 189조 직무이행명령의 대상 (기관위임/관리 · 집행-명백히 게을리)

「**지방자치법**」제189조는 지방자치단체의 장에 대한 **감독기관의** 직무이행명령을 규정하고
있는데, 지방자치단체의 장이 **기관위임사무의 관리 및 집행을** 명백히 게을리 하고 있다고
인정되는 때에는 감독기관은 이행명령을 내릴 수 있다.

990 자치사무에 대한 감사실시 전 법령위반 확인해야 하는지 (긍정/위법-적발목적X)

자치사무에 **대한 감사**는 이를 **실시하기 전**에 해당 사무의 처리가 법령에 위반되는지 여
부 등을 확인하여야 한다. [23 군무원5급]

991 자치법 189조 직무이행명령이 자치사무도 가능한지 (부정/기관위임사무만-可)

지방자치법 제189조에 근거한 **직무이행명령**은 통상 기관위임사무를 의미하고, 단체위임사
무의 경우에도 행정권한위임위탁규정에 따라 감독권 행사로서 직무명령이 가능한 것으로
보나, **자치사무에는 직무이행명령을 할 수 없다.**

992 국가등의 단체장에 대한 재의요구지시 불이행과 직접제소 (자치법 192조)

주무부장관이 시 · 도의회의 의결사항에 대하여 **대법원에 직접 제소**하기 위해서는 시 · 도
지사가 그 의결사항을 **이송받은 날부터 20일 이내에** 시 · 도의회에 재의를 요구할 것을
시 · 도지사에게 요청하였음에도 시 · 도지사가 주무부장관의 재의요구 요청을 **이행하지**
아니한 경우이어야 한다.

993 교육감의 학교법인 이사취임승임 및 취소가 자치사무인지 (긍정)

학교법인의 이사취임승인 및 취소에 관한 사무는 **교육감이** 지방자치단체의 교육학예에 관
한 사무의 특별집행기관으로서 가지는 권한이고 「정부조직법」상의 국가행정기관의 일
부로서 가지는 권한이 아니므로 자치사무에 **해당된다.**

994 지방의회 재의결이 공익에 현저히 해하는 경우 단체장의 제소가능성 (부정/위법만)

지방자치단체의 장은 「지방자치법」제192조 제4항에 따라 **재의결된 사항이 법령에 위반**된
다고 판단되면 재의결된 날부터 **20일 이내에 대법원에** 소를 제기할 수 있으나, 공익을 현
저히 **해치는 경우**에는 재의요구는 할 수 있지만 대법원에 제소할 **수는 없다.** [10 지방7급]

995 국가 등의 단체장에 대한 재의요구지시 (자치법 192조/단체장-20일내 재의요구해야)

지방의회의 **의결이** 법령에 위반**되거나** 공익을 현저히 **해친다고** 판단되면 시 · 도에 대하여
는 주무부장관이, 시 · 군 및 자치구에 대하여는 시 · 도지사가 재의를 **요구하게 할 수**
있고, 재의요구를 받은 지방자치단체의 장은 의결사항을 이송받은 날부터 20일 이내에
지방의회에 이유를 붙여 재의를 요구하여야 한다. [21-2]

996 시·도지사가 위법한 재의결에 소제기 안하면 장관이 직접 제소지시·직접제소 (긍정)

주무부장관이나 시·도지사는 재의결된 사항이 **법령에 위반**된다고 판단됨에도 불구하고 해당 지방자치단체의 **장이 소(訴)를 제기하지 아니**하면 그 지방자치단체의 장에게 제소를 지시하거나 직접 제소 **및 집행정지결정**을 신청할 수 있다.

[21-2]

997 장관의 국공립교원·사립교원의 중징계요청과 직무이행명령 종합 (사례형)

> 교육부장관은 A도(道) 교육감에게 A도 교육청 소속 국가공무원인 중학교 교사 甲과 사립 중학교 교사 乙에 대한 중징계절차의 진행을 요청하였음에도 A도 교육감이 이를 **이행하지 않자** A도 교육감에게 甲과 乙에 대하여 징계의결을 요구할 것을 내용으로 하는 **직무이행명령**을 하였다.

ㄱ. 장관의 교육감에 대한 이행명령에 대한 교육감의 불복 (189조⑥)

A도 교육감은 위 이행명령에 이의가 있으면 이행명령서를 접수한 날부터 15일 이내에 대법원에 **소를** 제기할 수 있다.

ㄴ. 교육부장관의 교육감에 대한 국립교원 징계의결요구 사무의 성질 (기관위임사무)

甲에 대한 징계는 국가사무이고, 그 일부인 징계의결요구 **역시 국가사무**에 해당하므로 A도 교육감이 甲에 대하여 하는 **징계의결요구 사무는 국가위임사무에 해당**한다.

ㄷ. 직무이행명령 요건 중 '법령상 의무'에 '불이행의 합리적 이유' 포함되는지 (부정)

직무이행명령의 요건 중 '법령의 규정에 따라 지방자치단체의 장에게 특정 국가위임사무를 관리·집행할 의무가 있는지' 여부의 판단대상은 **문언대로 그 법령상 의무의 존부이지**, 지방자치단체의 장이 그 사무의 관리·**집행을 하지 아니한 데 합리적 이유가 있는지** 여부가 **아니다.**

[21 변시]

ㄹ. 사립교원 복무에 국공립교원 규정 준용되는지 (긍정/공무외 집단행위-징계사유)

사립학교 교원의 복무에 관하여 국·공립학교의 교원에 **관한 규정이 준용**되므로, 乙이 「국가공무원법」이 금지하는 '**공무 외의 일을 위한 집단행위'에 참여**한 때에는 징계사유에 **해당**한다.

ㅁ. 교육감이 특별한 사정없이 의무불이행시 '관리·집행 명백히 게을리' 충족되는지 (긍정)

A도 교육감이 특별한 사정이 없이 그 의무를 이행하지 아니한 것만으로도 '국가위임사무의 관리와 집행을 명백히 게을리하고 있다'는 요건이 **충족**될 수 있다.

998 기관위임사무 명백히 게을리하는 경우 감독청의 조치 (189조/직무이행명령+대집행)

기관위임사무의 경우 사무의 관리와 **집행을** 명백히 게을리하고 있다고 인정되면 주무부장관 및 광역자치단체장은 직무이행명령의 **발령과 대집행을 할 수 있다.**

999 직무이행명령의 대상- 위법·부당한 직무집행 포함 여부 (부정/소극적 부작위만)

직무이행명령은 명백한 직무부작위라는 소극적 부작위를 대상으로 하므로, **위법 또는 부당한 직무집행행위라는 적극적 작위를 대상으로 직무이행명령을 발할 수 없다.** [08 국가7급]

1000 단체장이 장관과 '다른견해' 취하여 의무불이행한 것이 정당한 사유인지 (부정)

지방자치**단체의 장**이 특정 **국가위임사무**를 관리·집행할 의무가 있는지 여부에 관하여 **주무부장관과** 다른 견해를 취하여 이를 **이행**하고 있지 아니한 사정은 의무불이행의 **정당한 이유**가 되지 **못한다.** [21 변시]

1001 단체장의 제소권 불행사와 국가등의 직접 제소권 (120조·192조)

지방자치법 제120조 또는 제192조에 따라 **지방자치단체의 장**은 지방의회의 위법한 **재의결**에 대해 대법원에 소를 제기할 수 있다. 다만, 같은 법 제192조에 따라 **주무부장관이나** 시·도지사는 지방자치단체의 장이 **재의요구 또는 제소의 지시**에 응하지 않는 경우 직접 대법원에 제소를 할 수 있다. [12 국회8급]

1002 지방자치제도 종합

> 지방자치에 관한 설명 중 옳지 않은 것은? [18 변시]

ㄱ. 지방의회 유급보좌인력 충원이 국회의 법률로 규정할 입법사항인지 (긍정)

지방의회의원에 대하여 유급 보좌 인력을 두는 것은 지방의회의원의 신분·지위 및 처우에 관한 현행 법령상의 제도에 중대한 변경을 초래하는 것으로서 **국회의 법률로 규정하여야 할 입법사항이다.**

ㄴ. 시·군·자치구 의회 조례안에 대한 주무부장관의 예외적 제소가능성 (긍정)

시·군 및 자치구 의회의 **조례안 재의결**이 법령에 위반된다고 판단됨에도 **시장·군수·구청장**이 소를 제기하지 않는 경우 **시·도지사**는 제소지시 후 **직접제소**할 수 있고, 주무부장관은 시장·군수·구청장에게 직접 **재의요구 지시를 한 경우에만** 예외적으로 제소지시 후 직접 제소할 수 있다. [20 변시]

ㄷ. 자치사무도 예외적으로 지방자치법상 분쟁조정 대상사무인지 여부 (긍정)

지방자치단체의 **자치사무**라도 당해 지방자치단체에 내부적인 효과만을 발생시키는 것이 아니라 그 사무로 인하여 다른 지방자치단체나 그 주민의 **보호할 만한 가치가 있는 이익을 침해**하는 경우에는 「지방자치법」에서 정한 분쟁조정위원회의 **분쟁조정 대상 사무**가 될 수 있다.

1003 자치법 188조 시정명령 대상인 '단체장의 처분'이 항고소송의 처분으로 제한되는지 (부정)

지방자치법 제188조 제1항 지방자치단체의 사무에 관한 그 장의 명령이나 처분에서, 사무는 자치사무와 단체위임사무를 의미하고, 장의 명령은 자치법규로서 규칙을 의미하며, 장의 처분은 지방자치법 제188조 제1항이 지방자치단체의 자치행정 사무처리가 법령 및 공익의 범위 내에서 행해지도록 감독하기 위한 규정이므로 적용대상을 항고소송의 대상이 되는 행정처분으로 제한할 이유가 없다.

[20 변시]

1004 지방자치단체 분쟁조정 종합

지방자치단체의 **분쟁조정(調整)** 및 권한쟁의에 관한 설명으로 옳지 않은 것은?

ㄱ. 행정안전부장관의 분쟁조정결정 자체의 쟁송가능성 (부정)

행정안전부장관의 분쟁조정결정에 대하여는 그 자체를 다툴 수 없고, 후속의 이행명령을 기다려 대법원에 이행명령을 다투는 소를 제기한 후 그 사건에서 이행의무의 존부와 관련하여 분쟁조정결정의 위법까지 함께 다투는 것이 가능할 뿐이다.

ㄴ. 기관위임사무 집행하는 단체장이 권한쟁의심판의 피고인지 (부정/국가사무)

권한침해를 당하였다고 주장하는 지방자치단체가 국가사무로서의 성격을 가지고 있는 기관위임사무를 집행하는 **다른 지방자치단체의** 장을 상대로 헌법재판소에 제기한 권한쟁의심판은 부적법하다.

ㄷ. 법률에 대한 권한쟁의심판의 대상이 '법률 제정행위'인지 (긍정/법률자체X)

권한쟁의심판과 위헌법률심판은 원칙적으로 구분되어야 한다는 점에서, 법률에 대한 권한쟁의심판은 **'법률 그 자체'가 아니라,** '법률의 제정행위'를 그 심판대상으로 해야 할 것이다.

1005 공무원 임용결격자에 대한 임용의 효력 (무효/절대적·소극적 요건)

공무원법에 규정되어 있는 **공무원임용 결격사유는** 공무원으로 임용되기 위한 **절대적인 소극적** 요건이고, 임용 당시 이러한 결격사유가 있었음에도 임용권자가 과실로 임용 결격자임을 밝혀내지 못한 경우에도 역시 **무효이며**, 그 임용의 **하자는 치유되지 않는다.**
[12 변시]

1006 공무원 임용결격사유의 판단시기 (임용당시O/채용후보자명부 등록시X)

공무원임용 결격사유가 있는지의 여부는 **채용후보자 명부에 등록한** 당시에 시행되던 법률이 **아닌**, **임용당시에 시행되던** 법률을 기준으로 판단하여야 한다.
[12 변시]

1007 기간제임용 국공립대 조교수에 대한 재임용탈락 통지의 처분성 (긍정/법조신O)

기간제로 임용되어 임용기간이 만료된 국·공립대학의 조교수에 대하여 **재임용하지 않기로 결정하고 임용기간이 만료되었다는 취지의 통지**를 했다면, 위 결정 및 통지는 행정소송의 대상이 되는 행정처분에 **해당**한다.
[12 변시]

1008 직위해제 후 임용결격사유로 당연퇴직된 자에 복직처분시 신분회복 (부정/절대적 무효)

임용결격사유의 발생 사실을 알지 못하고 직위해제되어 있던 중 임용결격사유가 발생하여 **당연퇴직된 자에게 임용권자가 복직처분을 하였다고 하더라도** 이로 인해 그 자가 공무원의 신분을 회복하는 것은 **아니다.**
[12 변시]

1009 공무원 시험승진후보자명부 등록 삭제행위의 처분성 (부정)

공무원법령에 의하여 시험승진후보자명부에 **등재**되어 있던 자가 그 명부에서 삭제됨으로써 승진임용의 대상에서 제외된 경우에 이러한 **삭제행위는** 그 자체가 공무원 승진임용에 관한 권리나 의무를 설정하거나 법률상 이익에 직접적인 변동을 초래하지 않으므로 행정처분이 **아니다.**
[12 변시]

1010 지방공무원 동의없는 전출명령 불응시 징계처분의 위법성 (긍정/재량권 일탈)

지방공무원의 동의 없는 전출명령은 위법하여 취소되어야 하므로, 이러한 **전출명령이 적법함을 전제로** 내린 당해 지방공무원에 대한 징계처분은 징계양정에 있어 재량권을 일탈하여 **위법**하다.
[16 변시]

1011 경찰공무원 징계위 심의과정 공적제시 결여시 위법성 (긍정/징계절차-위반)

경찰공무원에 대한 징계위원회의 **심의과정에서 감경사유**에 해당하는 **공적 사항이 제시되지 아니한 경우**에는 그 징계양정이 **결과적으로 적정한지** 여부와 **관계 없이** 이는 관계법령이 정한 **징계절차를 지키지 않은 것**으로서 위법하다.

[20 변시]

1012 직위해제처분 후 해임처분이 일사부재리원칙 위반인지 (부정)

직위해제처분은 공무원에 대한 불이익한 처분이나, 동일한 사유에 대하여 **직위해제처분이 있은 후 다시 해임처분이** 있었다고 일사부재리의 **법리에 위반되는 것은 아니다.**

[16 변시]

1013 국가공무원 연가신청 허가 전에 근무지 이탈이 징계사유인지 (긍정)

국가공무원이 그 법정 연가일수의 범위 내에서 연가를 신청하였다고 할지라도 그에 대한 소속 행정기관장의 **허가가 있기 이전에** 근무지를 이탈한 행위는 특단의 사정이 없는 한 「국가공무원법」에 위반되는 행위로서 **징계사유가 된다.**

[16 변시]

1014 임용결격자의 지방공무원 임용 종합 (사례형)

> 甲은 「지방공무원법」 제31조에 정한 **공무원 임용결격사유**가 있는 자임에도 불구하고 **지방 공무원으로 임용되어 25년간 큰 잘못 없이** 근무하다가 위 사실이 발각되어 임용권자로부터 **당연퇴직통보를 받았다.** 「지방공무원법」 제61조는 같은 법 제31조의 임용결격사유를 당연 퇴직사유로 규정하고 있다. 이에 관한 설명 중 **옳은 것은?**   [17 변시]

ㄱ. 임용권자의 과실 있는 임용결격자에 대한 임용의 효력 (당연무효)

임용 당시 임용권자의 과실로 임용결격자임을 **밝혀내지 못한 경우**에도 甲에 대한 임용행위는 당연무효이다.

[21-2]

ㄴ. 임용결격자의 임용결격해소 후 특별임용 (취소사유)/ 임용결격기간 공무원연금법상 재직기간에 합산 가능한지 (부정)

甲이 새로이 **공무원으로 특별임용**된 경우, 甲이 특별임용되기 이전에 사실상 공무원으로 계속 근무하여 온 과거의 재직기간은 「**공무원연금법」상의** 재직기간에 **합산될 수 없**다.

ㄷ. 임용결격자에 대한 당연퇴직통보의 처분성 (부정/단순사실-통보)

甲에 대한 당연퇴직의 통보는 취소소송의 대상이 되는 행정처분이 아니라, 당사자에게 원래의 임용행위가 당초부터 당연무효이었음을 통지하여 **확인시켜 주는 행위**에 지나지 아니한다.

1015 공무원법상 '소청'이 특별행정심판으로 필요적 전치절차 여부 (긍정)

현행법상 소청은 **행정소송의** 필요적 전치절차이므로 소청위원회의 심사 · 결정을 거치지 아니하면 바로 행정소송을 제기할 수 없다.

1016 징계처분에 대한 소청에 불이익변경금지원칙 적용되는지 (긍정/행정심판)

징계처분에 대한 소청에는 불이익변경금지의 **원칙이 적용**된다.

1017 소청심사위원회 결정의 기속력 인정 여부 (긍정/재결의 기속력)

소청심사위원회의 결정은 **처분행정청을** 기속한다.

1018 국가공무원의 형사사건 기소 종합 (사례형)

> **국가공무원 A는** 직무와 관련하여 금품을 수수하였다는 혐의로 **형사사건으로 기소**되었다. A의 법적 지위에 관한 설명 중 **옳은** 것을 모두 고른 것은?

ㄱ. 형사사건의 확정판결 전 징계권자의 징계처분 가능한지 (긍정)

A에 대한 형사사건의 판결이 **확정되기 전**이라도 징계권자는 징계처분을 **할 수 있다.**

ㄴ. 형사사건 기소시 필요적 직위해제규정이 위법한지 (긍정/비례원칙反)

A가 형사사건으로 기소된 이상 임용권자는 A에 대하여 직위해제처분을 **하여야 하는 것은 아니고,** 형사사건으로 기소되기만 하면 일률적으로 **직위해제처분을 하지 않을 수 없도록 규정**한 것은 비례의 원칙 중 최소침해의 원칙에 **위배된다.**

ㄷ. 징계의결요구서 사본을 징계의결요구와 동시에 징계혐의자에 송부해야 하는지 (부정)

A에 대한 징계절차에서 징계의결요구권자는 징계의결요구와 동시에 징계사유와 징계의 결요구권자의 의견 등이 기재된 공무원징계의결요구서 사본을 **징계혐의자에게 송부**하여야 하는 것이 원칙이지만, 징계위원회가 개최되기에 앞서 징계혐의자의 방어권행사에 지장을 주지 않을 만큼의 충분한 시간적인 여유를 두고 송부하면 충분하고, 꼭 **징계의 결요구와 동시에 송부하여야만** 된다고 볼 것은 **아니다.**

1019 임용결격자의 임용 후 임용결격사유 없는 특별임용의 효력 (취소사유/공정력-유효)

결격사유가 있는 공무원이 임용된 이후에 그 근무경력을 바탕으로 신규임용에 해당하는 특별임용이 된 경우, **특별임용 당시에 결격사유가 없었다면** 당해 특별임용은 당연무효는 **아니다.**

[10 국회8급]

1020 임용결격자에 대한 공무원연금법상 퇴직급여청구권 (부정)

임용결격자가 **공무원으로 임명**되어 사실상 근무하여 온 경우에도 **임용이 당연무효인** 이상 적법한 공무원으로서의 신분을 취득한 것이라고 볼 수 없으므로 **공무원연금법에 의한 퇴직급여 등을 청구할 수 없다.**   [10 국회8급]

1021 직위해제 대기명령자의 직권면직시 관할징계위의 동의 (긍정/그외-의견들어야)

직제·정원 개폐 등에 따라 폐직 또는 과원이 되었을 때, 전직시험에서 **세 번 이상 불합격한 자로서 직무수행능력이 부족하다**고 인정될 때에 면직시키는 경우 관할징계위원회의 의견을 들어야 하지만, **대기명령**을 받은 자의 **근무성적향상을 기대하기 어렵다**고 인정되는 때 등의 사유로 **직권면직을** 시킬 경우 미리 관할징계위원회의 **동의를 받아야** 한다.   [10 국회8급]

1022 소청심사위- 소청인에 대한 진술권 배제한 결정의 효력 (무효)

소청심사위원회는 임시결정한 경우를 제외하고 소청심사청구를 **접수한 날로부터 60일 이내에** 이에 대한 결정을 하여야 하고, **소청인의 진술권을 배제한 결정은 무효가** 된다.   [10 국회8급]

1023 임용결격자의 임용처분 취소시- 신뢰보호원칙 적용 및 시효소멸 여부 (부정)

국가가 공무원 임용결격사유가 있는 자에 대하여 **당초의 임용처분을** 취소함에 있어서는 **신의칙 내지 신뢰보호의 원칙을 적용할 수 없고,** 그러한 의미의 **취소권은** 시효로 **소멸되는 것도 아니다.**   [21-2]

1024 '공무 이외의 집단행위'에 모든 집단행위가 포함되는지 (부정/공익反목적-제한)

지방공무원법상 **'공무 이외의 일을 위한 집단행위'**라고 함은 공무에 속하지 아니하는 어떤 일을 위하여 공무원들이 하는 **모든 집단적 행위를** 의미하는 것이 **아니라** '공익에 반하는 목적을 위하여 직무전념의무를 해태하는 등의 영향을 가져오는 집단적 행위'를 말한다.   [12 국회8급]

1025 단체를 결성한 상태에서의 행위가 '공무 이외의 집단행위'인지 (부정/결성 전 상태)

지방공무원법상 **'공무 외의 일을 위한 집단행위'**라 함은 공무원으로서 직무에 관한 기강을 저해하거나 기타 그 본분에 배치되는 등 공무의 본질을 해치는 특정목적을 위한 다수인의 행위로써 단체의 결성단계에는 **이르지 아니한 상태에서의 행위를** 말한다.   [12 국회8급]

1026 복무조례개정안- 전공노 간부 10명 시장사택 방문에 대한 파면처분 (적법)

지방공무원 복무조례개정안에 대한 의견을 표명하기 위하여 전국공무원노동조합 간부 10여 명과 함께 시장의 사택을 방문한 노동조합 시지부 사무국장의 파면처분이 **징계권의 한계를 일탈하거나 재량권을 남용하였다고 볼 수 없다.**   [12 국회8급]

1027 공무원 1인 릴레이 시위가 국가공무원법상 공무 외의 집단행위에 해당하는지 (부정/집단성X)

「국가공무원법」에서 금지하는 '공무 외의 **일을 위한 집단행위**'란 **공익에 반하는 목적을 위한 행위**로서 **직무전념의무를 해태**하는 등의 영향을 가져오는 **집단적 행위**를 말하고, 1인 릴레이 시위는 후행자가 선행자에 동조하여 동일한 형태의 행위를 각각 한 것에 불과하므로 **집단성을 갖춘 행위**에 해당하지 **않는다.**　　　　　　　　　　　　　　　　[23-3]

1028 공무원법상 성실의무가 법적의무인지 (긍정)/ 성실의무 위반이 징계사유인지 (긍정)

성실의무는 **법적 의무**로서 그 위반은 징계사유가 된다.

1029 상관의 위법한 직무명령에 복종거부 가능한지 (위법-명백할 때)

상관의 위법한 직무명령에 대하여 **형식적 요건을 결여**하였거나 **실질적 요건의 위법성이** 명백한 경우에는 법령준수의무를 내세워 **복종의무를 거부할 수 있고,** 거부해야 한다.

1030 공무원의 퇴직 후에도 비밀준수의무 있는지 (긍정)

공무원은 직무상 또는 직무와 관련된 비밀에 대하여 비밀유지의무를 지며, **퇴직 후에도 비밀유지의무를 엄수**하여야 한다.

1031 공무원의 품위유지의무- 직무집행 관계없는 경우에도 미치는지 (긍정)

품위유지의무는 직무집행뿐만 아니라 직무집행과 관계가 없는 **경우에도** 존재한다.

1032 국민에게 보장된 기본권행사는 공무원법상 품위유지의무 위반행위에 해당하지 않는지 (부정)

국민에게 보장된 기본권행사행위라 할지라도 **주권자인** 국민의 입장에서 **바람직스럽지 못한** 행위라면 「공무원법」 소정의 **품위유지의무 위반행위에 해당**한다.　　　　　　[23-1]

1033 국가공무원법상 징계시효 (3년/금품수수 · 횡령-5년)

국가공무원법상 **징계시효는** 징계 등의 사유가 발생한 날부터 3년이지만 금품 및 향응 수수, 공금의 횡령 · 유용의 경우에는 5년이 된다.　　　　　　　　　　[12 국회8급]

1034 단체장이 징계사유 판단재량 있는지 (긍정)

지방자치단체장은 소속공무원의 구체적인 행위가 **징계사유에 해당하는지** 여부에 관하여 판단할 재량은 있지만, 징계사유에 해당하는 것이 **명백한 경우**에는 관할인사위원회에 **징계를 요구할 의무**를 지게 된다.

1035 교원소청위- 재임용거부처분취소결정의 기속력 (긍정/재임용심사-절차의무)

교원소청심사위원회의 결정은 처분행정청을 기속하나, 교원소청심사위원회의 소청심사 결정 중 임용기간이 만료된 교원에 대한 재임용거부처분을 **취소하는 결정**은 재임용거부 처분을 취소함으로써 학교법인 등에게 해당 교원에 대한 **재임용심사를 다시 하도록** 하는 절차적 의무를 **부과**하는 데 그친다.   [11 국회8급]

1036 감사원 조사중인 사건의 징계절차요구 or 징계절차진행 가능성 (부정)

징계는 원칙적으로 인사위원회의 의결을 거쳐 임용권자가 하며, 감사원에서 조사 중인 사건에 대하여는 조사개시 통보를 받은 날부터 징계의결요구나 그 밖의 징계절차를 진행하지 못한다.

1037 휴직자와 정년 가까운자- 우선 면직대상자로 정한 기준에 의한 면직처분 (위법)

'휴직자와 정년이 가까운 **자**'를 우선 면직대상자로 한다는 기준만을 정하여 **면직처분**을 한 경우, 이는 국가공무원법상 고려하여야 할 면직기준을 고려하지 아니한 채 다른 기준을 정하여 한 **면직처분이므로 위법**하다.

1038 직위해제가 법정 징계처분인지 (부정/보직해제-잠정적 조치)

직위해제는 일반적으로 공무원의 직무수행능력이 부족하거나 근무성적이 극히 불량한 경우에 보직을 해제하는 **잠정적 조치로서 징계처분과 성질이** 다르다.   [19-2]

1039 지방계약직공무원- 징계절차에 의하지 않는 보수삭감 (위법/징계절차 거쳐야)

「지방공무원법」이 준용되는 지방계약직공무원에 대하여 채용계약상 특별한 약정이 없는 한, 지방공무원법령이 정한 징계절차에 의하지 않고서는 보수를 **삭감할 수 없다.**   [19-3]

1040 공무원의 유죄확정 전 징계처분 가능성 (긍정)/ 무죄확정시 징계처분의 효력 (무효X)

공무원에게 징계사유가 인정되는 이상 관련 형사사건의 유죄확정 전**에도** 해당 공무원에 대하여 **징계처분을** 할 수 있고, 형사사건에서 무죄가 확정된 경우에도 동 징계처분은 **당연무효는 아니**다.

1041 수 개의 징계사유 중 일부 징계사유가 정당한 경우 징계처분의 효력 (적법/유효)

수 개의 징계사유 중 그 일부가 인정되지 않는다 하더라도 인정되는 다른 일부 징계사유만 **으로도 당해 징계처분이 정당하다고 인정되는 경우에는 그 징계처분을 유지한다고 하여 위법하다 할 수 없다.**

1042 4급공무원 3급승진 대상자결정 대외적 공표시 승진임용신청권 (긍정)

4급 공무원이 당해 지방자치단체 인사위원회의 심의를 거쳐 **3급 승진대상자로 결정**되고 임용권자가 그 사실을 **대내외에 공표**한 경우 그 공무원에게 **승진임용신청권이 있다.** [14 서울7급]

1043 사직원 수리 '의원면직처분'에 대한 행정청의 권한유월 행위가 당연무효인지 (부정)

행정청의 공무원에 대한 **의원면직처분**은 공무원의 사직의사를 수리하는 **소극적** 행정행위에 불과하고, 당해 공무원의 사직의사를 확인하는 **확인적** 행정행위의 성격이 강하며 **재량의 여지가 거의 없기** 때문에 의원면직처분에서의 **행정청의 권한유월** 행위를 다른 일반적인 행정행위에서의 그것과 같다고 보아 무권한의 행위로서 **반드시 당연무효에 해당**한다고 볼 것은 **아니다.** [20-2]

1044 교원의 징계처분에 대한 교원소청위의 결정에 행정소송 제기할 수 있는지 (긍정)

각급학교 교원이 징계처분을 받은 때에는 교원소청심사위원회(이하 '위원회'라 함)에 **소청심사를 청구**할 수 있고, 위원회가 그 심사청구를 **기각하거나 원 징계처분을 변경**하는 결정을 한 때에는 법원에 행정소송을 **제기할 수 있다.** [22 변시]

1045 국·공립교원의 징계처분과 교원소청결정 중 항고소송 제기시 소의 대상 (남은 원처분)

국·공립학교 교원에 대한 **징계처분의 경우**에는 원 징계처분 자체가 행정처분이므로 그에 대하여 **위원회에 소청심사**를 청구하고 위원회의 기각결정이 **있은 후** 그에 불복하는 **행정소송이 제기**되더라도 그 **심판대상은 원 징계처분**이 되는 것이 원칙이다. [22 변시]

1046 사립교원의 징계처분과 교원소청결정 중 항고소송 제기시 소의 대상 (소청결정)

사립학교 교원에 대한 **징계처분**의 경우에는 **학교법인 등의 징계처분**은 **행정처분이 아니**므로 그에 대한 소청심사청구에 따라 **위원회가 한 결정이 행정처분**이고, 행정소송에서의 **심판대상**은 학교법인 등의 원 징계처분이 아니라 위원회의 결정이 되며, 따라서 **피고도 행정청인** 위원회가 된다. [22 변시]

1047 사립교원 징계권자의 교원소청위 인용결정에 불복 (긍정)/ 국공립교원 징계권자의 위원회 인용결정에 불복 (부정/인용재결-기속력)

위원회가 사립학교 교원의 심사청구를 **인용**하거나 원 징계처분을 **변경하는 결정**을 한 때에는 그 징계권자는 **위원회 결정에 불복**하여 법원에 행정소송을 제기할 수 있으나, 만약 국·공립학교 교원에 대한 것이면 **처분청은 불복할 수 없다.** [22 변시]

1048 국·공립교원 처분에 대한 소청 인용결정의 기속력이 주문과 전제인 이유에 미치는지 (긍정)

국·공립학교 교원의 **심사청구를 인용**하거나 원 징계처분을 변경하는 위원회의 결정은 **징계권자에 대하여** 기속력을 가지고 이는 그 결정의 **주문에** 포함된 사항뿐 아니라 그 전제**가 된 요건사실**의 인정과 판단에까지 미친다. [22 변시]

1049 국가공무원법상 직위해제처분에 행정절차법이 적용되는지 (부정/적용배제-3조②9호)

「**국가공무원법**」상 직위해제처분은 '공무원 인사 관계 법령에 따른 징계와 그 밖의 처분'에 해당하지만, 당해 행정작용의 **성질상** 행정절차를 **거치기 곤란**하거나 **불필요**하다고 인정되는 사항 또는 행정절차에 **준하는 절차**를 거친 사항에 해당하므로, 「**행정절차법**」의 규정이 **별도로 적용되지 않는다.**

[24 변시, 22-1, 21-2, 19-3]

1050 공무원법상 보수등 근무조건 법정주의 규정이 없어, 예산계상만으로 보수지급 가능한지 (부정/국공법 46조⑤, 47조)

「**국가공무원법**」은 공무원의 보수 등에 관하여 '근무조건 법정주의'를 규정하고 있으며, 공무원이 국가를 상대로 실질이 보수에 해당하는 금원의 지급을 구하려면 국가공무원법령 등 공무원의 보수에 관한 법률에 그 지급근거가 되는 **명시적 규정**이 존재하여야 하고, 나아가 해당 보수 항목이 국가예산에도 계상되어 있어야만 한다.

[24 변시, 20-2]

1051 상관의 지시 · 명령에 대한 헌법소원등 재판청구권 행사가 복종의무 위반인지 (부정)

상관의 지시나 명령 **그 자체에 따르는** 이상 그것이 **위헌 · 위법**이라는 이유로 헌법소원 등 재판청구권을 **행사**하는 것만으로 상관의 지시나 명령을 따르지 않겠다는 의사를 표명한 것으로 볼 수 없으므로 공무원의 복종의무위반으로 볼 수 **없다.**

[20-2]

1052 공무원의 신분과 권리 종합

> 공무원의 **신분과 권리**에 관한 설명 중 옳지 않은 것은? [19 변시]

ㄱ. 허위 고교졸업증명서 제출한 하사관임용 (취소사유)/ 취소처분시 신뢰이익 고려 (부정)

학력요건을 갖추지 못한 甲이 허위의 고등학교 졸업증명서를 제출하여 하사관에 지원했다는 이유로 하사관 임용일로부터 30년이 지나서 한 임용취소처분은 적법하며, 甲이 위 처분에 불복하여 신뢰이익을 원용할 수 없음은 물론 행정청이 이를 고려하지 아니하였다고 하여도 재량권의 남용이 **되지 않는다.**

ㄴ. 진급예정자 진급선발취소처분에 행정절차법 적용되는지 (긍정/수사과정 해명-부족)

진급예정자 명단**에 포함된 자**에 대하여 진급선발을 취소하는 처분은 진급예정자로서 가지는 이익을 침해하는 처분이어서 「행정절차법」상의 의견제출 기회 **등을 주어야** 하며, 수사과정 및 징계과정에서 자신의 비위행위에 대한 해명기회를 가졌다는 사정만으로 사전통지를 하지 않거나 의견제출의 기회를 주지 아니하여도 되는 예외적인 경우에 해당한다고 할 수 없다.

ㄷ. 장래 이행기 도래하는 퇴직연금수급권의 내용변경하는 법률의 허용성 (긍정/진정소급X)

퇴직연금수급권의 기초가 되는 급여의 사유가 이미 발생한 후에 그 퇴직연금수급권을 대상으로 하지만, 이미 발생하여 이행기에 도달한 퇴직연금수급권의 내용을 변경함이 없이 장래 이행기가 도래하는 **퇴직연금수급권의** 내용만을 변경하는 것에 불과하여, 이미 완성 또는 종료된 과거 사실 또는 법률관계에 새로운 법률을 소급적으로 적용하여 과거를 법적으로 새로이 평가하는 것이 아니므로 소급입법에 **의한 재산권 침해가 될 수 없다.**

1053 직무명령 위반이 징계사유가 되려면 직무명령이 적법 · 유효해야 하는지 (긍정)

공무원이 상급행정기관이나 감독권자의 직무상 명령을 위반하였다는 점을 징계사유로 삼으려면 **직무상 명령이** 상위법령에 반하지 않는 적법 · 유효한 것이어야 한다. [22 경찰간부]

1054 X사립대학교 교원 甲은 근무태도 불량을 이유로 X학교법인으로부터 해임통지를 받았다. Y국립대학교 교원 乙은 뇌물수수혐의로 Y국립대학교 총장으로부터 파면통지를 받았다. 甲과 乙은 각각 교원소청심사위원회(이하 '위원회')에 징계처분의 취소를 구하는 심사청구를 제기하였다. 이에 관한 설명으로 옳은 것은? [22-2]

ㄱ. 사립교원 해임에 대한 교원소청위의 변경결정이 행정심판의 재결로서 기속력 있는지 (부정)

(사립교원) **甲의 심사청구**에 대하여 위원회가 해임결정을 **정직으로 변경**하는 결정을 한 경우, 위원회의 이 결정은 행정심판의 재결에 해당되는 것으로 **볼 수 없으**므로 그 **행정심판의 재결로서의 기속력**을 갖는다고 볼 수는 **없다.**

ㄴ. 사립교원 해임에 대한 교원소청위의 인용결정은 민사소송이 아닌 행정소송으로 다투는지 (긍정)

(사립교원) **甲의 심사청구**에 대하여 위원회가 인용결정을 한 경우, **X학교법인**은 **위원회를 상대로** 민사소송이 아닌 **행정소송을 제기**하여 **인용결정의 무효확인**을 구할 수 있다.

ㄷ. 국립교원 파면에 대한 소청위의 해임변경결정에서 소의 대상은 변경된 당초처분인지 (긍정)

(국립교원) **乙의 심사청구**에 대하여 위원회가 **파면처분을 해임**처분으로 **변경하는 결정**을 한 경우, 乙은 **Y국립대학교 총장**을 상대로 **해임처분으로** 변경된 당초 처분에 대한 취소소송을 제기할 수 있다.

ㄹ. 국립교원 징계에 대한 소청위의 인용결정을 총장이 위원회 상대로 행정소송 제기 가능한지 (부정)

(국립교원) **乙의 심사청구**에 대하여 위원회가 인용결정을 한 경우, **재결에 기속**되어 재결의 취지에 따른 처분의무를 부담하는 **Y국립대학교 총장**은 **위원회를 상대**로 인용결정의 취소를 구하는 **행정소송을 제기할 수 없다.**

ㅁ. 국립교원과 달리, 사립교원은 소청위 기각결정의 취소를 구하는 행정소송 제기 가능한지 (긍정)

甲과 乙의 심사청구에 대하여 위원회가 기각결정을 한 경우, **국립대학교 교원인 甲과 달리** 사립대학교 교원인 乙은 기각결정의 취소를 구하는 행정소송을 제기하여 권리구제를 받을 수 있다.

제4장 | 공물법

1055 하천등 자연공물의 공용개시행위가 필요한지 (부정/공용폐지행위는 필요)

판례에 의하면 **하천**과 같은 **자연공물**의 경우에는 그것이 자연의 상태에 있어서 일반 공중의 사용에 제공될 수 있는 실체를 갖추고 있으면 **공용개시행위를 요함이 없이** 그 자체로서 **공물로 성립**한다.

1056 묵시적 공용폐지의사표시의 가능성 (긍정/묵시적 의사표시-可)

판례에 의하면 **공용폐지의 의사표시는** 명시적 또는 묵시적인 방법으로는 이루어질 수 **있다.**

1057 국유재산법과 공유재산법상 행정재산에 일체의 사권설정 금지되는지 (부정/예외O)

「**국유재산법**」과 「**공유재산 및 물품관리법**」에 따르면 행정재산은 **처분**할 수 **없으며** 사권을 설정할 수 **없으나, 대부나 교환** 및 양여 · 신탁 등이 가능하다. [21-3, 20-3]

1058 도로법 · 하천법- 사권행사 금지되나, 소유권이전 · 저당권설정은 가능한지 (긍정)

「**도로법**」이나 「**하천법**」에 따르면 도로나 하천에 대해서는 사권을 행사할 수 **없으나,** 다만 **소유권이전의 대상**이 되고 저당권을 설정할 수도 있다. [20-3]

1059 사인토지가 관리청의 공용개시로 도로가 되어 사권행사 제한되면 도로법상 손실보상 대상인지 (부정)

사인 소유의 토지가 도로관리청의 공용개시로 인해 **도로**가 되었다면 사권행사가 제한됨으로써 **손실**을 받았다고 하더라도 필요한 범위 내에서의 제한이므로, 「**도로법**」 제99조에 의해 손실보상의 **대상**이 되는 것은 **아니다.** [20-3]

1060 공로에 제공된 토지 소유자가 지자체 상대로 도로철거, 통행금지 청구가 권리남용인지 (긍정)

어떤 토지가 개설경위를 불문하고 **일반 공중의 통행에 공용되는 도로,** 즉 공로가 되면 그 부지의 **소유권 행사는 제약**을 받게 되며, 이는 **소유자가 수인하여야** 하는 재산권의 사회적 제약에 해당하므로, 공로부지의 소유자가 이를 점유 · 관리하는 **지방자치단체를 상대로** 공로로 제공된 도로의 철거, **점유 이전 또는 통행금지**를 청구하는 것은 법질서상 원칙적으로 **허용될 수 없는 '권리남용'**이라고 보아야 한다. [22 경찰간부]

1061 국유도로 · 국유하천이 민사소송법상 '강제집행'의 대상인지 (부정)

국유의 도로나 하천에 대해서는 저당권을 설정할 수 있으므로 강제집행이 인정된다고 볼 수도 있으나, 민사소송법이 **국가에 대한 강제집행은** 국고금의 압류에 의한다고 규정하고 있으므로 국유의 도로나 하천이 강제집행의 **대상**이 될 수 **없다.** [20-3]

1062 문화재보호법상 지정문화재는 다른 행정재산과 달리 사용·수익할 수 없는지 (부정)

「문화재보호법」상 **지정문화재**는 「국유재산법」과 「공유재산 및 물품관리법」상 행정재산과 달리 소유권의 이전이 허용되며, 문화재의 보존·관리를 위하여 사용·수익할 수 있다.

[20-3]

1063 국유재산법·공유재산법상 행정재산의 시효취득 가능성 (부정/명문-부정)

「국유재산법」과 「공유재산 및 물품 관리법」은 행정재산의 시효취득을 명문으로 부정하고 있다.

1064 공물의 본래용도 미사용 or 점유상실- 묵시적 공용폐지 (부정/특별사정-필요)

판례는 **공물이 사실상 본래의 용도에 사용되고 있지 않**거나 행정주체가 점유를 상실하였다는 정도의 사정만으로 묵시적 공용폐지의 **의사표시를 인정하지 않**는다.

1065 공유수면 일부매립되어 사실상 대지화된 경우- 묵시적 공용폐지 의사표시 인정되는지 (긍정)

공유수면으로서 자연공물인 **바다의** 일부가 매립에 의하여 **토지로 변경**된 경우에 공용폐지가 가능하며, 이 경우 공용폐지의 의사표시는 **명시적 의사표시**뿐만 아니라 묵시적 의사표시도 무방하다.

[23 변시]

1066 공물의 인접주민이 공물 폐지·변경을 다툴 법률상 이익 (예외긍정/고양된 일반사용)

공물의 인접주민은 다른 일반인보다 인접공물의 일반사용에 있어 **특별한 이해관계**를 가지는 경우가 있고, 그러한 의미에서 다른 사람에게 인정되지 아니하는 이른바 **고양된 일반사용권이 보장**될 수 있다.

[14 변시, 23-1, 21-3]

1067 행정재산의 시효취득 가능성 (부정/묵시적 공용폐지-필요)

행정목적을 위하여 공용되는 행정재산은 **공용폐지가 되지 않는 한** 사법상 거래의 **대상이 될 수 없**으므로 취득시효의 **대상도 되지 않**는 것이고, 공물의 용도폐지 의사표시는 명시적이든 묵시적이든 불문하나 적법한 의사표시여야 한다.

[14 변시]

1068 일반재산의 취득시효- 취득시효 기간동안 계속 일반재산이어야 하는지 (긍정)

취득시효가 인정될 수 있는 공유재산인 **일반재산**(구 잡종재산)의 경우 그 취득시효가 완성되기 위해서는 그 공유재산이 취득시효 기간 동안 계속하여 **일반재산이어야** 한다.

[20-1]

1069 하천 점용허가권에 물권성 인정되는지 (부정/채권불과)

하천의 점용허가권은 특허에 의한 공물사용권의 일종으로서 하천의 관리주체에 대하여 일정한 특별사용을 청구할 수 있는 채권에 **지나지 아니하**고 대세적 효력이 있는 **물권이라 할 수 없다.**

[23·22·14 변시]

1070 하천법상 하천수사용권이 특허인지 (긍정/손실보상대상-O)

「**하천법**」에 의한 하천수 사용권은 특허에 의한 공물사용권의 일종이다. [22 변시]

1071 지자체가 공용개시한 매수부동산이 이전등기 전에 공공용물인지 (부정/등기필요)

지방자치단체가 개인 소유의 부동산을 매수한 후 유지를 조성하여 **공용개시**를 하였다고 하더라도 법률의 규정에 의하여 등기를 거칠 필요 없이 부동산의 소유권을 취득하는 특별한 경우가 아닌 한 **부동산에 대한 소유권이전등기를 거치기 전에는 소유권을 취득할 수 없는** 것이므로 이를 지방자치단체 소유의 **공공용물이라고 볼 수 없다.** [14 변시]

1072 도로구역 결정·고시- 도로확장공사 실시계획수립·일부공사 진행시 시효취득 (부정)

도로구역의 결정·고시는 있었지만 아직 도로의 형태를 갖추지는 못한 국유토지도 그 토지를 포함한 일단의 토지에 대하여 **도로확장공사** 실시계획이 수립되어 일부 공사가 **진행** 중인 경우에는 시효취득의 **대상이 될 수 없다.** [16 변시, 21-3]

1073 지목이 도로로서 국유재산대장에 등재된 사정만으로 행정재산인지 (부정)

토지의 지목이 도로이고 **국유재산대장에 등재**되어 있다는 사정만으로 바로 그 토지가 **도로로서 행정재산에 해당한다고 할 수는 없다.** [22·16 변시]

1074 공유수면 일부매립- 공용폐지 없는 경우 공유수면 성질이 유지되는지 (긍정)

공유수면의 일부가 매립되어 사실상 대지화되었다고 하더라도, 관리청이 공용폐지를 하지 **아니하였다면** 법률상 여전히 공유수면으로서의 성질을 보유한다. [16 변시]

1075 관리청 착오로 행정재산 교환시 공용폐시 의사표시 있는지 (부정/의사표시-적법해야)

관리청이 착오로 행정재산을 다른 재산과 교환하였더라도 그러한 사정만으로 적법한 공용 폐지의 의사표시가 있다고 볼 수 없다. [16 변시]

1076 행정재산 공용폐지되어 시효취득 대상이라는 점의 입증책임 (시효취득 주장자)

행정재산이 공용폐지되어 시효취득의 대상이 된다는 입증책임은 **시효취득을** 주장하는 자에게 있다. [16 변시]

1077 적법한 개발행위로 일반사용이 종전에 비하여 제한된 경우 특별한 손실인지 (부정)

적법한 개발행위로 인하여 공공용물에 대한 **일반사용이** 종전에 비하여 제한받게 되었다 하더라도 그로 인한 불이익은 손실보상의 대상이 되는 **특별한 손실에 해당하지 않는다.** [21-3]

1078 고양된 일반사용 인정되기 위해 실제 공물을 사용해야 하는지 (긍정)

실제 공물을 사용하지 않고 있는 이상 그 공물의 인접주민이라는 사정만으로는 공물에 대한 고양된 일반사용권이 인정될 수 없다.

1079 해수욕장 백사장 일부 무단사용시-적법한 개발행위로 인한 불이익이 특별한 손실인지 (부정)

일반 공중의 이용에 제공되는 해수욕장의 백사장 일부를 관할 시의 특별한 허락 없이 어선을 양육·정박시켜 이용해 온 어선어업자들이 적법한 백사장 개발행위로 인해 백사장 이용을 제한받는 불이익은 손실보상의 대상이 되는 특별한 손실에 해당하지 않는다.

[23 변시]

1080 도로 일반사용의 도로용도폐지를 다툴 법률상 이익 (원칙부정/예외-고양된 일반사용)

도로를 일반적으로 이용하는 사람은 원칙적으로 도로의 용도폐지를 다툴 법률상의 이익이 없다.

[13 변시]

1081 행정재산의 본래용도 제공되지 않는 상태- 묵시적 공용폐지 의사표시인지 (부정)

공용폐지의 의사표시는 묵시적인 방법으로도 가능한바, 행정재산이 본래의 용도에 제공되지 않는 상태에 있다고 하더라도 그 자체로 묵시적인 공용폐지의 의사표시가 있다고 볼 수 없다.

[13 변시, 21-3]

1082 도로점용허가가 도로지표와 그 지하·지상에 미치는지 (긍정)

「도로법」상 도로의 점용은 도로의 지표뿐만 아니라 그 지하나 지상공간의 특정 부분을 유형적, 고정적으로 특정한 목적을 위하여 사용하는 특별사용이다.

[22·13 변시]

1083 행정재산의 사용·수익허가의 법적 성질 (특허처분)

공유재산의 관리청이 행정재산의 사용·수익에 대한 허가를 하는 것은 사경제주체로서 행하는 사법(私法)상의 행위가 아닌, 관리청이 공권력을 가진 우월적 지위에서 행하는 행정처분이라고 보아야 한다.

[13 변시]

1084 국유재산에 대한 강제집행 가능성 (부정/사권설정X-강제집행X)

"국가에 대한 강제집행은 국고금을 압류함으로써 한다."라고 규정하고 있는 「민사집행법」 제192조는 강제집행의 한 방법을 예시한 것이므로 국가소유 재산에 대한 강제집행은 금지된다.

1085 도시공원의 공유재산 사용허가의 법적 성질 (특허/행정재산 목적외 사용허가)

甲이 A시 소재 도시공원 내 시설물에 대하여 공유재산 사용허가를 받아 그 시설물에서 매점을 운영하는 경우, 甲과 A시 사이의 법률관계는 甲 개인의 영리활동이라는 사적 이익을 도모하기 위한 사법상 계약이 아닌 공법상 법률관계에 해당한다.

1086 국유재산 무단점유자 변상금부과와 민사상 부당이득반환청구의 경합 (긍정/병존)

국유재산의 무단점유자에 대하여 한 변상금부과 · **징수권**과 **민사상** 부당이득반환청구권은 동일한 금액 범위 내에서 **경합**하여 병존하게 되고 민사상 부당이득반환청구권이 만족을 얻어 소멸하면 그 범위 내에서 변상금 부과 · 징수권도 소멸하는 관계에 있다.

1087 도로 무단점유자에 대한 변상금 부과권한이 소유권이 아닌 관리권한인지 (긍정)

도로를 고의로 무단점용한 자에 대하여 도로의 관리청은 그 도로부지의 소유권 취득 여부와는 관계없이 **변상금을 부과**할 수 있다.

[22 변시]

1088 도로의 일반사용과 특별사용의 병존가능성 (긍정/주된 용도 · 기능)

도로 앞 건물의 소유자가 건물 앞 인도 부분에 **차량 진출입로를 개설**하여 이를 자신의 건물에 드나드는 차량들의 편익에 제공함으로써 **일반의 보행자들이 인도 부분을 불편을 감수하면서 통행**하고 있는 경우, 인도 부분이 일반 공중의 통행에 **제공되고 있다고 하여도 이는 도로점용에 해당**한다.

1089 일반사용 가능하면 특별사용 부정되어 무단점유 부정되는지 (부정/병존可)

사용 · 수익허가 없이 행정재산을 유형적 · 고정적으로 특정한 목적을 위하여 사용 · 수익하거나 점유하는 것은 공유재산 및 물품 관리법에서 정한 변상금 **부과대상인 '무단점유'에 해당**하는데, 반드시 그 사용이 독점적 · 배타적일 필요는 없으며, 점유 부분이 동시에 **일반 공중에 이용되고 있다고 하여 점유가 아니라고 할 수는 없다.**

[21 국회8급]

1090 도로점용허가자- 실제 점용사실 없는 경우에도 점용료납부의무 있는지 (긍정)

업무시설 및 근린생활시설의 신축을 위하여 **행정청으로부터 도로점용허가를 받은 자**가 건축경기 악화 등 부득이한 사정으로 착공하지 못하여 점용허가 받은 도로를 실제로 점용한 사실이 없다 **하더라도** 그 사유만으로 점용료 납부의무**가 없다고 볼 수 없**다.

1091 사용료 · 점용료 부과는 점용 · 사용 허가를 전제하는지 (긍정)/ 점용 · 사용 허가없이 변상금 대신 사용료 · 점용료 부과가능한지 (부정)

甲 시가 국유재산인 토지 상에 근로자 종합복지관 등을 건축하여 점유 · 사용하고 있다는 이유로 해당 국유지의 관리청인 乙 시가 사용료 부과처분을 한 경우, 乙 시가 甲 시에 **국유재산에 대한 사용료 또는 점용료를 부과하기 위해서는**, 乙 시가 甲 시에 국유재산의 점용 · 사용을 허가하였거나 그에 관한 **협의 또는 승인**이 있었던 경우라야 한다.

[21-1]

1092 지방문화재 지정토지- 공용폐지 없이 수용대상이 되는지 (긍정)

지방문화재로 **지정된 토지**에 대하여 **공용폐지가 없더라도** 수용의 대상이 **될 수** 있다.

[12 국회8급]

1093 오랫동안 도로 미사용시 묵시적 공용폐지 인정되는지 (부정/특별사정-필요)

오랫동안 **도로로서** 사용되지 않고, 건물이 세워져 있으며 그 주위에 담이 둘려져 있다고 하더라도 관리청의 묵시적**으로 도로의** 용도폐지를 하였다고 볼 수는 **없다.**   [12 국회8급]

1094 자신의 토지 지하에 권원없는 상수도관 설치시 철거청구 가능성 (긍정)

상수도관이 **자신의 토지 지하에 권원** 없이 **설치**되었다면 공물로 사용되고 있는 동안에도 그 **철거를 구할 수 있다.**   [12 국회8급]

1095 공물의 설치 · 관리상 하자와 국가배상 인정 여부 (긍정/국배법 5조)

공물의 **설치 · 관리상의** 하자로 인한 국가나 지방자치단체의 배상책임은「민법」이 아니라「국가배상법」에 의한다.

1096 도로의 일반사용과 특별사용의 병존가능성 (긍정/주된 용도 · 기능)

도로의 특허 사용은 일반사용과 병존이 **가능**하므로 도로점용부분이 동시에 일반 공중의 교통에 공용되어 있어도 **도로점용에 해당**한다.   [21-3]

1097 인접주민의 고양된 일반사용의 한계- 다른 일반사용의 영속적 배제 (부정)

인접주민의 토지가 도로의 존재와 이용에 종속적인 경우에 구체적 타당성을 위하여 예외적으로 공동사용을 영속적으로 배제하는 권리의 주장은 인정되지 않는다.

1098 인접주민의 고양된 일반사용의 범위 (양적 · 질적-일반사용 능가)

인접주민의 고양된 일반사용권은 헌법상의 재산권의 보장에 기한 것으로서, 공동사용을 능가하여 **사용할 수 있다.**

1099 도로점용허가의 법적 성질 (특허/재량)

도로법의 규정에 의한 도로점용은 특정한 목적을 위하여 사용하는 **이른바 특별사용**을 뜻하며, 이러한 **도로점용허가**의 법적 성질은 **공물관리자의** 재량행위이다.   [20 변시, 19-3]

1100 도로무단점유자가 제3자에 대한 도로점용허가를 다툴 법률상 이익 있는지 (부정)

점용허가를 받음이 없이 **도로부지를 점유**하여 온 자는 행정청이 **제3자에** 대하여 한 같은 도로부지의 점용허가처분으로 인하여 **어떠한 불이익을 입게** 되었다고 하더라도 위 처분의 **취소를 구할** 원고적격이 없다.

1101 비관리청의 항만시설 무상사용허가의 법적 성질 (특허)

비관리청이 조성 또는 **설치한 항만시설**의 경우, 총사업비의 범위 안에서 당해 **비관리청이** 항만시설을 무상사용하는 것은 **공물의 특허사용에** 해당한다.

1102 도로에 대한 도로구역 결정·고시가 공용지정행위인지 (긍정)

도로가 공공용물로 성립하기 위한 절차 중 하나인 도로구역의 결정·**고시는 공용지정행위**에 해당한다.

1103 행정재산의 일반재산 오인매각 후 이전등기가 무효행위 추인인지 (부정)

공공용 행정재산으로서 용도폐지도 되지 않은 **국유재산을 일반재산으로** 오인하여 매각하였고 소유권 **이전등기를 경료**해 주었다고 하여, **무효인 매도행위를** 추인한 **것으로 볼 수** 없다.

1104 지자체가 국도 비용부담자책임시 공동불법행위자 책임 (긍정/국가와 내부분담)

지방자치단체가 **국도의 관리상** 비용부담자로서 책임을 지는 것은 국가배상법이 정한 자신의 **고유한 배상책임**이므로, **도로의 하자로 인한 손해**에 대하여 지방자치단체는 **부진정연대채무자인** 공동불법행위자**와의 내부관계에서** 배상책임을 분담하게 된다.

1105 문화재보호구역지정으로 인한 인근주민의 문화재 향유이익 (반사적 이익)

문화재나 문화재보호구역 지정으로 인하여 인근주민이 문화재를 향유할 이익은 구체적이고 법률적인 이익이라고 **할 수는 없다.**

1106 도로법상 노선지정·도로구역결정 or 국토계획법상 도로설치시 공용개시행위 인정되는지 (긍정)

도로는 도로로서의 형태를 갖추고, 「**도로법」에 따른** 노선의 지정**이나 인정의 공고 및 도로구**역 결정·고시를 한 때 또는 「**국토의 계획 및 이용에 관한 법률**」이나 「도시 및 주거환경정비법」이 정한 **절차를 거쳐** 도로를 설치하였을 때에 공공용물로서 **공용개시행위가 있다**고 할 수 있다.

1107 국·공유재산 사용승낙 받은 건축물에 대한 변상금처분이 사용승낙 철회인지 (긍정)

「특정건축물정리에 관한 특별조치법」에서 정한 절차에 따라 준공검사필증이 교부되어 건축물 관리대장 등에 등재됨으로써 대상 건축물의 점유 면적에 해당하는 **국·공유지 부분에 관하여** 사용승낙을 하였다고 볼 수 있는 **건축물에** 변상금을 부과한 경우 그 **사용**승낙을 철회한 것으로 **볼 수 있다.**

1108 도로의 지상·지하에 대한 도로점용허가 일부 직권취소 사건

甲은 자신의 사옥을 A시에 신축하는 과정에서 A시 지구단위변경계획에 의하여 건물 부지에 접한 대로의 도로변이 차량출입 금지 구간으로 설정됨에 따라 그 반대편에 위치한 A시 소유의 도로에 지하주차장 진입통로를 건설하기 위하여 A시의 시장 乙에게 위 도로의 지상 및 지하 부분에 대한 도로점용허가를 신청하였고, 乙은 甲에게 **도로점용허가를** 하였다. 이에 관한 설명 중 옳지 않은 것은?

[20 변시]

ㄱ. 무단점유부분- 변상금부과처분 대신 사용료부과처분시 중대한 하자인지 (부정)

甲이 도로점용허가를 받은 부분을 넘어 무단으로 **도로를 점용**하고 있는 경우, 무단으로 사용하는 부분에 대해서는 변상금 **부과처분을 하여야** 함에도 乙이 변상금이 아닌 사용료 **부과처분**을 하였다고 하여 이를 중대한 **하자라고 할 수 없다**.

ㄴ. 도로점용허가 필요 없는 부분에 대한 직권취소 가능한지 (긍정)

乙의 도로점용허가가 甲의 **점용목적에** 필요한 범위를 넘어 과도하게 이루어진 경우, 이는 위법한 점용허가로서 乙은 甲에 대한 도로점용허가 중 **특별사용의 필요가 없는 부분에 대해서만 직권취소**할 수 있으며, 반드시 도로점용허가 전부를 취소하여야 하는 것은 아니다.

1109 도로점용허가 일부 직권취소 사건 및 감액반환통지 사건

다음 사례에 관한 설명 중 **옳지 않은** 것을 모두 고른 것은? [19-3]

〈사례〉

甲주식회사는 강남구 신사동 소재 부지에 초고층 신사옥을 건축하면서 차량의 진출입 등을 위한 목적으로 강남구청에 **도로점용허가를 신청**하였다. **강남구청장 A**는 이에 대하여 2014.11.6. 도로점용허가를 하면서 대상 도로부분 토지의 개별공시지가를 기준으로 2014.11.7. 2014년도분 점용료 약 11억원 및 2015년도분 **점용료 약 52억원**을 **부과**하였다('당초 부과처분'). 그러자 甲주식회사는 대상 **도로부분 토지의 일부**('이 사건 토지부분')가 인접 공영주차장 출구로 사용되고 있음에도 불구하고 **이를 반영하지 않은** 채 도로점용허가를 하고, 점용료를 산정·부과한 것은 위법하다며 **이의를 제기**하였다. 이에 A는 2015.9.16. 이 사건 토지부분은 일반인이 공용으로 사용하는 공영주차장 출구이므로 위 **도로점용허가에서 이를 제외하도록 변경**하고('이 사건 변경처분'), 그 점용면적에 해당하는 금액을 감액하여 반환한다는 통지('이 사건 감액처분')을 甲주식회사에 하였다.

ㄱ. 도로점용허가의 재량성 (긍정)/ 점용목적 달성에 필요한 한도로 국한되는지 (긍정)

도로점용허가**의 여부 및 내용**을 정함에 있어서 관할 도로관리청이 **재량**을 가진다 하더라도, 도로점용허가는 도로의 **일반사용을 저해할 가능성**이 있으므로 구체적인 도로점용허가의 **범위**는 점용목적 달성에 **필요한 한도로 제한되어야** 한다.

ㄴ. 점용 필요없는 부분- 점용료 재산정 후 새로운 부과처분 or 감액처분 가능성 (둘다可)

A는 점용료와 관련하여 특별사용의 필요가 없는 이 사건 토지부분을 제외한 상태로 점용료를 재산정한 후 당초 부과처분을 취소하고 재산정한 **점용료를 새롭게 부과**하거나, **당초 부과처분을 취소하지 않고** 당초 부과처분으로 부과된 점용료와 재산정된 점용료의 차액을 감액할 수 있다.

ㄷ. 도로점용허가 vs 점용료부과처분-하자승계 (부정)/ 점용변경처분 vs 점용료감액처분-하자승계 (부정)

도로점용허가와 점용료 부과처분은 **서로 독립하여 별개의 법률효과**를 발생시키므로 甲주식회사는 이 사건 변경처분에 불가쟁력이 생겨 그 효력을 다툴 수 없게 되면 그 **변경처분에 흠**이 존재하더라도 그것이 **당연무효 사유에 해당하지 않는 한** 그 흠을 이유로 이 사건 감액처분의 **효력을 다툴 수 없다.**

1110 공유재산법상 대부계약 갱신없는 무단점유

甲은 「공유재산 및 물품 관리법」상 **일반재산인 A시의 토지**에 대하여 **대부계약을 체결**하고 그 위에 창고건물을 건축하여 사용하고 있다. A시 공유재산 관리 담당 공무원은 甲이 사용하고 있는 토지에 대하여 **대부계약의 기간이 만료**되었음에도 甲이 토지를 반환하지 않고 있음을 이유로 하여, 「공유재산 및 물품 관리법」 제83조 제1항에 따라 이 사건 토지 위의 건물을 철거하고 이 사건 **토지를 반환할 것을 명령**하였다. 이에 관한 설명 중 **옳은** 것만을 모두 고른 것은?

[19-2]

※ 「공유재산 및 물품 관리법」
제83조 (원상복구명령 등) ① 지방자치단체의 장은 정당한 사유 없이 공유재산을 점유하거나 공유재산에 시설물을 설치한 경우에는 원상복구 또는 시설물의 철거 등을 명하거나 이에 필요한 조치를 할 수 있다.
② 제1항에 따른 명령을 받은 자가 그 명령을 이행하지 아니할 때에는 「행정대집행법」에 따라 원상복구 또는 시설물의 철거 등을 하고 그 비용을 징수할 수 있다.

ㄱ. 대부료징수- 공법상 체납처분 가능한 경우 민사상 강제집행 가능한지 (부정)

일반재산의 대부료 징수에 관하여 지방세 체납처분의 예에 따른 **간이하고 경제적인 특별한 구제절차**가 마련되어 있으므로, 특별한 사정이 없는 한 민사소송으로 일반재산의 대부료 지급을 구하는 것은 **허용되지 않는다.**

제5장 | 공용부담법

1111 재건축조합의 관리처분계획안 인가 전 총회의결의 소송형태 (당사자소송)

「도시 및 주거환경정비법」상 주택재건축 정비사업조합을 상대로 관리처분계획안**에 대한 조합 총회결의의 효력** 등을 다투는 소송은 **행정소송법상의 당사자소송**에 해당한다.

[24 · 18 · 13 변시, 22-1]

1112 사업인정의 법적 성질 (형성행위)/ 허가권자가 수용필요성 판단에 재량있는지 (긍정)

토지수용을 위한 사업인정으로 사업시행자에게 **수용을 위한 권리**가 창설되므로 단순한 확인행위가 아니라 형성행위이며, 공익사업에 해당하는지 여부는 법령에 정해져 있다 하더라도, **사업인정권자가 수용의 필요성**이 있는지를 판단함에 있어서 재량이 인정된다. [20-1]

1113 실정법에 열거되지 않은 공익사업에 대하여 공용수용이 허용되는지 (부정)

공공의 이익에 도움이 되는 사업이라도 '공익사업'으로 실정법에 열거되어 있지 **않은** 사업은 공용수용이 **허용될 수 없다.**

[22 경찰간부]

1114 공익사업의 공공필요 요건이 기본권 제한사유인 공공복리보다 좁은 개념인지 (긍정)

헌법 제23조 제3항에서 규정하고 있는 공공필요의 개념은 **공익성과 필요성**이라는 요소로 구성되며, 공익성은 추상적인 공익 일반 또는 국가의 이익 이상의 중대한 공익을 요구하므로 **기본권 일반의 제한사유인** 공공복리보다 좁게 보는 것이 타당하다.

[24 변시, 22 경찰간부]

1115 사업시행자의 공익사업 수행의사와 수행능력 상실된 경우 수용권 행사가 수용권 남용인지 (긍정/재정능력도 포함)

사업시행자가 해당 공익사업을 수행할 의사나 능력을 상실하였음에도 여전히 그 사업인정에 기하여 **수용권을 행사**하는 것은 수용권의 공익 목적에 반하는 수용권의 남용에 해당하여 허용되지 않으며, 이 경우 수행능력에는 재정적 능력도 포함된다. [20-3]

1116 사업인정으로 수용목적물 범위확정 및 공법상 권리로서 효력발생 여부 (긍정)

사업인정이 있으면 수용할 목적물의 범위**가 확정**되고 목적물에 관한 현재 및 장래의 **권리자에게 대항**할 수 있는 일종의 공법상의 권리로서의 효력이 발생한다. [20-3]

1117　재개발조합설립인가를 다투는 소송형태 (항고소송/설권적 처분)

도시 및 주거환경정비법상 재개발조합설립인가가 있은 후 조합설립동의에 하자가 있음을 이유로 **재개발조합 설립의 효력을 부정**하려는 자는 항고소송으로 조합설립인가처분의 **효력을 다투어야** 한다.

[18 변시]

1118　사업시행자 과실없이 등기부상 소유자 대상 수용절차 진행의 유효성 (긍정)

「공익사업을 위한 토지 등의 취득 및 보상에 관한 법률」 등에 의한 토지수용의 경우 사업시행자가 **과실 없이** 진정한 소유자를 알지 못하여 **형식상 권리자**인 등기부상 소유명의자를 **피수용자로 확정**하여 수용절차를 진행한 경우 **수용의 효과를 부인할 수 없다.**

[19-3]

1119　법상 보상기준에 맞지 않는 손실보상액 합의 - 추가로 토지보상법상 손실보상청구 가능한지 (부정)

손실보상금에 관한 당사자 간의 합의가 성립하면 그 **합의 내용대로 구속력이 발생**하므로, 합의 내용이 **토지보상법에서 정하는** 손실보상 기준에 **맞지 않는다**고 하더라도 합의가 적법하게 취소되는 등의 특별한 사정이 없는 한 **추가로** 토지보상법상 기준에 따른 **손실보상금 청구**를 할 수는 없다.

[23-2, 20-2]

1120　수용재결 후 사업시행자와 토지소유자의 임의로 계약체결 가능한지 (긍정)

토지수용위원회가 수용재결을 하였더라도 **토지소유자 등과 사업시행자**가 다시 협의하여 토지 등의 취득이나 사용 및 그에 대한 보상에 관하여 임의로 계약을 체결할 수 있다.

[22-2, 20-2, 20-1, 19-3]

1121　수용재결 후 협의취득 원인으로 소유권이전등기 - 재결무효확인소송의 소이익 있는지 (부정)

관할 토지수용위원회의 수용재결이 **있은 후** 사업시행자와 토지소유자가 '공공용지의 취득 협의서'를 작성하고 협의취득을 원인으로 **소유권이전등기**가 마쳐진 것이라면 수용재결과는 별도로 토지의 소유권 이전에 대한 계약을 새로 체결한 것으로 볼 수 있고, 토지소유자는 이러한 재결에 대하여 무효확인소송을 제기하여 토지의 소유권을 회복시키는 것이 불가능하며 소의 이익이 남아 있다고 볼 수 **없다.**

[20-2]

1122　사업시행자의 토지·물건의 소유권 취득시기 (수용개시일O/수용재결일X)

사업시행자는 수용의 개시일에 토지나 물건의 소유권을 취득한다.

[19-3]

1123

Y도지사는 「산업입지 및 개발에 관한 법률」에 따라 **A주식회사를 사업시행자로 지정**하고 관내 P지역을 산업단지로 지정·고시하였다. 甲은 P지역 내 토지의 소유자로서 甲의 일단의 **토지 중 90%가 위 산업단지 구역으로 지정**되었다. 이에 관한 설명으로 **옳은 것은?** [22-2]

ㄱ. 토지보상법상 협의취득은 사법상 계약이므로 그 분쟁은 민사소송의 대상인지 (긍정)

A주식회사가 甲과 협의하여 甲소유의 토지를 취득한 경우 그 **협의취득은 사법상 계약**에 해당하고, 이에 대한 분쟁은 민사소송에 의한다.

ㄴ. 토지소유자의 사업시행자에 대한 재결신청 청구가 거부된 경우 항고소송으로 다투는지 (긍정)

甲이 A주식회사에게 위 산업단지 구역으로 지정된 토지 위의 **지장물에 대한 재결신청을 청구**하였으나 그 청구가 거부된 경우, **甲은 A주식회사를 상대로 손실보상청구가 아닌, 취소소송** 또는 부작위위법확인소송을 제기하여 다퉈야 한다.

ㄷ. 영업손실을 보상받기 위해 곧바로 사업시행자를 상대로 손실보상청구 가능한지 (부정/재결절차)

A주식회사의 사업시행으로 甲이 수용대상 토지에서 운영해 왔던 **화훼소매업의 폐지가 불가피**한 경우, 甲은 그 영업손실을 **보전**받기 위해서「토지보상법」상 재결절차를 거친 **다음** 재결에 대하여 불복이 있는 때에 비로소「**토지보상법**」상 권리구제를 받을 수 있다.

1124 국토교통부장관은「공익사업을 위한 토지 등의 취득 및 보상에 관한 법률」(이하 '토지보상법')에 따라 A광역시가 추진하는 관할구역 내 甲 소유의 대규모 토지를 부지로 하는 도시공원 내 체육시설 조성사업에 대해 **사업인정**을 하였고, 사업시행자인 A광역시는 甲과의 협의가 성립하지 않자 **중앙토지수용위원회의 수용재결**을 거쳤다. 이에 관한 설명 중 옳은 것은?

[24 변시]

ㄱ. 토지보상법상 제소기간 도과된 사업인정 위법을 이유로 수용재결 다툴 수 있는지 (부정)

토지보상법에 따른 국토교통부장관의 사업인정에 취소사유의 하자가 있다고 하더라도 甲은 제소기간이 도과한 사업인정의 **위법을 이유로 수용재결의 취소**를 구하는 행정소송을 제기할 수 없다.

[22·15·14·13 변시, 21-2, 20-3]

ㄴ. 중토위는 이의신청에서 수용재결이 위법·부당하면 취소·변경을 명해야 하는지 (부정/직접可)

甲은 중앙토지수용위원회의 수용재결서 정본을 받은 날부터 **30일 이내**에 중앙토지수용위원회에 **이의를 신청**할 수 있으며, **중앙토지수용위원회는 수용재결이 위법 또는 부당**하다고 인정하는 때에는 **그 전부 또는 일부를 취소**하거나 **보상액을 변경**할 수 있다.

125 조합설립인가 후 설립등기 전 창립총회의 결의가 조합의 결의인지 (부정)

재개발조합설립인가를 받아 설립등기 전에 개최된 창립총회에서 **결의**한 사항은 조합의 결의가 아니라 **주민총회 또는 토지 등 소유자 총회의 결의**에 불과하다.

[19-3]

126 조합설립 없이 사업시행인가를 받은 경우 사업시행인가의 성질 (설권적 처분)

토지 등 소유자가 조합을 설립하지 않고 사업을 시행하기 위해 사업시행인가를 받은 경우, 인가는 보충행위가 아니라 **설권적 처분**이다.

[19-3]

1127 조합설립인가 무효의 경우 조합장의 행위는 도시정비법상 행위인지 (부정)

조합에 대한 조합설립인가처분이 무효인 경우에는 조합장의 행위는 「도시 및 주거환경정비법」에서 정한 **조합장의 행위**라고 **할 수 없다.** [22 변시]

1128 조합설립인가 후 설립결의 하자 이유로 다투는 경우 소의 대상과 소송형태 (설립인가/항고소송)

조합설립인가처분이 있은 후 조합설립결의의 하자를 이유로 조합설립의 효력을 부정하려면 항고소송으로 **조합설립인가처분의 효력**을 다투어야 한다. [22 변시]

1129 조합설립인가 이후 조합설립결의 하자를 이유로 민사소송 제기할 확인의 이익 있는지 (부정)

「도시정비법」상 주택재개발조합 설립인가신청에 대하여 조합설립인가처분이 있은 경우, **조합은 인가 이후 조합설립결의에 하자가 있음을 이유로 민사소송으로 조합설립결의 무효확인**을 구하는 것은 확인의 이익이 **없어** 허용되지 아니한다. [22-1]

1130 조합설립인가 취소판결의 소급효- 취소판결 전 조합행위 소급적 소멸되는지 (긍정)

조합설립인가처분이 법원의 **재판에 의하여 취소된 경우** 그 조합설립인가처분은 **소급하여 효력을 상실**하므로 당해 주택재개발사업조합이 조합설립인가처분 취소 전에 적법한 행정주체 또는 사업시행자로서 한 결의 등의 **처분**은 특별한 사정이 없는 한 소급하여 **효력을 상실한다.** [21-1]

1131 조합과 조합장의 법률관계가 사법상 법률관계로서 민사소송의 대상인지 (긍정)

조합과 조합장 **사이의 선임 · 해임**을 둘러싼 법률관계는 사법상의 법률관계이므로 조합장의 지위를 다투는 소송은 민사소송에 의하여야 한다. [22 변시, 22-1]

1132 조합의 소유권 이전고시 이후 수용재결 · 이의재결을 다툴 법률상 이익 (부정)

사업시행이 완료되고 소유권 이전에 **관한 고시의** 효력이 발생한 **이후**에는 조합원 등은 해당 재개발사업을 위하여 이루어진 **수용재결**이나 **이의재결**의 취소를 구할 **법률상 이익이** 없다. [22 변시]

1133 소유권 포기- 경찰상 상태책임의 면제 (제한긍정/위해 이미발생-면제X)

소유권을 포기한 경우 원칙적으로 **상태책임에서 배제**되지만 소유권의 포기 당시 **경찰상 위해가 이미 발생**하고 있었던 때에는 원소유권자의 **경찰책임은 면제되지 않는다.**

[12 지방7급]

1134 경찰상 행위책임에 고의 · 과실 또는 미성년자 여부가 문제되는지 (부정)

행위책임은 고의 · 과실과 무관하며, 행위자가 성년인가 미성년인가도 **가리지 않는다.**

[12 지방7급]

1135 사용자의 관리 · 감독책임 준수한 경우 경찰상 행위책임 면제되는지 (부정)

근로자가 직무수행상 위험을 야기한 행위에 대하여 사용자는 **감독책임을 다하였다 하더라도** 경찰책임이 **감경되지 않는다.**

[12 지방7급]

1136 도로인접 진열장전시로 교통방해시 상점주인의 경찰책임 (목적적 야기자/상태책임)

도로에 인접한 상점의 진열장에 **통행인의 주의를 크게 끄는 진열**을 하여 진열장 주위에 많은 사람들이 모여들어 교통에 중대한 방해를 가져오는 경우에도 진열장을 설치한 자에게는 **목적적 야기자로서 행위책임**을 인정할 수 있고, 물건에 대한 지배력이 인정되므로 **상태책임도 인정**되므로, 군중뿐만 아니라 전시자도 **경찰책임이 인정**된다.

[12 지방7급]

1137 특신상황 있는 경우 음주측정기 측정결과의 증명력 인정 여부 (긍정)

운전자가 음주측정기에 의한 측정 결과에 불복하여 혈액을 채취하였으나 채취한 혈액이 분실, 오염 등의 사유로 **감정이 불가능하게 된 때**에는 음주측정기에 의한 측정 결과가 특히 **신빙할수 있다**고 볼 수 있는 때에 한하여 음주측정기에 의한 **측정 결과만으로** 음주 운전사실 및 그 **주취 정도를 증명할 수 있다.**

[12 지방7급]

1138 농민시위 후 도로상 트랙터 방치시 국배책임 인정되는지 (긍정)

경찰관이 농민들의 시위를 진압하고 시위과정에 **도로상에 방치된** 트랙터 1대에 대하여 이를 도로 밖으로 **옮기거나 후방에 안전표지판을 설치하는 것과 같은 위험발생방지조치를 취하지 아니한 채 그대로 방치**하고 철수하여 버린 결과, 야간에 그 도로를 진행하던 운전자가 위 방치된 트랙터를 피하려다가 다른 트랙터에 부딪혀 상해를 입은 경우 「경찰관직무집행법」 제5조의 위험발생방지조치는 **경찰관에게 재량에 의한 직무수행권한**을 부여하고 있으나, 그러한 권한의 불행사가 **현저히 불합리**한 경우에는 그러한 권한의 불행사는 **직무의무 위반**이 되므로 **국가배상책임이 인정**된다.

[12 지방7급]

1139 경찰법상 일반적 수권조항의 인정 여부 (예외긍정/개별수권 없는 경우)

경찰법상 일반적 수권조항(개괄조항)은 개별적 수권규정이 없는 경우에 보충적·제한적으로 적용되는 한계를 가진다.

1140 도난차량의 경우 차량소유자의 상태책임 (부정/사실상 관리자-상태책임)

도난 자동차로 인하여 발생된 교통장해는 그 자동차를 사실상 관리하고 있는 자가 상태책임을 지게 된다.

1141 경찰관이 개문요청을 거부한 소란자를 집 밖으로 나오도록 일시적 전기차단한 것이 위법한지 (부정/적법O)

야간에 집에서 음악을 크게 틀어놓는 등 **인근 소란행위**를 하면서도 **경찰관의** 개문 요청을 거부하는 자를 **집 밖으로 나오게 하기 위해** 일시적으로 전기를 차단한 것은「경찰관직무집행법」에 따른 **적법한 직무집행**으로 볼 여지가 있다.   [20-1]

1142 경찰관의 임의동행요구 불응에 강제연행한 것이 적법한지 (부정)

경찰관이 임의동행요구에 응하지 않는다 하여 강제연행하려고 대상자의 **양팔을 잡아 끈 행위**는 적법한 공무집행이라고 할 수 없다.   [21-1]

1143 불법집회 참석방지 위해 근접성 없는 지역에서 제지행위가 목전에 범죄예방 행위인지 (부정)

특정지역에서의 불법집회에 참석하는 것을 방지하기 위하여 시간적·장소적으로 근접하지 않은 **다른 지역에서** 그 집회장소로 출발 또는 이동하는 것을 제지하는 행위는 경찰관이 **목전에 행해지는 범죄행위를 예방**하고 제지할 수 있도록 한「경찰관 직무집행법」제6조에 따른 적법한 **직무집행이라 할 수 없다.**   [21-2]

1144

甲과 乙은 A군내 토지를 각각 소유하고 있다. 甲의 토지는 그 지목이 답(沓)으로서 甲이 자신의 토지에 건축을 하고자 하는 경우 「국토의 계획 및 이용에 관한 법률」상 개발행위허가를 받아야 하는 반면, 乙의 토지는 지목이 대(垈)이고 개발행위허가를 받을 필요가 없다. 甲과 乙이 각각 자신의 토지위에 건축을 하고자 A군수에게 「건축법」상 건축신고를 하였는데, 甲은 개발행위허가를 의제받고자 관련 서류를 제출하였으며, 乙은 건축신고접수 1개월 후 건축물 착공신고를 하였다. 이에 관한 설명으로 옳지 않은 것은? [22-3]

ㄱ. 건축신고 받은 날로부터 5일 이내 신고수리 여부 통지해야 하는지 (긍정)

A군수는 건축법령에 따른 심의 등이 필요하지 않으면, 건축신고를 받은 날로부터 5일 이내에 신고수리 여부를 乙에게 **통지하여야** 한다.

해커스 **변호사**
행정법 선택형 정지문 핸드북

부록

키워드 쟁점명

부록 | 키워드 쟁점명

001 비상계엄에 대한 사법심사 가능성 (요건구비 · 당부-부정/국헌문란 · 범죄행위-긍정)

002 대통령의 긴급재정경제명령이 통치행위인지 (긍정)

003 국군의 이라크파병결정이 사법심사 대상인지 (부정/사법자제설)

004 남북정상회담개최와 대북송금의 사법심사 가능성 (정상회담-부정/대북송금-긍정)

005 한미연합 군사훈련이 사법심사 대상인지 (긍정/통치행위X)

006 법률우위원칙의 적용범위 (행정의 모든영역)

007 법률유보원칙의 법률에 관습법이 포함되는지 (부정/성문법-한정)

008 공법적 단체의 정관에 포괄위임금지원칙 적용되는지 (부정/자치법규)

009 도정법상 사업시행인가 동의정족수를 자치규약으로 정하도록 한 것이 의회유보 위반인지 (긍정)

010 의회유보의 경우 구체적 위임이 가능한지 (부정-법률전속/예외-세부적 · 기술적)

011 법률유보원칙은 법률에 근거만 두면 되는지 (부정/본질적 사항-입법자 스스로 결정)

012 법률유보원칙의 법률에 위임명령 포함되는지 (긍정)

013 중과세요건 '고급주택등'의 대통령령 위임이 포괄위임금지원칙 위반인지 (긍정)

014 급부행정영역 or 다양한 사실관계에 위임의 명확성 정도 다소 완화되는지 (긍정)

015 침익적 처분의 근거법규의 의미가 불분명한 경우 상대방에게 불리한 해석 가능한지 (부정)

016 법외노조 통보가 중대한 침익적 처분으로서 법률의 구체적 위임이 필요한지 (긍정)

017 헌법규정이 국가권력을 직접 구속하는지 (긍정)

018 지자체의 학교급식 우수농산물 보조금지급조례가 GATT협정 위반인지 (긍정/무효)

019 사인이 WTO 협정위반 사유로 회원국정부 상대 취소소송 가능한지 (부정)

020 고정설치에 의한 굴 채묘어업이 관행어업권의 대상인지 (부정)

021 대법원 판례위반이 상고이유인지 (긍정)

022 양도인 위반사유 모르고 양수한 자에게 6개월 사업정지처분 (위법-일탈 · 남용)

023 개전의 정이 다른 자의 징계양정 차별이 평등원칙 위반인지 (부정/합리적 이유)

024 위법한 행정관행에 행정의 자기구속원칙이 적용되는지 (부정)

025 재량준칙이 행정관행을 매개하는 경우 자기구속원칙 적용되는지 (긍정)

026 재량준칙이 행정관행을 매개하는 경우 관습법의 구속력 인정되는지 (부정)

027 신뢰보호원칙의 소극적 요건- 공익 또는 제3자의 이익 현저히 해 (행기법 12조)

028 입법예고가 신뢰보호원칙의 공적 견해표명인지 (부정)

029 신뢰보호원칙 적용요건- 귀책사유의 주관적 범위 (수임인 등-관계인 모두)

030 건축공사 상당한 진행 후 일부 철거명령의 요건 (비교교량/건축주 이익희생 부득이)

031 신뢰보호원칙과 귀책사유의 의미 (사실은폐 · 사위방법-신청/고의 · 중과실)

032 신뢰보호원칙의 한계- 중대한 공익과의 이익형량 필요한지 (긍정)

033 폐기물처리업 적정통보가 국토계획법상 계획변경의 공적 견해표명인지 (부정)

034 사무착오로 운전면허 정지처분 후 운전면허 취소처분이 위법한지 (긍정/신뢰反)

635 잔여지수용청구는 공사완료일까지 행사해야 하고, 기간도과시 권리가 소멸하는지 (긍정)

636 토지수용위의 손실보상 범위가 신청범위에 구속되는지 (부정/신청불문-증액재결 可)

637 사업인정의 법적성질이 형성행위인지 (긍정/확인적 행위X)

638 사업인정과 수용재결의 하자승계 인정되는지 (부정/별개)

639 피수용자의 명도·인도의무 불이행시 대집행 가능한지 (부정/점유이전 수반)

640 토지보상법상 협의취득시 약속한 철거의무를 불이행하면 대집행 가능한지 (부정/사법상 의무)

641 토지수용위원회의 보상항목에 대한 잘못된 재결에 보상금감소송 가능한지 (긍정)

642 영업손실보상의 경우 '전체적으로 단일한 시설 일체로서의 영업' 자체가 보상항목인지 (긍정)

643 하나의 재결에서 피보상자별 여러 심리·판단한 경우 반드시 재결전부 불복해야 하는지 (부정/개별불복 可)

644 보상금증감소송에서 보상항목의 과다·과소항목을 합산할 수 있는지 (긍정)

645 공익사업변환에 사업시행자 동일성이 필요한지 (부정)

646 공익사업변환에 모든 공익사업이 포함되는지 (부정/4조 1호~5호 제한)

647 환매권의 법적성질이 사권인지 (긍정/대법-법률상 권리·헌재-재산권 포함)

648 무효등확인심판에 사정재결 가능한지 (부정)

649 공무원 인사관계 법령에 따른 처분에 행정기본법상 이의신청 적용되는지 (부정)

650 행정심판 종합문제 (사례형)

　ㄱ. 행정심판청구서를 위원회 또는 피청구인에도 제출 가능한지 (긍정/23조①)

　ㄴ. 20.3.27. 피해보상 기각결정(4.10. 송달)을 대상으로 20.7.3. 취소심판 제기의 적법성 (긍정)

　ㄷ. 질병관리본부장에게 보상권한이 위임된 경우 질병관리본부장이 피청구인인지 (긍정)

651 행정심판법상 위원회의 직접처분이 가능한지 (긍정/50조)

652 도로점용허가 신청에 대한 행정청의 부작위 종합문제 (사례형)

　ㄱ. 의무이행심판의 이행명령재결 불이행과 간접강제 신청 (긍정/50조의2)

　ㄴ. 부작위위법확인소송의 위법판단의 기준시 (판결시/부작위-위법성)

653 행정심판에서 당사자 아닌 자를 선정대표자로 선정하면 행정심판의 당사자가 되는지 (부정/선정무효)

654 심판대상인 권리의 양수자에게 청구인 지위승계 가능한지 (긍정/16조)

655 국가유공자 예우에 관한 법률상 국가유공자 등록신청 거부사건

　ㄱ. 국가유공자 등록신청 거부처분의 이의신청 기각결정이 별도로 항고소송 대상인지 (부정)

　ㄴ. 과세처분 이의신청 결정에 불가변력 인정되는지 (긍정/번복불가)

　ㄷ. 행정심판 아닌 이의신청의 표제를 '행정심판청구서' 기재시 효력 (이의신청-유효)

　ㄹ. 법령규정 없는 이의신청의 기각결정이 새로운 거부처분인지 (긍정)

　ㅁ. 개별공시지가 이의신청 후 행정심판 거친 경우 제소기간 기산점 (재결서 송달시)

656 ㄱ. 당사자는 제재처분·행정상 강제도 처분의 취소·철회등 재심사 신청이 가능한지 (부정/제외)

　ㄴ. 재심사 신청은 쟁송에서 당사자가 중대한 과실 없이 재심사 사유 주장 못한 경우에만 가능한지 (긍정)

　ㄷ. 재심사의 신청은 재심사 사유 안날 90일·처분이 있은날 1년이내 가능한지 (부정/60일·5년)

　ㄹ. 처분의 재심사 결과 처분을 유지하는 결과는 쟁송수단으로 불복할 수 있는지 (부정)

　ㅁ. 공무원 관계법령상 징계처분, 외국인 출입국·난민인정·귀화 등이 재심사 대상인지 (부정)

657 이해관계 있는 제3자의 행정심판청구기간 (27조③단서-정당한 사유-180일도과 可)

MEMO